一个思想史的考察

An Investigation from the Perspective of Intellectual History

The Formation and Development
of Western Marxology

西方马克思学的形成和发展

鲁克俭 李靖新弘 等著

中央编译出版社
Central Compilation & Translation Press

图书在版编目（CIP）数据

西方马克思学的形成和发展 / 鲁克俭等著. —北京：中央编译出版社，2021.12（2022.11 重印）
ISBN 978-7-5117-4138-7

Ⅰ.①西⋯　Ⅱ.①鲁⋯　Ⅲ.①西方马克思主义–研究　Ⅳ.①B089.1

中国版本图书馆 CIP 数据核字（2022）第 200786 号

西方马克思学的形成和发展

责任编辑	杜永明
责任印制	刘　慧
出版发行	中央编译出版社
地　　址	北京市海淀区北四环西路 69 号（100080）
电　　话	（010）55627391（总编室）　（010）55627313（编辑室）
	（010）55627320（发行部）　（010）55627377（新技术部）
经　　销	全国新华书店
印　　刷	佳兴达印刷（天津）有限公司
开　　本	880 毫米 × 1230 毫米　1/32
字　　数	272 千字
印　　张	13.25
版　　次	2021 年 12 月第 1 版
印　　次	2022 年 11 月第 2 次印刷
定　　价	98.00 元

新浪微博：@中央编译出版社　　微　　信：中央编译出版社（ID: cctphome）
淘宝店铺：中央编译出版社直销店（http://shop108367160.taobao.com）
　　　　　（010）55627331

本社常年法律顾问：北京市吴栾赵阎律师事务所律师　　闫军　梁勤
凡有印装质量问题，本社负责调换，电话：（010）55626985

本书得到了 2013 年国家社科基金重点项目"西方'马克思学'的形成和发展研究"（项目号 13AZD027）和 2015 年国家社科基金重大项目"基于 $MEGA^2$ 的马克思早期文本研究"（项目号 15ZDB001）的资助。

目 录
CONTENTS

导论　马克思学的缘起 ·················· *1*

 第一节　1978—1995 年中国学者对"西方马克思学"
    的引介 ························ *2*

 第二节　恩格斯和列宁写作的马克思小传勾勒了
    马克思学研究的路线图 ············ *17*

 第三节　梅林的马克思传记写作奠定了马克思学
    研究的雏形 ···················· *28*

第一章　西方马克思学的马克思传记写作 ········ *39*

 第一节　"偶像化"：作为伟大导师的马克思 ······ *42*

 第二节　"妖魔化"：作为"狂热患者"的马克思 ···· *51*

 第三节　"本真化"：作为马克思的马克思 ········ *57*

 第四节　"学术化"马克思传应当积极吸收 MEGA
    研究成果 ······················ *73*

第二章　西方马克思学的马克思年表、书志与辞典编撰 … 77
第一节　马克思年表 …………………………………… 79
第二节　马克思书目志和研究文献 …………………… 89
第三节　西方学术性马克思辞典 ……………………… 101

第三章　德语世界马克思学的形成和发展 ……………… 110
第一节　德语世界的马克思传记研究 ………………… 111
第二节　德语世界马克思学的兴起与早期建构 ……… 124
第三节　德语世界马克思思想解读的发展阶段及
　　　　热点问题 …………………………………… 132
第四节　德语世界马克思学的互动与传承 …………… 145
第五节　总体评价 ……………………………………… 161

第四章　法国马克思学的形成和发展 …………………… 167
第一节　马克思恩格斯著作在法国的发表、翻译
　　　　和出版情况 …………………………………… 168
第二节　法语世界马克思学兴起的原因与条件 ……… 188
第三节　法国马克思学的思想传承 …………………… 204
第四节　法国马克思学与其他语言世界的互动 ……… 222
第五节　总体评价 ……………………………………… 228

第五章　英语世界马克思学的形成和发展 ……………… 231
第一节　马克思恩格斯著作在英语世界的发表、
　　　　翻译和出版情况 ……………………………… 232

第二节　英语世界马克思学兴起的历史条件………… 252

　　第三节　英语世界马克思思想解读的几个阶段……… 269

　　第四节　英语世界马克思学的传承与互动…………… 290

　　第五节　总体评价……………………………………… 305

第六章　意大利马克思学的形成和发展………………… 308

　　第一节　马克思恩格斯著作在意大利的发表、
　　　　　　翻译和出版情况……………………………… 309

　　第二节　意大利马克思思想解读研究的几个阶段…… 324

　　第三节　意大利马克思学的互动与传承……………… 334

　　第四节　总体评价……………………………………… 340

第七章　西方马克思学发展和演变的内在逻辑………… 343

　　第一节　苏联马克思学的影响………………………… 343

　　第二节　东西方马克思学的互动……………………… 355

　　第三节　西方马克思学内部的传承与互动…………… 360

　　第四节　萦绕西方马克思学的两个核心问题………… 367

索　引………………………………………………………… 371

后　记………………………………………………………… 404

Contents

Introduction The Origin of Marxology ········· *1*

  0.1 the Introduction of "Western Marxology" to Chinese Scholars between 1978 and 1995 ········ *2*

  0.2 the Brief Marx Biographies by Engels and Lenin Outlined the Roadmap for Marxology ········ *17*

  0.3 the Writing of the Marx Biography by Franz Mehring Established the Prototype of Marxology ··· *28*

Chapter One The Writing of the Marx Biography in Western Marxology ········· *39*

  1.1 "Idolization": Marx as a Great Tutor ········ *42*

  1.2 "Demonization": Marx as a Neurotic ········ *51*

  1.3 "Authenticity": Marx as Marx ········ *57*

  1.4 Academic Marx Biographies Should Actively Incorporate the MEGA Research Results ········ *73*

目 录

Chapter Two Marx Chronology, Bibliography and Dictionary Compilation in Western Marxology ·································· 77

2.1 Marx Chronology ································ 79
2.2 Marx Bibliography and Research Literature ········ 89
2.3 Western Academic Marx Dictionary ················· 101

Chapter Three The Formation and Development of Marxology in the German-Speaking World ································· 110

3.1 the Study of Marx Biography in the German-Speaking World ······························· 111
3.2 the Emergence and Early Construction of Marxology in the German-Speaking World ········ 124
3.3 the Stages of Development and the Debated Issues in the Interpretation of Marx's Thought in the German-Speaking World ···················· 132
3.4 Interactions and Inheritance of Marxology in the German-Speaking World ······················ 145
3.5 Overall Evaluation ······························· 161

Chapter Four The Formation and Development of French Marxology ························· 167

4.1 the Publication and Translation of Marx's and Engels' Works in France ························· 168

4.2 the Causes and Conditions of the Rise of
Marxology in the French-Speaking World *188*
4.3 the Intellectual Inheritance of French
Marxology *204*
4.4 Interactions of French Marxology with Other
Language Worlds *222*
4.5 Overall Evaluation *228*

Chapter Five The Formation and Development of Marxology in the English-Speaking World *231*

5.1 the Publication and Translation of Marx's and
Engels' Works in the English-Speaking World *232*
5.2 the Historical Conditions for the Rise of Marxology
in the English-Speaking World *252*
5.3 the Stages of Interpretation of Marx's Thought
in the English-Speaking World *269*
5.4 Inheritance and Interactions of Marxology in the
English-Speaking World *290*
5.5 Overall Evaluation *305*

Chapter Six The Formation and Development of Italian Marxology *308*

6.1 the Publication and Translation of Marx's and
Engels' Works in Italy *309*

6.2 the Stages of Interpretation of Marx's Thought in Italy ·········· 324
6.3 Inheritance and Interactions of Marxology in Italy ·········· 334
6.4 Overall Evaluation ·········· 340

Chapter Seven The Inner Logic of the Development and Evolution of Western Marxology ·········· 343
7.1 the Influence of Soviet Marxology ·········· 343
7.2 the Interactions of Eastern and Western Marxology ·········· 355
7.3 Interactions and Inheritance of Marxology within the Western World ·········· 360
7.4 the Two Central Issues Haunting Western Marxology ·········· 367

Index ·········· 371

Postscript ·········· 404

(Translated by Jingxinhong Li and Adrian O. C. Lind)

导论　马克思学的缘起

马克思学就是对马克思的学术性研究，包括对马克思文本的思想解读研究、对马克思生平事业的传记研究、对马克思著作的翻译和传播史研究、对马克思著作的版本和文献学研究。其研究主体包括正统马克思主义者、西方马克思主义者、学院派学者等。其中，学院派学者是马克思学的主要力量。

"西方马克思学"是相对于"苏联马克思学"而言的一个概念，即"西方"的马克思学。西方马克思学与西方马克思主义既有区别，也有交叉。所谓"主义"，具有鲜明的意识形态性。虽然不能说西方马克思学完全没有意识形态性（特别是反马克思的西方马克思学），但西方学院派马克思学的意识形态性肯定要远远弱于西方马克思主义。西方马克思主义的马克思研究（比如最早制造的"马克思恩格斯对立论"话题）也属于西方马克思学范畴，这是西方马克思主义与西方马克思学的交集。但西方马克思主义的根本旨归在于"改变世界",即为当代的资本主义寻找一种"替代方案",并力图加以实施。时至今日,理论批判已经越来越成为西方马克思主义将"替代方案"付诸实施的主要途径。然而,西方马克思学在本质上是"解释世界",这就是西方马克思学与西方马克思主义的根本区别。

"西方马克思学"完全是中国学者独立创造出来的一个概念。在对西方马克思学的起源展开具体的分析之前,我们有必要首先了解1978—1995年间中国学者对"西方马克思学"的引介史。

第一节 1978—1995年中国学者对"西方马克思学"的引介

20世纪上半叶,中国学界就曾使用过"马克思学"一词,但此时的"马克思学"指的是"马克思的学说""马克思的理论",而非学术化的马克思研究。[①] 20世纪60年代以来,在苏

---

① 民国时期,国内学者曾用"马克思学"一词来表示"马克思的学说"。例如,1930年,上海平凡书局曾出版过两卷本的《马克思学体系》。这一著作取材于萨可夫斯基(С. Ю. Семковский)主编的3卷本教材《马克思主义教科书》(Марксистская Хрестоматия)第一卷。中译本以日译本为底本转译,日译本标题为《马克思学教科书》(マルクス學教科書)。中译本标题是中文译者结合佐野学的日文"序言"以及俄文原著第一卷标题"马克思的学说"(Учение Маркса)拟定的。值得一提的是,俄文原著第一卷长达700多页,分为七大部分。中译本仅仅从日译本中转译了前两部分,即《社会进化的铁则》和《史的唯物论》。2021年,中央编译出版社将这一中译本收入"近代中国《资本论》文献集成(三)",翻印再版了这一经典著作。然而,此处以"马克思学"之名呈现的内容,实则为正统马克思主义理论的介绍,其与梁赞诺夫、吕贝尔等人所谓的"马克思学"实不能作同一理解。

东学者的影响下，国内学者才陆续接触到作为术语的"马克思学"（Marxologie）。就目前可考的范围而言，直到 1978 年，"Marxologie"这一概念才以"马克思学"这一中译名出现在中国学者的视野之中。金鹿在《罗马尼亚讨论资本主义危机新阶段问题》一文中最先介绍 1977 年 7 月罗马尼亚一次官方学术会议的研讨情况，其中提到了"所谓'马克思学家'"①，这说明 1977 年罗马尼亚学者已经了解了"西方马克思学"的情况。随后，《哲学译丛》1978 年第 2 期（3 月 2 日出版）发表了苏联学者格尔曼和东德学者斯培尔合写的《评马克思恩格斯全集新版的出版》一文。在介绍新版《马克思恩格斯全集》（即 MEGA²）时，作者提到了"资产阶级'马克思学家'"②。《哲学译丛》1978 年第 3 期（4 月 1 日出版）发表的南斯拉夫学者彼特洛维奇的"现代马克思主义哲学的状况和发展前景"再次提到"马克思学"③。1978 年，《国外社会科学》也刊出了两篇涉及马克思学的译文。埃及左翼学者萨米尔·阿明在《述评一篇批评》中提到"马克思学"是学究式的讨论，而捷克学者甘泽尔在《现代资产阶级哲学的一些共同倾向和现代修正主义》一文中则猛烈抨击了包括"资产阶级职业马克思学家"在内的资产阶级哲学家，斥责他们歪曲马克思的理论

---

① 金鹿：《罗马尼亚讨论资本主义危机新阶段问题》，载《国外社会科学》1978 年第 1 期。
② L. 格尔曼、R. 斯培尔：《评马克思恩格斯全集新版的出版》，载《哲学译丛》1978 年第 2 期。
③ 参见 B. 彼特洛维奇：《现代马克思主义哲学的状况和发展前景》，载《哲学译丛》1978 年第 3 期。

遗产。① 值得一提的是，甘泽尔另有文章专门批判"西方马克思学"，这一被译为《现代资产阶级马克思的哈哈镜中的马克思主义哲学》的文章后来发表在《马列主义研究资料》1984年第2期。

1979年4月18日至26日，全国哲学学科规划会议在济南举行。1979年5月31日出版的《国内哲学动态》（1979年第5期）和1979年6月30日出版的《哲学研究》（1979年第6期）都对会议进行了报道。《国内哲学动态》的报道提到："目前国外哲学的潮流，也出现了一些新特点，这主要是，哲学和自然科学、哲学和社会学的结合日趋紧密，以及所谓'马克思学'热，用推崇马克思的早期著作，来否定马克思的后期著作。"②《哲学研究》在报道中提到："研究马克思成为一种时髦，形成了所谓'马克思学'。许多资产阶级和修正主义哲学家根据他们自己的需要任意解释马克思的著作。他们在反对马克思主义时采取的一种重要手法，就是用推崇马克思的早期著作来否定马克思的后期著作。把马克思主义篡改成为资产阶级和修正主义者能够接受的东西，这就是名目繁多的西方现代'马克思学'的一个根本特点。"③ 周国平发表在《国内哲学动态》1980年第1期的《现代西方哲学的现状和评

---

① 参见萨米尔·阿明：《述评一篇批评》，载《国外社会科学》1978年第3期；L.甘泽尔：《现代资产阶级哲学的一些共同倾向和现代修正主义》，载《国外社会科学》1978年第3期。
② 期刊编辑部：《全国哲学规划会议在济南召开》，载《国内哲学动态》1979年第5期。
③ 刘树勋：《全国哲学规划会议在济南举行》，载《哲学研究》1979年第6期。

价》，介绍了 1979 年 11 月在太原召开的第一次全国外国哲学研讨会"现代外国哲学研究和批判方法论问题讨论会"的情况，其中提到参会的同志列举了"以考证和研究马克思原著为主要任务的'马克思学'正在西方兴起，一些专门的'马克思学'研究所、研究中心、教研室的庞大系统已经开始活动"等情况。①

由此可见，在 20 世纪 70 年代末，国内学者就已经对"西方马克思学"的情况和动态有了一定的了解。事实上，中国学者在撰写第一本马哲史教材时，心里也是明确地装着"西方马克思学"这个理论对手的。高齐云在《〈马克思主义哲学发展史〉绪论》一文中就明确表示："在西方，'马克思学'和'西方马克思主义'的队伍中的一些人，把马克思或恩格斯或列宁的某些著作、某些思想，从历史联系和完整体系中割裂出来加以孤立和曲解，制造'青年马克思'和'老年马克思'的对立、马克思和恩格斯的对立、马克思和列宁的对立。"②

通过苏联学者这一中介，中国学者才与"西方马克思学"最初相遇。1981 年，《马列著作编译资料》第 14 辑发表了由杜章智组织编译的五篇有关"西方马克思学"的文章，其中三篇来自苏联学者：Е. П. 康捷尔的《批判资产阶级和修正主义关于恩格斯的理论活动和革命实践活动的观点》③、М. Б. 萨

---

① 周国平：《现代西方哲学的现状和评价》，载《国内哲学动态》1980 年第 1 期。
② 高齐云：《〈马克思主义哲学发展史〉绪论》，载《学术研究》1980 年第 5 期。
③ 参见 Е. П. 康捷尔：《批判资产阶级和修正主义关于恩格斯的理论活动》，载《马列著作编译资料》第 14 辑，人民出版社 1981 年版，第 67—95 页。

维契的《修正主义和恩格斯的哲学遗产》①、泰·伊·奥伊则尔曼的《恩格斯和辩证唯物主义的新批判者们》②。此外，1981年还有三本苏联学者的著作被译介到汉语学界，即拉宾的《论西方对青年马克思思想的研究》③、泰·伊·奥伊则尔曼的《马克思的〈经济学—哲学手稿〉及其解释》④、列·尼·巴日特诺夫的《哲学中革命变革的起源：马克思的〈1844年经济学—哲学手稿〉》⑤。奥伊则尔曼和巴日特诺夫的著作是对《1844年经济学—哲学手稿》的专题研究，其中有专门的章节批判西方资产阶级学者的手稿研究。1982年，拉宾《马克思的青年时代》⑥的中译本在三联书店出版。拉宾在书中指出："改良主义的，而后是资产阶级的马克思学者的全部注意力现在都集中在马克思思想发展的那个到目前为止被他们完全忽视的时期，即《1844年经济学哲学手稿》时期。这部手稿是马克思观点形成的一个最初阶段，现在却被说成是他的成熟的顶峰，而《资本论》这个马克思科学功绩的真正顶

---

① 参见M. Б. 萨维契：《修正主义和恩格斯的哲学遗产》，载《马列著作编译资料》第14辑，人民出版社1981年版，第96—113页。
② 泰·伊·奥伊则尔曼：《恩格斯和辩证唯物主义的新批判者们》，载《马列著作编译资料》第14辑，人民出版社1981年版，第114—137页。
③ 参见拉宾：《论西方对青年马克思思想的研究》，马哲译，人民出版社1981年版。
④ 参见泰·伊·奥伊则尔曼：《马克思的〈经济学—哲学手稿〉及其解释》，刘丕坤译，人民出版社1981年版。
⑤ 参见列·尼·巴日特诺夫：《哲学中革命变革的起源：马克思的〈1844年经济学—哲学手稿〉》，刘丕坤译，人民出版社1981年版。
⑥ 1968年，拉宾在苏联出版了《青年马克思》(Молодой Маркс)。之后，又修订出版了第二版 (1976年)、第三版 (1986年)。中译本以俄文第二版为底本，译作《马克思的青年时代》。

峰，却变成了'他的创作能力减退'的证明。"① 此外，沈真1982年编译的《马克思恩格斯早期哲学思想研究》也收入了两篇苏联学者评论"西方马克思学"的重要论文：一篇是Г. Л. 别尔金娜的《马克思主义哲学的起源和资产阶级"马克思学"》，另一篇是Л. И. 哥尔曼的《"马克思学"和马克思主义（关于无产阶级历史使命的学说的起源问题是意识形态斗争的一个目标）》。②

由此可见，在中国学者与"西方马克思学"初次相遇时，"西方马克思学"的脸谱已经被苏联学者勾画好了。而苏联学者对"西方马克思学"的定调与苏联马哲史教科书体系密切相关。正是由于苏联马哲史教科书体系的存在，一切与其观点不同的马克思思想及马克思主义史研究（包括西方马克思主义的马克思研究），就都会被当作异端而加以批判。当然，苏联学界内部对马克思思想及马克思主义史的研究也在深化。在《论西方对青年马克思思想的研究》的末章，拉宾就介绍了20世纪五六十年代苏联学者的相关研究成果。遗憾的是，这些研究更多表现为细节上的深化，没能提出新的研究话题，更无法突破既定的马哲史框架。

早在20世纪20年代，苏维埃俄国就出现了"马克思学（марксоведение）"一词。在俄语中，表示"学"的后缀有许

---

① 拉宾：《马克思的青年时代》，生活·读书·新知三联书店1982年版，第9页。
② 参见沈真：《马克思恩格斯早期哲学思想研究》，中国社会科学出版社1982年版，第89—107、209—224页。

多，如 ология、оведение、стика 等。比如法学（правоведение）的后缀是 оведение，政治学（политология）的后缀是 ология，语言学（лингвистика）的后缀是 стика。苏联学者用 марксоведение 表示他们自己的马克思学，而用 марксология 表示西方资产阶级的马克思学。① 因此，根据词源学的考察，我们可以确定一点，即"马克思学"是一个中性词。无论是在苏联东欧还是在西方国家，都是如此。20 世纪 80 年代初，中国学者之所以把"马克思学"与"西方马克思学"画等号，或者把"马克思学"看作是意识形态概念，是因为在"马克思学"概念刚被引入中国时，人们最初读到的中译文资料是苏联东欧学者对资产阶级和修正主义马克思学调门很高的批判，于是就形成了先入之见（这也是翻译与研究相分离的教训之一），人们不再花工夫对"苏联马克思学"进行全面了解，以至于以讹传讹到今天。

事实上，苏联学者和东欧社会主义国家的学者，都没有用过"西方马克思学"这一说法。他们常常用 марксология，或在"马克思学"前面加上"资产阶级"或"修正主义"的限定语，以示与中性意义上的"马克思学"的区别。汉语中关于"学"的后缀没有俄语那么丰富。因此，为了区别中性意义上的"马克思学"，用"西方马克思学"这一约定俗成的术

---

① 关于"марксоведение"一词的用法，参见鲁克俭：《建构中国马克思学》，中央编译出版社 2018 年版，第 24—25 页。关于"марксология"的用法参见 Иовчук М. Т. Марксистско-ленинская философия и современная марксология // Вопросы философии. 1968. No. 8. C. 3–11；参见 Белкина Г. Л. Философия марксизма и буржуазная «Марксология». Москва: Мысль, 1972。

语是可以的。但我们应该记住，为了与苏联东欧学者相一致，"西方马克思学"首先是指资产阶级（包括小资产阶级）马克思学，其次是指所谓的"修正主义"马克思学。因此，在汉语语境中，可以把"西方马克思学"与"非正统马克思主义的马克思学"画等号。长期以来，国内学者在理解和使用"马克思学""西方马克思学"时存在着严重分歧和混乱，甚至把"马克思学"等同于"西方马克思学"。究其根源，出现这种现象是因为人们在使用这两个概念之前没有对它们进行科学界定。

"西方马克思学"完全是中国学者独创的术语。王树人在《从本刊编译的〈南斯拉夫哲学论文集〉谈起》一文中首先使用了"西方的马克思学"[1] 这一说法。随后，《中共山西省委党校学报》1980年第2期的《西方"马克思热"述评》[2] 和《电影艺术译丛》1980年第3期的《结构主义与电影美学》[3] 两篇文章正式使用了"西方马克思学"这一概念。[4]

中国学者在20世纪八九十年代的"西方马克思学"研究，经历了从翻译到综述、评论的转变。在《西方的"马克思学"——苏联、东德评论综述》一文中，从周、孟宁概述

---

[1] 王树人：《从本刊编译的〈南斯拉夫哲学论文集〉谈起》，载《哲学译丛》1980年第1期。
[2] 马泽民：《西方"马克思热"述评》，载《中共山西省委党校学报》1980年第2期。
[3] 参见李幼蒸：《结构主义与电影美学》，载《电影艺术译丛》1980年第3期。
[4] 《西方"马克思热"述评》一文系根据中国社会科学院哲学研究所马泽民1979年11月3日下午在福建省委党校的报告录音整理而成的，文章内容未经马泽民本人审阅。

了苏联和东德学者对"西方马克思学"的评论。该文所依据的材料来源包括东德的罗尔夫·鲍尔曼等学者合著的《"马克思学"的贫困》(Das Elend der „Marxologie")①、苏联学者别尔金娜《马克思主义哲学和资产阶级的"马克思学"》、苏联学者季塔连科的《论对马克思主义发展中的列宁阶段的某些歪曲》、格列茨基和德里亚赫洛夫等汇编的论文集《反对马克思列宁主义哲学的伪造者》。② 易克信的《西方马克思学家若干言论剖析——他们是怎样看待无产阶级革命学说的》是一篇高质量的述评文章，体现了中国学者对"西方马克思学"的述评水平。该文首先归纳了"西方马克思学"的七个核心论点：(1) 马克思主义关于无产阶级历史使命的学说起源于伦理学；(2) 马克思主义这一学说源于空想社会主义，"基本上是幻想"；(3) 歪曲恩格斯的思想，贬低恩格斯在马克思主义关于无产阶级历史作用的学说形成中的作用；(4) 把马克思主义的无产阶级革命学说比作宗教上的末世论；(5) 认为马克思的观点具有二元论的性质，马克思的无产阶级革命学说

---

① 1975年，东德学者罗尔夫·鲍尔曼 (R. Bauermann)、卡尔海因茨·盖尔 (K. Geyer)、艾玛·尤利尔 (E. Julier) 合作出版《"马克思学"的贫困》，较为细致地研究了西方"马克思学"的著作。作者从意识形态批判的角度出发，对西方"马克思学"进行政治化处理。事实上，著作的副标题"对马克思恩格斯扭曲的一个解释"从一开始就直接揭示了罗尔夫·鲍尔曼等三位作者的写作动机——对资本主义阵营的"马克思学"研究进行一个根本性的否定，继而为苏联东欧马克思主义研究模式辩护。参见 Rolf Bauermann, Karlheinz Geyer, Elmar Julier, Das Elend der „Marxologie": Eine Auseinandersetzung mit Marx-Engels-Verfälschungen, Berlin: Dietz Verlag, 1975。
② 参见从周、孟宁：《西方的"马克思学"——苏联、东德评论综述》，载《国外社会科学》1979年第4期。

与他的社会观点和哲学观点毫无联系；（6）认为马克思关于无产阶级解放作用的思想具有黑格尔学说的本性，似乎马克思因袭了黑格尔法哲学关于官吏阶层是公共利益的代表的论点，转而用之于工人阶级身上；（7）曲解马克思关于无产阶级革命历史使命的学说的发展。在归纳出"西方马克思学"的七个核心论点之后，作者逐一批驳了这七个论点。① 尽管论文没有列举参考文献，但可以看出作者依据的是第一手文献。易克信在文章中反复提及的"西方马克思学家"，如吕贝尔、费彻尔、阿维内里、塔克、德雷珀等，都是被后来的中国学者认可的"西方马克思学家"。此外，鲁兰沁、张宝瑞、朱毅合写的《试论马克思学说的实质——兼评美国学者哈尔·德雷珀和查理·N.亨特的"新观点"》，以第一手资料对德雷珀和亨特关于"无产阶级专政"并非"马克思学说的实质"的观点进行述评，很有见地。② 晓晨的《"西方马克思学"批判》从"乌托邦说""目的论说""道德论说""宗教说"四个方面对"西方马克思学"进行批判，颇有新意。③

最初国内学者对"西方马克思学"的评价，是追随苏联东欧学者进行全盘否定的，而后来开始出现不同声音（尽管很微弱）。1979 年 11 月 3 日，中国社会科学院哲学所马泽民

---

① 参见易克信：《西方马克思学家若干言论剖析——他们是怎样看待无产阶级革命学说的》，载《国外社会科学》1981 年第 3 期。
② 参见鲁兰沁、张宝瑞、朱毅：《试论马克思学说的实质——兼评美国学者哈尔·德雷珀和查理·N.亨特的"新观点"》，载《齐齐哈尔师范学院学报》1985 年第 4 期。
③ 参见晓晨：《"西方马克思学"批判》，载《南京政治学院学报》1991 年第 6 期。

在福建省委党校作关于"西方马克思学"的报告,其文字记录发表在《中共山西省委党校学报》1980年第2期。马泽民指出:"既需要研究社会主义国家马克思主义者的有关论著,也要研究西方马克思学家的大量论著。不能对西方马克思学家的论著采取一概抹杀、一概排除的态度,那样做是反马克思主义的。""在这点上,苏修就不是这样,他们对西方马克思学家是一概骂倒,扣上资产阶级帽子、反马克思主义的帽子。"① 这是中国学者首次对苏联学者关于"西方马克思学"定调的批评,即使在今天看来,也是非常有见地的。1986年,李忠尚在《"马克思学""西方马克思主义""新马克思主义"的异同》中提出:"虽然'马克思学'是西方学者在书斋里从事的'纯学术性'的马克思研究,但从某种意义上讲,它在客观上还是起了一定程度的宣传马克思主义的作用,毕竟使更多的人通过这种特殊的方式或多或少了解了马克思和马克思主义。因此,如果对'马克思学'采取简单否定的做法,把它统统说成是纯粹反马克思主义的,那将是失之简单化了。"②

20世纪80年代初,中国学术领域思想活跃,类似马泽民和李忠尚的这类观点在中国学者中应该很有市场(尽管很少公开发表)。这突出表现在关于人道主义和异化问题的学术性讨论中。十一届三中全会后不久,关于人道主义和异化问题的

---

① 马泽民:《西方"马克思热"述评》,载《中共山西省委党校学报》1980年第2期。
② 李忠尚:《"马克思学""西方马克思主义""新马克思主义"的异同》,载《教学与研究》1986年第6期。

讨论便开始了。据统计，截至1983年，相关文章已经超过四五百篇。此外，西方学者关于《1844年经济学哲学手稿》的研究论著也被大量译介。例如，《西方学者论〈1844年经济学哲学手稿〉》（复旦大学出版社1983年版）《〈1844年经济学哲学手稿〉研究》（湖南人民出版社1983年版）等文集就直接收入了诸多一手资料。事实上，在此之前，中国学者在介绍、批判"西方马克思学"时，只有极少数的学者接触过西方马克思学家所写的东西（即第一手资料），大多数学者都囿于苏东学者给定的先入之见。随着西方学者相关论著的翻译出版，中国学者逐渐对"青年马克思问题"形成了自己的判断。尽管关于人道主义和异化问题的讨论在1984年戛然而止，但西方学者相关论著的翻译出版可以说是"西方马克思学"在中国扎根的开端。

实际上，在中国学者知道"马克思学"这一概念之前，一些具有西方马克思学性质的论著就已经被当作反马克思主义的参考资料零星译介过来了。例如，卢卡奇的《青年黑格尔》和《存在主义还是马克思主义》、萨特的《辩证理性批判》第1分册、曼德尔的《论马克思主义经济学》、沙夫的《人的哲学》、胡克的《历史中的英雄》和《理性、社会神话和民主》，等等。此外，在20世纪五六十年代，《现代外国哲学社会科学文摘》也摘译了部分"反马克思主义"的文章，如1959年第10期日本学者林健太郎的《现代历史学的根本问题——向马克思主义历史学家进一言》，1960年第9期美国学者苏威尔的《马克思的"愈益贫困化"学说》，1960年第11期美国学者门罗的

《马克思主义者的艺术历史学说》,1961年第3期美国学者丹尼尔斯的《马克思历史哲学中的命运与意志》,1962年第2期英国学者特克的《李嘉图和马克思》,1964年第1期美国学者苏威尔的《马克思价值理论再考察》,1964年第7期英国学者李希特海姆的《萨特、马克思主义与历史》,1965年第4期美国学者奥尼尔的《马克思早期和晚期著作中的疏远概念》,1965年第4期美国学者马蒂克的《马克思主义和新物理学》。

1978—1995年,更多西方马克思学家的论著被翻译出版。例如,麦克莱伦的《青年黑格尔派与马克思》(商务印书馆1982年版),《马克思以后的马克思主义》(东方出版社1986年版),罗森的《布鲁诺·鲍威尔和卡尔·马克思:鲍威尔对马克思思想的影响》(中国人民大学出版社1984年版),弗洛姆的《马克思关于人的概念》(南方丛书出版社1987年版),阿尔弗雷德·施密特的《马克思的自然概念》(商务印书馆1988年版),列斐伏尔的《论国家:从黑格尔到斯大林和毛泽东》(重庆出版社1988年版),柯亨的《卡尔·马克思的历史理论:一个辩护》(重庆出版社1989年版),威廉姆·肖的《马克思的历史理论》(重庆出版社1989年版),科西克的《具体的辩证法》(社会科学文献出版社1989年版),博托莫尔的《现代资本主义理论:对马克思、韦伯、熊彼特、哈耶克的比较研究》(北京经济学院出版社1989年出版),阿尔弗雷德·施密特的《历史和结构:论黑格尔马克思主义和结构主义的历史学说》(重庆出版社1993年版),德拉-沃尔佩的《卢梭和马克思》(重庆出版社1993年版),卢卡奇的《关于社会存在的本体论》(重庆出版社 1993 年版),等等。

此外,一些西方马克思学家的论文或著作的译文(或摘译)也在杂志上刊发。例如,萨特的《科学与辩证法》[①]、介绍美国马克思学家诺曼·莱文马恩差异的摘录[②]、西德马克思学家巴列斯特雷姆的《关于恩格斯的讨论》[③]、美国马克思学家阿·古尔德纳的《两种马克思主义》《两种马克思主义的社会起源》[④]、美国学者福伊尔利希特的《关于异化和反对与赞成使

[①] 1961 年 12 月 7 日,萨特在巴黎参加了一次哲学研讨会,全面否认了"自然辩证法",认为恩格斯把历史的辩证法扩展到自然界是一个重大的错误。萨特发言稿后被编入《马克思主义和存在主义:辩证法论战》(巴黎普隆书店,1962 年)一书。本德(F. L. Bender)和雷恩(T. E. Wren)将其译介到英语世界(载《人和世界》第 9 卷第 1 期,1976 年 2 月)。中译文以英译文为底本。中译文参见让·保罗·萨特尔(Jean-Paul Sartre):《科学和辩证法》,载北京大学外国哲学研究所编译:《外国哲学资料》第 4 辑,商务印书馆 1978 年版,第 152—169 页。

[②] 参见杜章智编译:《马克思与恩格斯的比较——莱文的〈可悲的骗局:马克思反对恩格斯〉一书的主要观点摘编》,载《马列著作编译资料》第 14 辑,人民出版社 1981 年版,第 25—57 页。

[③] 1966—1972 年,德语世界出版了六卷本的《苏维埃制度和民主社会》。1972—1973 年被译作英文在美国纽约分 8 卷出版,改名为《马克思主义、共产主义和西方社会》。1973 年,法兰克福和纽约又用德语原文出版了 20 多卷的通俗版,即《制度比较中的马克思主义》。卡尔·巴列斯特雷姆是慕尼黑大学政治学研究所教授,他为这一辞书写作了"恩格斯"这一词条。该文摘译自他 1972 年为《马克思主义、共产主义与西方社会》8 卷本百科全书第 3 卷"弗里德里希·恩格斯"条目。中译文参见卡尔·巴列斯特雷姆:《关于恩格斯的讨论》,载《马列著作编译资料》第 14 辑,人民出版社 1981 年版,第 58—66 页。

[④] 参见阿·古尔德纳:《两种马克思主义》,杜章智编译,载《马列主义研究资料》第 3 期,人民出版社 1982 年版,第 215—232 页;阿·古尔德纳:《两种马克思主义的社会起源》,载《马列主义研究资料》1988 年第 2 期,第 188—204 页。

用异化一词的意见》《异化的历史》《异化的未来》①、吕贝尔的《恩格斯是马克思主义的创始人》《卡尔·马克思》(摘译)以及《法国大革命对青年马克思思想形成的影响》②、费彻尔的《马克思主义和黑格尔的关系》③、古尔德的《马克思的社会本体论》(摘译)④、麦克莱伦的《恩格斯的重要贡献》⑤、莱文《马克思对黑格尔辩证法的运用和改造》⑥、加拿大学者丹·戈

---

① 三篇文章均摘自《异化:从过去到将来》(Ignace Feuerlicht, *Alienation: From the Past to the Future*, Westport: Greenwood, 1978)。此前,陶济1982年在《读书》杂志系统地介绍了这一著作,他强调这本书系统全面地收集了各国学者关于异化理论的研究成果,是一本资料性质的著作(参见陶济:《费尔列希特〈异化:从过去到未来〉》,载《读书》1982年第5期)。1983年,许步曾、王沪宁、周琪将这一著作的部分内容翻译发表,参见福伊尔利希特:《关于异化和反对与赞成使用异化一词的意见》,载《现代外国哲学社会科学》1983年第7期;福伊尔利希特:《异化的历史》,载《现代外国哲学社会科学》1983年第7期;福伊尔利希特:《异化的未来》,载《现代外国哲学社会科学》1983年第7期。

② 参见吕贝尔:《卡尔·马克思》(摘译),载《马列主义研究资料》1984年第4期,第211—232页;吕贝尔:《恩格斯是马克思主义的创始人》(摘译),载《马列主义研究资料》1986年第1—2合期,第277—285页;吕贝尔:《法国大革命对青年马克思思想形成的影响》,载《第欧根尼》1991年第1期。

③ 参见费彻尔:《马克思主义和黑格尔的关系》,载《马列主义研究资料》1984年第5期,第171—198页;费彻尔:《马克思主义和黑格尔的关系》(续一),载《马列主义研究资料》1984年第6期,第184—208页;费彻尔:《马克思主义和黑格尔的关系》(续二),载《马列主义研究资料》1985年第3期。

④ 参见C.古尔德:《马克思的社会本体论》,载《马列主义研究资料》1984年第6期,第209—224页。

⑤ 参见麦克莱伦:《恩格斯的重要贡献》,载《马列主义研究资料》1985年第2期。

⑥ 参见诺曼·莱文:《马克思对黑格尔辩证法的运用和改造》,载《马列主义研究资料》1989年第2期,第165—179页。译文摘选自《辩证法内部对话》(*Dialogue with in the Dialectic*)第3章,全译本参见诺曼·莱文:《辩证法内部对话》,张翼星译,云南人民出版社1997年版。

德斯蒂克和弗兰克·坎宁安的《马克思〈关于费尔巴哈的提纲〉第一命题与第三命题中的能动主义和科学主义》①。

受惠于上述积累，20世纪90年代前半期国内学界陆续出版了三本讨论"西方马克思学"的专著，即陈先达等著《被肢解的马克思》（1990年）、孙伯鍨、曹幼华等著《西方"马克思学"》（1992年）、叶卫平著《西方"马克思学"研究》（1995年）。这三本专著的出版，标志着中国学者对"西方马克思学"的评介研究达到了一个高潮。不过这三本书都是对西方马克思学的专题性研究。尽管部分涉及西方马克思学形成和发展史，但都不够详尽。因此，有必要从思想史的角度系统考察西方马克思学的形成和发展过程。

第二节　恩格斯和列宁写作的马克思小传勾勒了马克思学研究的路线图

马克思学最初源于正统马克思主义者写作马克思生平事业传记，这其中孕育了最初的马克思学传统。

最早为马克思作传的是马克思主义的创始人之一恩格斯。1869年8月11日，恩格斯在《未来报》公开发表了一篇题为

---

① 参见丹·戈德斯蒂克、弗兰克·坎宁安：《马克思〈关于费尔巴哈的提纲〉第一命题与第三命题中的能动主义和科学主义》，载《湖州师专学报》1995年第2期。

《卡尔·马克思》的传略①，而这也是目前可考的恩格斯为马克思所写的第一篇传记。随后，恩格斯还用法语写过几篇马克思传。② 然而，这些传记的影响力十分有限，没能引起马克思、恩格斯同时代人的重视。恩格斯本人在晚年重写马克思传时也绝口不提上述几篇传记，而仅仅强调了1878年《人民历书》上的一篇马克思传。《卡尔·马克思》③ 是恩格斯应白拉克的请求为《人民历书》写的马克思传略，写作时间为1877年6月中旬。恩格斯在这篇小传中粗略涉及了马克思的生平和事业。生平包括出生、大学专业、职业、结婚。其事业包括《莱茵报》办报经历，与卢格一起出版《德法年鉴》并写了一系列关于社会主义的文章，与恩格斯合著《神圣家族》，研究政治经济学和法国大革命史，1845年春天被基佐内阁驱逐出法国、移居布鲁塞尔，创立德意志工人协会、加入共产主义者同盟，与恩格斯共同起草《共产党宣言》，1848年德国三月革命之后在科隆创办《新莱茵报》，1848年革命失败之后流亡伦敦，1851年12月法国发生政变以后不久发表《路易·波拿巴的雾月十八日》，共产主义者同盟的盟员在科隆被判罪以后离开政治鼓动工作，一方面在十年内专心研究大英博物馆图书部中关于政治经济学的丰富藏书，另一方面又为《纽约每日论坛报》写稿，1859年出版《政治经济学批判。第一分册》，

---

① 参见《马克思恩格斯全集》中文1版第16卷，第407—413页。
② 关于恩格斯用法语写作的马克思传记情况，参见本书第一章第一节中的相关论述。
③ 参见《马克思恩格斯文集》第3卷，人民出版社2009年版，第451—462页。

1860年出版《福格特先生》，1867年出版《资本论》第1卷，1864年创立第一国际以及与巴枯宁主义的斗争，写作《国际工人协会成立宣言》和1871年《法兰西内战》，巴黎公社失败后于1876年解散第一国际。

恩格斯在马克思去世之后又写了一篇马克思小传《马克思，亨利希·卡尔》①（1892年）。这篇传记是恩格斯应在耶拿出版的《政治科学手册》出版人之一埃耳斯特尔（L. Elster）的请求而写的。为了纪念马克思逝世十周年，1893年3月17日这篇传记又发表在《工人报》第11号（标题是"卡尔·马克思生平"），以及保加利亚杂志《社会民主党人》1893年第3期。相比于前一篇传记，这篇传记增加了新的内容：

1. 关于马克思犹太人出身的内容。

2. 关于马克思论伊壁鸠鲁哲学的学位论文。

3. 提及青年黑格尔派。

4. 关于马克思在《莱茵报》上发表的几篇重要政论文章。

5. 马克思在克罗伊茨纳赫同燕妮结婚。

6. 马克思与卢格分道扬镳，转向社会主义。

7. 关于恩格斯与马克思在巴黎会面。

---

① 参见《马克思恩格斯全集》中文2版第29卷，第418—428页。

8. 马克思给《德意志—布鲁塞尔报》写了一系列文章。①

9. 马克思在巴黎参加《前进报》编辑工作。

10. 明确了《哲学的贫困》的出版地点（巴黎和布鲁塞尔）。

11. 马克思在1848年革命中的活动。

12. 马克思在伦敦创办了《新莱茵报。政治经济评论》（1850年在汉堡出版，总共出版了六期）。

13. 《路易·波拿巴的雾月十八日》的版本信息。

14. 《揭露科隆共产党人案件》的版本信息。

15. 马克思在《纽约每日论坛报》发表的署名文章中，军事性质的文章（论克里木战争、印度起义等）是恩格斯写的。

16. 提到了《资本论》手稿（1859年之后）。

17. 提到马克思在第一国际初期与马志尼争夺领导权的斗争，以及与法国的蒲鲁东主义者、德国的共产主义者和英国的工联主义者合作共事。

18. 提到巴黎公社失败，马克思不再进行公开的鼓动，但愈来愈成为战斗的无产阶级公认的和有求必应的顾问。

19. 提到马克思晚年研究原始时代的历史，研究农

---

① 恩格斯在1877年写作的传记中提到马克思曾为《德意志－布鲁塞尔报》撰稿，但没有明确是一篇文章，还是一系列文章。新传记中的说法表明马克思为其写了多篇文章。

学、俄国的和美国的土地关系、地质学,等等。

20. 提到马克思除了能以所有的日耳曼语和罗曼语自由阅读以外,还学习了古斯拉夫语、俄语和塞尔维亚语。

21. 提到过去出版的马克思传记大多数都是错误满篇。

《在马克思墓前的讲话》中,恩格斯把马克思说成是思想家和革命家的统一体。其思想家的工作主要包括两大科学发现,而革命家的工作体现在"最早的《莱茵报》(1842年),巴黎的《前进报》(1844年),《德意志—布鲁塞尔报》(1847年),《新莱茵报》(1848—1849年),《纽约每日论坛报》(1852—1861年),以及许多富有战斗性的小册子,在巴黎、布鲁塞尔和伦敦各组织中的工作,最后,作为全部活动的顶峰,创立伟大的国际工人协会"[1]。我们发现,恩格斯的这两个马克思小传,并非面面俱到,也非流水账式的罗列,而是按照"思想家和革命家的统一体"这个基调来做素材取舍的。

恩格斯还开列了马克思已发表著作的书目[2]:

---

[1] 《马克思恩格斯全集》中文2版第25卷,第597—598页。
[2] 《马克思恩格斯全集》中文2版第29卷,第424—428页。除了印刷版的书目清单之外,恩格斯还有一份手写版的书目清单。两者最大的不同在于,前者删去了后者中提到的"论伊壁鸠鲁的《博士论文》"。尽管这两份书单中都有少许史实性错误,但它们仍然具有开创性的意义。

1842年在科隆《莱茵报》上发表的有：关于莱茵省议会的辩论、关于摩泽尔流域酿酒农民的状况、关于林木盗窃的文章；该报1842年10月至12月的社论。——在《德法年鉴》（阿·卢格和卡·马克思合编，1844年在巴黎出版）上发表的有：《〈黑格尔法哲学批判〉导言》；《论犹太人问题》。——卡·马克思和弗·恩格斯合写的《神圣家族。驳布鲁诺·鲍威尔及其伙伴》，1845年在美因河畔法兰克福出版。——1844年在巴黎《前进报》上发表的短文（未署名）。——在《德意志—布鲁塞尔报》（1847—1848年在布鲁塞尔出版）上发表的一些署名和未署名的文章。——《哲学的贫困。答蒲鲁东先生的〈贫困的哲学〉》，1847年在布鲁塞尔和巴黎出版。德文版，1892年在斯图加特出的第二版。西班牙文版，1891年在马德里出版。——《关于自由贸易问题的演说》，1848年在布鲁塞尔出版。英文版，1888年在波士顿出版。德文版，收入《哲学的贫困》德文版。——同弗·恩格斯合写的《共产党宣言》，1848年在伦敦出版。最新德文版，1890年在伦敦出版；几乎所有的欧洲文字都已有译本。——在《新莱茵报》（1848—1849年在科隆出版）上发表的文章及社论等。其中《雇佣劳动与资本》曾多次出版单行本，最新版1891年在柏林出版；已有俄文、波兰文、意大利文、法文译本。——《两个政治审判案》，1849年在科隆出版（包括马克思的两篇辩护词）。——《新莱茵报。评论》，1850年在汉堡出版，共出六期。其中发表了马克思的文章《从 1848 至 1849 年》。同恩格斯合写的书评和每月述评。——《路易·波拿巴的雾月十八日》,1852 年在纽约出版。第三版 1885 年在汉堡出版。已有法文译本。——《揭露科隆共产党人案件》,1853 年在巴塞尔出版(该版被没收);1853 年在波士顿出版。最新版 1885 年在苏黎世出版。——1851 年至 1862 年在《纽约论坛报》上发表的文章。其中几篇关于帕麦斯顿的文章于 1856 年在伦敦作为小册子出版(增订本)。1856 年 6 月至 1857 年 4 月在设菲尔德和伦敦出版的《自由新闻》上发表的《18 世纪外交史内幕》(论英国辉格党大臣们对俄国的长期卖身投靠)。——在《人民报》(1859 年在伦敦出版)上发表的关于 1859 年意大利战争的外交史的文章。——《政治经济学批判。第一分册》,1859 年在柏林出版。1890 年出波兰文译本。——《福格特先生》,1860 年在伦敦出版。——《国际工人协会成立宣言》,1864 年在伦敦出版;此外还有总委员会的所有文章,其中包括 1871 年在伦敦出版的《法兰西内战》(最新德文版 1891 年在柏林出版;已有法文、意大利文和西班牙文译本)。——《资本论。政治经济学批判》第一册,1867 年在汉堡出版;最新第四版 1890 年出版。已有俄文、法文、英文、波兰文和丹麦文译本。——《资本论》第二册,1885 年在汉堡出版;第二版在印刷中。已有俄文译本。第三卷将在 1893 年问世。

1914年,列宁也写作了《卡尔·马克思》①,副标题是"传略和马克思主义概述"。在传略部分,列宁基本上是在重复恩格斯的说法,不过也在恩格斯基础上增加了一些新的内容:

1. 关于马克思博士论文"就其当时的观点来说,还是一个黑格尔唯心主义者"的说法。
2. 关于马克思与费尔巴哈的关系的内容(恩格斯两个小传都没有提到费尔巴哈)。
3. 关于恩格斯对马克思提供经济资助的内容。
4. 关于马克思的家庭情况。②

和恩格斯一样,列宁的马克思小传尽管篇幅短,但贯穿着一条主线,即列宁在恩格斯关于"思想家与革命家统一体"说法的基础上,强调马克思早期思想的"两个转变"。这构成了列宁解读马克思思想发展的理论框架,对后来马克思主义史(特别是哲学史)产生了深远影响,并奠定了苏联马克思学的基础。

---

① 参见《列宁全集》中文2版第26卷,第47—95页。1915年出版的《格拉纳特百科词典》删去了原稿中的部分内容。1918年,列宁对这一传记稍加修改,出版了《卡尔·马克思》一文的单行本,但出版社没有保留列宁修改后的《马克思主义书目》。1925年,《卡尔·马克思》一文才按列宁手稿全文刊出。
② "马克思的子女,有几个由于当时家境十分贫困,在童年时便死于伦敦。三个女儿爱琳娜、劳拉、燕妮,分别嫁给了英国和法国的社会主义者艾威林、拉法格、龙格。"参见《列宁全集》中文2版第26卷,第52页。

列宁也仿照恩格斯附了一个马克思著作书目①（主要是基于梅林编辑出版的4卷本《卡·马克思、弗·恩格斯、斐·拉萨尔的遗著》）。对比恩格斯开列的马克思著作目录，列宁特别提到了马克思《关于费尔巴哈的提纲》（作为恩格斯的《路德维希·费尔巴哈和德国古典哲学的终结》一书的附录发表）。这说明恩格斯去世以后，《关于费尔巴哈的提纲》越来越受重视②；提到了以马克思署名发表在《纽约每日论坛报》上的《德国的革命和反革命》（恩格斯去世后有德文和俄文译本出版③）。该文实际上是恩格斯写作的，所以恩格斯所列的马克思著作书目中提到马克思在《纽约每日论坛报》上发表的关于帕麦斯顿的文章以及《18世纪外交史内幕》，但并没有提到该文；提到了1854年年底和1855年期间，马克思是《新奥得报》的撰稿人，1861—1862年为维也纳《新闻报》撰稿，马克思在《人民报》（1859年在伦敦出版）上发表的有关1859年意大利战争的外交史的一些文章；提到马克思为国际总委员会起草了许多宣言、公告和决议；提到在马克思去世后恩格斯去世前，出版了马克思的《哥达纲领批判》（1890—

---

① 参见《列宁全集》中文2版第26卷，第83—95页。
② 基于《关于费尔巴哈的提纲》，拉布里奥拉对马克思历史唯物主义进行了"实践哲学"的解读。秦梯利还基于他自己的《关于费尔巴哈的提纲》意大利译本（收在他的《马克思的哲学》一书），得出了马克思"实践哲学"的结论。
③ 德译文收在马克思小女儿爱琳娜编辑的《东方问题》。梁赞诺夫对《东方问题》所收录的马克思发表在《纽约每日论坛报》上的文章的可靠性提出质疑，并重新编辑出版了《马克思恩格斯著作集：1852—1862》第1、2卷（1917年版，计划出4卷）。值得一提的是，在1914年，列宁还不知道梁赞诺夫的新考证结论。

1891）；提到恩格斯去世后出版了《工资、价格和利润》（1897—1898）、《卡·马克思、弗·恩格斯、斐·拉萨尔的遗著》（1902）、《卡·马克思、弗·恩格斯等致左尔格书信集》（俄译本）、《剩余价值理论》（1905—1910）、《马克思和恩格斯通信集》（1913）、《马克思恩格斯 1852—1862 年论文集》（1917）。

在马克思传（1892）的最后，恩格斯对马克思的思想进行了总体把握，强调马克思的两大科学发现。这与恩格斯在马克思墓前讲话的精神是一致的。列宁的马克思传借鉴了恩格斯的写法，并极大扩展这部分的内容，称之为"马克思主义概述"。列宁强调马克思思想的三个来源和三个组成部分（参见 1913 年《马克思主义的三个来源和三个组成部分》[①] 和 1914 年《卡尔·马克思》一文提纲[②]）。不管后来的马克思传记作者（如梁赞诺夫、伯林、科尔纽）如何扩大马克思思想来源的范围，将马克思思想来源列入马克思传记写作，列宁是第一人。

恩格斯写作的马克思小传（1892）列出了马克思已出版著作的书目，这是马克思文献学（书志学）的雏形。遗著的整理出版既具有理论宣传的价值，也具有马克思学的学术价

[①] 《列宁全集》中文 2 版第 23 卷，第 41—48 页。
[②] 《列宁全集》中文 2 版第 26 卷，第 372—375 页。列宁此处的三个来源用的是"英国政治经济学、德国古典哲学、法国政治斗争"，而非此前《马克思主义的三个来源和三个组成部分》的说法（德国的哲学、英国的政治经济学和法国的社会主义）。不过在《卡尔·马克思》的定稿中，列宁使用的仍然是"德国古典哲学、英国古典政治经济学以及同法国所有革命学说相联系的法国社会主义"。

值。考茨基在《新时代》陆续出版了一些以前不为人知的马克思手稿，倍倍尔和伯恩施坦编辑出版了《马克思恩格斯通信集：1844—1883》，梅林编辑出版了《卡·马克思、弗·恩格斯、斐·拉萨尔的遗著》。列宁充分利用了这些资料，因此他所列马克思著作书目具有重大的文献学价值。此外，列宁还罗列了当时有代表性的马克思研究书目（甚至提到了秦梯利的《马克思的哲学》），这是马克思学研究的雏形。恩格斯和列宁以时间顺序概述了马克思的生平事业，这为后来阿多拉茨基的《马克思年表》奠定了基础。《马克思年表》用事实说话，撇开了对马克思思想理论的整体把握和基于政治立场的评价，是典型的马克思学研究成果。正如 MEGA² 编辑促进会主席罗尔夫·黑克尔所介绍的那样，"我们柏林 MEGA 协会给自己提出一个任务，到 2018 年马克思诞辰纪念日时重新编制马克思的生平年表"①。由此可见，马克思生平事业年表的不断完善，有赖于马克思文献学的最新研究成果（包括对著作的作者身份、写作时间等方面的考证）。

总的来看，恩格斯的马克思小传涉及马克思的生平事业活动、代表性著作、马克思思想的整体把握（科学社会主义及作为其基础的两大科学发现）。列宁的马克思小传包括马克思的生平事业活动、马克思思想的发展（从唯心主义到唯物主义、

---

① 参见罗尔夫·黑克尔：《马克思恩格斯生平遗著流传史》，载《国外理论动态》2010 年第 10 期。事实上，这一年表任务没能如期完成。在与笔者的邮件通信中，黑克尔表明，MEGA² 编辑促进会日后会以电子版的方式将其刊发在网站上。

从革命民主主义到共产主义,特别强调费尔巴哈的影响)、马克思思想理论的整体把握(三个来源和三个组成部分)、马克思著作(包括遗著)书目。由此可见,恩格斯和列宁为马克思写作的几个小传,已经确立了后来马克思学研究的路线图,它们涉及马克思生平活动、著作情况、马克思思想发展(特别是早期思想发展)、马克思思想理论的整体把握等。后来的马克思学只不过是对细节的补充和调整。即使是非正统马克思主义的马克思学家,也只是在这一轨道上活动,最多是唱反调而已(比如制造"青年马克思"与"老年马克思"问题)。

第三节 梅林的马克思传记写作奠定了马克思学研究的雏形

梅林的《马克思传》写于第一次世界大战期间,出版于1919年。根据梅林自己的序言,他在编辑马克思、恩格斯通信集的过程中产生了写作马克思传记的想法:"在编辑该通信集的很长一段时间中,由于以往多年研究而在我脑海里已经成形的卡尔·马克思的形象,变得更为鲜明突出了。因此,不由得想写一部传记来刻画这个形象。"①

以马克思早期活动(《共产党宣言》之前)为例,来看看

---

① 梅林:《马克思传》,樊集译,人民出版社1965年版,第1页。

梅林新增加的内容：

1. 马克思的家庭谱系。
2. 马克思一家人放弃犹太教，皈依基督教（1824 年）。
3. 马克思父亲对他青少年时代成长的影响。
4. 马克思的中学毕业作文《青年在选择职业时的考虑》。
5. 燕妮父亲对马克思的影响。
6. 马克思大学期间给父亲的长信（1837 年 11 月 10 日）及马克思父亲回信对马克思的指责。
7. 提到马克思的大学老师甘斯，但没有提到萨维尼（马克思听了萨维尼两个学期的课程）。
8. 马克思写给燕妮的爱情诗。
9. 马克思试图创立一个法哲学体系（梅林对马克思关于自己已经写了三百印张的说法表示质疑）。
10. 马克思养成了给所有读过的书做摘要的习惯。
11. 加入青年黑格尔派"博士俱乐部"。
12. 详细介绍青年黑格尔派的成员，包括施特劳斯、卢格、鲍威尔、科本。
13. 指出马克思博士论文仍然站在黑格尔唯心主义立场上①。
14. 提到了鲍威尔的《末日的宣告》曾被认为是鲍威

---

① 这一观点与列宁不约而同。尽管列宁的说法发表在梅林的《马克思传》之前，但很难说这是梅林受到列宁的启发。

尔与马克思合写的①，不过实际作者是鲍威尔。

15. 发表在《德国现代哲学和政论界轶文集》上的《论普鲁士最近的书报检查令》。

16. 提到赫斯（恩格斯和列宁的马克思小传都没有提到赫斯）。

17. 介绍了马克思发表在《莱茵报》上的政论文章，特别是详细考察了马克思计划写作的关于莱茵省议会辩论的五篇论文（其中只有两篇得以在《莱茵报》发表）。

18. 马克思围绕共产主义问题与《总汇报》的论战。

19. 马克思与柏林"自由人"决裂的过程。

20. 《莱茵报》被查封的细节。

21. 梅林对恩格斯关于费尔巴哈1841年《基督教的本质》出版后马上对马克思思想发生影响的说法表示质疑（从马克思发表在《莱茵报》上的文章看不到费尔巴哈的影响）。后来罗森在《鲍威尔与马克思》一书中也只是重复了梅林的观点。

22. 与《德法年鉴》创刊相关的八封书信以及马克思在其中的灵魂作用②。

23. 马克思与卢格分道扬镳的过程（包括在《前进报》上马克思就西里西亚织工起义而与卢格"普鲁士人"

---

① 伯林在写作马克思传时也将其视作"合著"，参见以赛亚·伯林：《卡尔·马克思：生平与环境》，李寅译，译林出版社2018年版，第76页。
② 梅林强调，马克思有三封书信，开始和结束通信的都是马克思，而且马克思还明确提出了"从何处来""到何处去"的问题。

的论战①)。

24. 卢格20年后写的四卷本《回忆录》。

25. 梅林对马克思发表在《德法年鉴》上的《〈黑格尔法哲学批判〉导言》评价很高,而德国教授们则认为它"风格怪诞、极端乏味"。梅林认为第二篇论文《论犹太人问题》"就形式而论不如第一篇那样引人入胜,但是就批判分析的力量而论也许更为卓越"。梅林对《德法年鉴》两篇论文的总体评价是马克思"还在耕耘着哲学的田地","但唯物史观的幼芽已经生长起来"②。显然,梅林是把唯物史观与哲学对立起来的。列宁对《德法年鉴》两篇论文也有很高评价,但列宁的角度有所不同,是从马克思"两个转变"的视角来作评价的。

26. 梅林推测《德法年鉴》两篇论文是写于德国(梅林提到了马克思在岳母住的克罗伊茨纳赫与燕妮结婚)③。

27. 卢格在1844年5月写给费尔巴哈的信中对马克思初到巴黎时工作状态的描述④,特别是马克思准备写一

---

① 值得注意的是,梅林认为卢格关于"这次起义仅仅是没有多大深刻意义的饥饿骚动"的评价是"更为正确的",尽管这是庸人的正确。显然,梅林并没有一味地偶像化马克思。在评论马克思与拉萨尔的关系问题时,梅林也是如此。梅林还因此而遭到考茨基和梁赞诺夫的攻击。参见梅林:《马克思传》,樊集译,人民出版社1965年版,第111页。
② 梅林:《马克思传》,樊集译,人民出版社1965年版,第90页。
③ "打好了草稿,至少是草拟好了大纲",参见梅林:《马克思传》,樊集译,人民出版社1965年版,第96页。
④ "一次又一次沉没到无边无际的书海中",参见梅林:《马克思传》,樊集译,人民出版社1965年版,第97页。

部法国国民公会史。

28. 马克思对法国大革命的研究，推动马克思去考察波旁王朝复辟时期兴起的"第三等级"的历史文献，从而使马克思从复辟时期历史学家基佐和梯叶里那里获得了关于阶级和阶级斗争的历史本质的认识①。

29. 马克思在巴黎时期与海涅的密切交往，特别是马克思对海涅这一时期诗歌创作的影响。

30. 梅林按照恩格斯的说法，把 1844 年马克思与恩格斯在巴黎的会面说成是 9 月，而实际上是 8 月底。不过对于两人相处的时间跨度，恩格斯说是"几天"，梅林改正为"十天"。

31. 马克思被法国政府驱逐的细节。

32. 马克思于 1845 年 12 月 1 日脱离普鲁士国籍，从此成为"世界公民"。

33. 马克思与恩格斯 1845 年夏天的英国之行（六个星期）。

34. 对《德意志意识形态》手稿的介绍（包括第 2 卷

---

① 马克思在致安年科夫的信中提到的，阶级斗争理论并非由他自己首创。普列汉诺夫也依据马克思的自述，特别强调马克思受基佐和梯叶里的影响。不过梅林进一步把马克思对基佐和梯叶里的阅读与马克思的国民公会史写作联系起来了。后来又有国内学者进一步把马克思对基佐和梯叶里著作的阅读定位到《克罗伊茨纳赫笔记》中，这其实是错误的。马克思在《克罗伊茨纳赫笔记》中并没有对基佐和梯叶里的著作作摘录，只是在一本历史著作的摘录（具体来说是在对该书的文献资料的摘录中）出现了基佐的名字。

对"真正的社会主义者",特别是对格律恩的批判①)和评论(梅林评价不高②,但也以莎士比亚为例对马克思作了辩护)。

35. 在《德意志意识形态》出版上约瑟夫·魏德曼对马克思恩格斯的支持(包括为马克思募捐了几百法郎以解马克思生活上的燃眉之急)③。

36. 马克思与魏特林和蒲鲁东决裂的过程。

---

① 梅林关于马克思与"真正的社会主义"的关系的评论(梅林:《马克思传》,樊集译,人民出版社1965年版,第147—148页)开辟了一个新的研究话题,预示着后来在这个问题上的争论。另外,在马克思与赫斯关系问题上,梅林无疑是始作俑者。梅林在《马克思传》中把赫斯说成是马克思的粉丝,并明确把赫斯看作是马克思恩格斯《德意志意识形态》中对"真正的社会主义者"批判的对象之一,但这是成问题的。科尔纽的《马克思恩格斯传》彻底纠正了马克思与赫斯关系问题上的错位,而陶伯特认定赫斯也是《德意志意识形态》的作者之一,从而基本上排除了《德意志意识形态》中对赫斯可能的批判。
② 诸如"这里也有时出现沙漠中的绿洲""当辩证法的锋芒在个别地方显现的时候,它也很快就被琐碎的挑剔和咬文嚼字的争论所代替了"(梅林:《马克思传》,樊集译,人民出版社1965年版,第144页)。"马克思对布鲁诺·鲍威尔和施蒂纳所进行了冗长而有时令人厌倦的论战"(梅林:《马克思传》,樊集译,人民出版社1965年版,第160页)。梅林评价不高的原因,与他没有看到"费尔巴哈"章的手稿有关。不过梅林联系《关于费尔巴哈的提纲》,强调马克思批判了旧唯物主义缺乏"能动原则",确实猜测到了"费尔巴哈"章的核心思想(参见梅林:《马克思传》,樊集译,人民出版社1965年版,第145页),这显示出梅林深厚的理论功底。
③ 参见梅林:《马克思传》,樊集译,人民出版社1965年版,第152页。

37. 对《哲学的贫困》作了高度评价①,不过梅林也指出:"马克思的直接目的并没有达到。蒲鲁东对法国工人以及对一般罗曼语系国家的无产阶级的影响不但没有减退,反而继续在增长,因而马克思在此后许多年中仍然不得不同蒲鲁东打交道。"②

38. 强调马克思由于回到黑格尔而超越了费尔巴哈,"唯物主义"由于与"历史辩证法"相结合而获得了"能动的原则"(不仅要解释世界,而且要改变世界)③。梅林这里讲的是历史唯物主义。而普列汉诺夫和列宁则强调辩证法与唯物主义相结合产生了"辩证唯物主义"。对"能动的原则"的反复强调,是梅林解读马克思思想和理论的关键词,这在普列汉诺夫和列宁那里是欠缺的④。

---

① "在这部著作中,历史唯物主义世界观的最重要之点第一次得到了科学的阐发"(梅林:《马克思传》,樊集译,人民出版社1965年版,第159页)。梅林的这一评价,是在马克思相关说法基础上的进一步引申和发挥。马克思在1859年序言中说:"我们见解中有决定意义的论点,在我的1847年出版的为反对蒲鲁东而写的著作《哲学的贫困》中第一次作了科学的、虽然只是论战性的概述。"马克思在《关于"哲学的贫困"》的短文(写于1880年3月底)中说:"该书中还处于萌芽状态的东西,经过二十年的研究之后,变成了理论,在《资本论》中得到了发挥。"(《马克思恩格斯全集》中文1版第19卷,第248页)而对历史唯物主义的评价,梅林也遵循恩格斯的说法,把它看作是"马克思最大的科学功绩。他以此而对历史科学作出的贡献,正和达尔文对自然科学所作的贡献一样。"(梅林:《马克思传》,樊集译,人民出版社1965年版,第159页)总之,在梅林看来,历史唯物主义是科学而非哲学。
② 梅林:《马克思传》,樊集译,人民出版社1965年版,第159页。
③ 梅林:《马克思传》,樊集译,人民出版社1965年版,第168页。
④ 普列汉诺夫和列宁所强调的是辩证唯物主义世界观(首先是自然观),历史唯物主义是辩证唯物主义在社会和历史领域的推广。

39. 进一步介绍马克思与《德意志—布鲁塞尔报》的关系（获得对该报的支配权），以及给该报写稿的情况（包括《〈莱茵观察家〉的共产主义》①以及更为重要的长文《道德化的批评和批评化的道德》）。

40. 关于共产主义者同盟的详细介绍（包括其主要成员如沃尔弗）。

41. 马克思1847年12月在布鲁塞尔德意志工人协会做的关于《雇佣劳动与资本》的演说，受到巴枯宁的批评。

42. 强调《共产党宣言》的原创性，批评了那种认为《共产党宣言》抄袭了卡莱尔、吉本、西斯蒙第或其他人著作的说法。

43. 探讨了《共产党宣言》中的"贫困化理论"问题。

44. 遵照马克思恩格斯1872年序言的说法，梅林强调《共产党宣言》的基本原理仍然是正确的，尽管有些地方已经过时了。

如果说恩格斯和列宁关于马克思的小传还只是对马克思形象的"速写"，那么梅林的《马克思传》则是一幅工笔画，是真正意义上的传记（著作）。事实上，梅林的马克思传记对马克思学具有奠基意义。首先，梅林的马克思传成为其他人写作

---

① 这是对封建社会主义攻击的反击。梅林说该文是马克思与恩格斯合写的，实际上是马克思一个人所写。

马克思传记时难以回避的经典文献。梅林以降,所有的马克思传记都直接或间接地与梅林版传记相关。例如,写作马克思恩格斯传记时,梁赞诺夫参阅了梅林的著作,而科尔纽更是直接在梅林版传记基础上,对相关细节进行了进一步的填充(特别是关于马克思与赫斯的关系)。

其次,梅林的马克思传记写作与马克思恩格斯书信集、论著、手稿的整理出版密切相关。书信、著作、手稿在传记写作中都具有重要的意义。依赖完整的书信材料,一个缺少专业学术背景的文学作者(或新闻记者)都可以创作出传主的传记,而经过整理的报刊论文和未刊手稿则为传记写作者集中地提供原始素材。这些原始素材是传记写作的重要前提。例如,列宁正是利用了梅林编辑出版的4卷本《卡·马克思、弗·恩格斯、斐·拉萨尔的遗著》,才会有对马克思早期思想"两个转变"的新认识。梅林也正是通过考察马克思《莱茵报》时期的代表性文章,才使得青年马克思的形象变得有血有肉。梁赞诺夫则以其编辑的《马克思恩格斯著作集:1852—1862》为基础(特别是以对马克思在《纽约每日论坛报》所发文章的甄别①),创作了《马克思与恩格斯》。古斯塔夫·迈耶尔(G. Mayer)的《恩格斯传》(1920年)之所以享有极高的学术声誉,也是恰恰因为他甄别和整理了恩格斯青年时代以笔名发表的文章。毫无疑问,传记写作不同于生平事业年谱,它必

---

① 许多以"马克思"笔名发表的文章其实是恩格斯写的,而不少没有署名的社论文章其实是马克思所写。

然会涉及对传主著作的介绍和评价①,甚至在这个基础上演变出马克思思想传记(如伯林、科尔纽、麦克莱伦的马克思传),而这恰恰就是马克思文本研究和思想研究(包括专题性思想研究)的雏形。因此,马克思传记写作应当被视作西方马克思学的真正源头。

再次,梅林版传记在立论时体现出来的相对客观性成为后世马克思学的基本立场。梅林的马克思传记也曾被误解为美化了马克思。例如,滕尼斯就认为梅林的马克思传将马克思偶像化了,为此他另写了一部传记。但滕尼斯的传记并没有产生多大影响,毕竟滕尼斯并没有在梅林基础上增加新的传记材料。实际上,不能说梅林的《马克思传》将马克思偶像化了。比如梅林就认为卢格关于西里西亚职工起义"仅仅是没有多大深刻意义的饥饿骚动"的评价是"更为正确的",尽管这是庸人的正确。②梅林也评论说,马克思恩格斯在《德意志意识形态》第二卷对"真正的社会主义者"的批判是"大大夸张了的,而对所涉及的这几个人来说是完全不公平的"③。在叙述马克思与巴枯宁、拉萨尔的关系问题上,梅林有许多中立之论,甚至对拉萨尔也有诸多辩护之词,梅林还因此而受到考茨基和梁赞诺夫的攻击。在马克思传记写作方面,梅林绝不会比十月革命之后的梁赞诺夫有更自觉的党性原则。事实上,伯

---

① 当然,通俗性传记不会花大量笔墨在这方面。这也是一般传记(文学作品范畴)与专家所作传记(学术著作)的区别。
② 参见梅林:《马克思传》,樊集译,人民出版社1965年版,第111页。
③ 梅林:《马克思传》,樊集译,人民出版社1965年版,第149页。

林、麦克莱伦等人的马克思传都较好地继承了这种客观性。尽管伯林批判黑格尔和马克思的"积极自由",但伯林在写作马克思传记时(包括在他已经提出"消极自由"与"积极自由"二分之后的修订版中)仍然秉持中立和客观的态度。正是基于这种立场,伯林的马克思传记才能被后世马克思学家称道。①

综上所述,梅林的《马克思传》标志马克思学的正式出场,是西方马克思学和苏联马克思学的共同源头。西方马克思学以马克思思想解读见长,苏联马克思学则以版本和文献学研究见长②,两者的共同基础是马克思文本研究。对马克思思想的解读(特别是解释学意义上的解读)是20世纪马克思学发展、演变非常重要而且活跃的方面,但它并不能代表马克思学的全部。马克思文献学研究推动马克思文本研究,进而推动马克思思想研究,从而使马克思学显示出勃勃生机(特别是冷战结束以后)。只有把正统马克思主义者的马克思传记写作视作马克思学的真正源头,才能正确地理解马克思学的性质与构成,才不会把马克思学片面地理解为带有敌意的马克思思想解读和文献考证,进而到19世纪末资产阶级学者对马克思思想和理论的攻击中去寻找"马克思学"的蛛丝马迹。

---

① 卡弗为伯林的马克思传(第五版)写作了后记。在后记中,卡弗高度评价了伯林的马克思传。参见以赛亚·伯林:《卡尔·马克思:生平与环境》,李寅译,译林出版社2018年版,第323—352页。
② 苏联马克思学包括马克思文献学和文本解说(思想阐释)两文部分。我们强调苏联马克思学以版本和文献学研究见长,并不意味着苏联马克思学缺乏思想性。实际上,苏联马克思学者的原创性解读长期位于中国学者视域之外,价值被严重低估。

第一章　西方马克思学的马克思传记写作

马克思传记写作是西方马克思学的真正源头。自恩格斯为《凉亭》画报撰写第一部马克思传记以来①，各大语种都产出过马克思传记，其数量之丰令人咋舌。传记学成果深刻地影响着读者对马克思思想和文本的理解，也内在推动了西方马克思学的兴起和发展。② 作为马克思生平事业的研究成果，西方世界出版的马克思传记是西方马克思学研究的重要对象之一。

由于恩格斯晚年致力于《资本论》第 2 卷、第 3 卷的编辑，他失去了为马克思详细作传的机会，以致直到 20 世纪的第一个十年，在任何一个语言世界内还没有出版过一部适当

---

① 1868 年，恩格斯专门为《凉亭》画报写作了一篇马克思传记。但由于复杂的社会政治原因，这一传记最终没能在该报发表。次年 8 月，恩格斯在《未来报》发表了修改后的小传《卡尔·马克思》。
② 关于西方马克思学"生平事迹""著作版本"和"思想解读"三个部分之间的互动关系，参见李靖新弘、王校楠：《西方马克思学兴起与发展的内在逻辑》，载《马克思主义哲学论丛》2018 年第 1 辑。

的马克思传。传记的缺失,在一定程度上阻碍了人们对马克思本人的了解,即使是那些狂热地研究过马克思著作的追随者们对马克思本人也知之甚少。[1] 马克思传记对于介绍马克思是很有效的,特别是通俗性的传记,能极大地影响大众对马克思的认知。

19世纪末20世纪初以来,马克思主义者、非马克思主义者和反马克思主义者都积极参与到为马克思著书立说的工作中。由于传记创作者的政治立场和认知立场的差异,数目众多的马克思传塑造了形象迥异的"卡尔·马克思"。马克思传记写作成为西方马克思学最具争议也最长盛不衰的话题之一。时至今日,依然有新传记相继问世。2018年马克思200周年诞辰之际,各大语言世界也相继出版或再版了各类马克思传记。在瑞典思想史家斯文-埃里克·利德曼(Sven-Eric Liedman)看来,柏林墙倒塌、苏东剧变四分之一个世纪之后的今天,恰好是书写马克思传记的绝佳时机。一方面,苏东意识形态的瓦解为重新思考马克思复杂多样的著作提供了契机;另一方面,MEGA²的出版又为全面了解马克思、恩格斯的写作状况提供了可能性,人们甚至能够对比恩格斯处理后的《资本论》与马克思本人原始手稿之间的差异。[2]

苏珊·沃特金斯、伊林·费彻尔、保罗·布朗等国外学者

---

[1] 参见 John Spargo, *Karl Marx: His Life and Work*, New York: B. W. Huebsch, 1912, p. 12。

[2] 参见 Sven-Eric Liedman, *A World to Win: The Life and Work of Karl Marx*, London: Verso, 2018, p. ix。

都评论过特定的马克思传记。苏珊·沃特金斯更是通过对比九部马克思传记，提炼出不同传记作者的写作目的。① 例如，梅林的马克思传旨在鼓舞德国社会民主党成员；梁赞诺夫的马克思恩格斯合传意在施行马克思主义的再教育；鲍里斯·尼古拉埃夫斯基（B. Nicolaievsky）和奥托·曼森－黑尔芬（O. Maenchen-Helfen）则意欲通过马克思传记反对德国法西斯主义。

国内学者也对各类马克思传展开过细致的分析和对比。② 有学者进一步将现有的马克思传记划分为三类：即"经典作家的马克思传记类型""苏联模式的马克思传记类型"和"西方学者的马克思传记类型"。这种分类方式在一定程度上有效地概括了不同模式的传记特点，但这三大类型的划分却不是从某一个统一标准出发划定的，存在分类重叠的嫌疑。也有学者更细致地将西方学者的马克思传写作方式概括为"生平—学说""批判重建""思想史还原"三种模式。三种模式的总结很有新意，但仍然只能涵盖极其有限的一部分传记，诸如阿多拉茨基主编的《马克思生平事业年表》这类以大事记年表方式呈现的传记就难以划入其中的任何一种模式，而德国学者曼弗雷德·克利姆编撰的《马克思文献传记》这类"以时间为

---

① 参见 Susan Watkins, "The Nine Lives of Karl Marx", *New Left Review*, 2000 (1), p. 169。
② 王东、贾向云、陆宗骐、陈世澄等人都对具体传记展开过评论。时值马克思诞辰 200 周年之际，中国马克思主义研究基金会下设的《理论视野》杂志更是专设"马克思生平与传记研究"栏目，在 2018 年第 4 期刊登了 6 篇马克思传记研究文章，着重评述了梅林、伯林、麦克莱伦、艾伦·伍德等四位西方学者的马克思传。

线索、史料文献为主体"的传记也难以归类。如若仅从作传者对马克思的情感立场出发,不妨将西方学界的马克思传分为三类,即赞扬同情马克思的传记、玷污敌视马克思的传记以及力图客观还原马克思的传记。

第一节 "偶像化":作为伟大导师的马克思

19世纪60年代,欧洲各国就出现了专门性的马克思传记文。1892年,恩格斯曾在《马克思,亨利希·卡尔》一文中批判当时欧洲各国出版的马克思传记"大都错误满篇"[①]。在恩格斯看来,过去出版的传记中唯一可靠的作品只有自己应白拉克的邀请写作而刊登在1878年《人民历书》(1877年8月出版)上的短文《卡尔·马克思》[②]。事实上,恩格斯本人就写作过多篇马克思传。出于各种复杂的考量,恩格斯委婉地隐去了其他几篇传记的科学价值。

在目前可考的范围内,恩格斯写作的第一篇马克思传刊载于1869年8月2日《未来报》(柏林)第185号。在这篇传

[①] 《马克思恩格斯全集》中文2版第29卷,第424页。
[②] 恩格斯于1877年6月中旬完成写作。1877年8月初,德国公众已经可以买到1878年版《人民历书》。截至1877年10月15日,1878年版《人民历书》已经售出了两万余份。1877年8月底,柏林的资产阶级期刊已经转载了恩格斯新写的马克思传。参见 MEGA²/I/25,S.640-641。

记中，恩格斯已经初步勾勒出了马克思的生平和事业（1818—1869），提及了马克思求学过程、期刊工作情况（《莱茵报》《德法年鉴》《新莱茵报》《纽约论坛报》《德意志-布鲁塞尔报》等）、婚姻状况、流亡状况和政治活动、主要著作以及主要思想。与其他几篇传记相比，这篇传记更加突出马克思作为思想家的一面，较少渲染马克思作为革命家的政治活动。不过，其有趣之处在于，这篇传记的出发点和落脚点都立足于马克思与国际工人运动的关系。恩格斯在开篇批判拉萨尔，恰恰是为了替马克思正名。威廉·李卜克内西迅速地将这篇传记转载到了《民主周报》（1869年8月21日第34号附刊）。然而，在编辑文稿时，威廉·李卜克内西却有意删去了恩格斯对拉萨尔的批判。恩格斯晚年绝口不提1869年的马克思传，既与威廉·李卜克内西有关，也与拉萨尔有关。

除了德语的传记，恩格斯还尝试在法国用法语推介马克思。1871年，巴黎的周刊《画报》（*L'Illustration*）1871年11月11日第1498号刊有一篇欧仁·韦梅希（E. Vermersch）写作的马克思传记，并且配有一张马克思的肖像图。根据MEGA编者考证，恩格斯对这一传记亦有贡献，文章第二部分出自恩格斯之手。① 此外，恩格斯独立写作过两个法文版的马克思传。1873年，《资本论》法文版出版商请求马克思提供传记和肖像图，马克思把这一任务交给了恩格斯。1873年2月14日，莫里斯·拉沙特尔（M. Lachatre）写信给恩格斯，询问他

---

① 参见 MEGA^2/I/32, S. 924。

的写作意向。恩格斯很快就接受了这一任务，打算完整地出版一整本马克思传，并且把马克思的个人史与工人阶级的革命史交织在一起。考虑到法国严峻的出版形势，拉沙特尔在3月16日的回信中拒绝了恩格斯的提议，并且反复强调自己只要一份简短的传记。经过反复交涉，双方最终达成了某种妥协，既不出版完整的书籍，又不简单地采用1871年《画报》上的法文介绍。在得到拉沙特尔的许可后，恩格斯基于《未来报》（1869）和《画报》（1871）上的马克思传记，着手写作了一篇法文版的马克思传，增加了一些新材料[①]，突出了马克思与无产阶级革命之间的关系。与《未来报》（1869）的传记相比，恩格斯的这份草稿更加强调马克思作为革命家的一面，淡化了马克思思想家的形象（对马克思思想解读的篇幅被删减了）。受法国政治局势的影响，《资本论》第1卷法文版在出版时没有附带这篇马克思小传，但这篇法文传记的草稿被保留了下来。[②]

  1873年七八月间，恩格斯还用法语写作过另一版马克思传[③]。1873年7月12日，韦尔努耶（J. Vernouillet）致信马克思，告知法国的传记协会机关报《传记家》（Le Biographe）计划刊发马克思的传记，请求他尽快寄送一份简短的传记和照片。基于1873年5月草拟的法语传记，恩格斯用法语编写了

[①] 与1869年的德文版传记相比，1873年5月完成的法文草稿在内容上有增有减。恩格斯删去了对《政治经济学批判。第一分册》《资本论》的大段评价，但增加了诸多与政治革命活动有关的内容。

[②] 参见 MEGA²/I/24, S. 295–298.

[③] 参见 MEGA²/I/24, S. 314–317.

一篇新的传记。在新的传记中,恩格斯基本遵循了之前草稿的体例,但大量删减和浓缩了对马克思作品和思想的介绍。与之前的草稿相比,这一版传记更加突出了马克思的革命者形象。在大幅删减篇幅的情况下,恩格斯甚至仍然花费笔墨描述了马克思的政治活动,概述了马克思在国际工人协会总委员会中的作用。1873 年 9 月底,这篇题为《卡尔·马克思》的传记刊发在法国杂志《传记家》第 5 期第 104—106 页,文章署名为"P. -A. Jolybois"。这样一来,我们或许就能够推测,为什么恩格斯晚年时也不提自己曾经用法语写作和发表过马克思传记了。一方面,正式刊出的法文版传记是以一个陌生的署名出现在公众视野之中的。另一方面,与之前的法语草稿相比,正式刊出的法文版传记删去了大量材料,而恩格斯或许并不满意这种处理。

尽管恩格斯没有主动提及 1869 年撰写的德文传记以及 1873 年的两个法文传记,但是我们在他 1892 年的马克思传记中很容易找到这些传记的影子。在某种意义上,恩格斯 1892 年的马克思传是德文版传记(1869 和 1877)和法文版传记(1873)的结合,它进一步把马克思的两个身份——思想家与革命家——有机地融合在一起。与此同时,恩格斯还在这篇传记中尽可能丰富地增加了材料。例如,马克思关于伊壁鸠鲁的博士论文、与青年黑格尔派的关系、与马志尼争夺领导权的斗争、外语学习情况、晚年研究(历史学、农学、地质学),等等。

根据马克思的往来书信可知,1868 年 1 月,他本人曾应凯特贝尼（K. M. Kertbeny）的要求提交过一份自传材料。时过境迁，马克思的自传材料早已无处可寻了，但恩格斯1868年写作传记时却使用过马克思提供的材料。1868年7月29日，马克思甚至全文审阅了恩格斯的草稿，并且提出了若干修改意见。恩格斯接受了马克思的修改，而且还把这些宝贵意见写进了日后完成的几篇传记之中。① 因此，马克思亲密战友恩格斯写作的传记理所当然地成为后世介绍马克思生平事迹最重要的文献之一，而恩格斯1892年写作的这篇传记也奠定了正统马克思主义者书写马克思传的基本模式。

为了让更多的工人、学者、革命家亲近马克思，英语世界的政治革命家也着力刻画一个光辉的马克思形象。早在1896年，英国劳工运动领袖约翰·斯巴哥（J. Spargo）就意识到马克思传记的缺失使得无论是马克思的追随者还是反对者对马克思本人都知之甚少。为了改变这一状况，斯巴哥决定为马克思作传，并在写作之前大量地收集文献资料。一方面，斯巴哥参考了已经公开出版的马克思恩格斯著作②，从德、法、英语的社会主义期刊以及伯恩施坦关于拉萨尔的小册子中提炼了大量涉及马克思的材料③。另一方面，斯巴哥还获得了与马克思密切相关者的帮助，特别是马克思的女儿劳拉。1910年，斯巴

---

① 参见《马克思恩格斯全集》中文1版第32卷，第522页。
② 包括1902年梅林编辑的《1841—1850年间的马克思恩格斯遗稿集》、考茨基的《剩余价值学说史》以及左尔格（F. A. Sorge）编撰的《约·菲·贝克尔、约·狄慈根、弗·恩格斯、卡·马克思等致弗·阿·左尔格等书信集》。
③ 参见John Spargo, *Karl Marx: His Life and Work*, New York: B. W. Huebsch, 1912, p. 14。

哥的《卡尔·马克思：他的生活与事业》(*Karl Marx: His Life and Work*)在纽约正式出版，而这本传记也很可能是英语世界最早的较为全面的马克思传。

斯巴哥详细描述了马克思的流亡经历，并且表达了同情，赞称其为"流浪者之母"①。在传记中，斯巴哥还专门描述了马克思初到伦敦后不久就陷入贫困的窘迫，以及之后恶魔般缠绕的贫困、债务以及健康问题。斯巴哥别出心裁地提及马克思在钻研之余与其他流浪者在大英博物馆下跳棋和国际象棋的生活日常，绘声绘色地描绘马克思与孩子们嬉戏的场面。可以说，斯巴哥毫不费力地塑造了一个具有上帝般亲和力以及好脾气的马克思。在著作思想方面，他给予马克思的"无产阶级学说"和《资本论》以特殊的关注，用大篇幅介绍马克思的《共产党宣言》和《资本论》，并且在最后一章"马克思的成就"中给予了马克思无与伦比的评价——马克思是现代科学社会主义的真正创始人，"无论如何曲解马克思，他依然是一个世纪伟人"②。在斯巴哥看来，时至今日国际无产阶级解放的所有灵感依然来自于马克思《共产党宣言》结尾处振聋发聩的口号，而马克思的名字就像灯塔一样为受资本主义戕害的人们指明道路。

斯巴哥的马克思传记在劳工团体中产生了一定的影响。英

---

① 参见 John Spargo, *Karl Marx: His Life and Work*, New York: B. W. Huebsch, 1912, p. 168。
② 参见 John Spargo, *Karl Marx: His Life and Work*, New York: B. W. Huebsch, 1912, p. 352。

国工人领袖詹姆斯·凯尔哈迪（J. Keir Hardie）反应迅速。1910年8月12日、19日和26日，他在期刊《劳工领袖报》（*The Labour Leader*）上连载自己的回应——《卡尔·马克思其人及其思想》。随后，这一传记在国家劳动出版社出版。凯尔哈迪在结尾处表达了对斯巴哥的感谢，高度肯定了斯巴哥著作对社会主义运动的意义，称其为"所有社会主义者中的有识之士都无法忽略的书"①。

事实上，斯巴哥对自己的著作是有清楚的自我定位的，他认为日后德语世界中更具马克思传记写作优势的梅林或伯恩施坦一定能够出版让读者更满意的传记。8年后，梅林也的确出版了《马克思传》，这一马克思传记时至今日依然具有重要的影响力。然而，梅林对斯巴哥作品的批判却有失公允。② 作为英语世界第一本系统介绍马克思的传记，斯巴哥版马克思传记一度成为英语世界的标准本，甚至在出版后不久就被翻译到了德语世界。此外，斯巴哥在《卡尔·马克思：他的生活与事业》再版时（1912年）还纠正了对马克思一封信件的误读，这也体现了他精益求精的精神。

与斯巴哥的传记相比，梅林的马克思传记在史料上显然更胜一筹。然而，梅林对史料的处理方式却备受指责。布鲁门贝格（W. Blumenberg）等西方学者认为，梅林在编写马克思传

---

① James Keir Hardie, *Karl Marx: The Man and His Message*, Manchester: The National Labour Press, 1910, p. 15.
② 梅林在关于参考文献的说明中指出，斯巴哥的作品是"一个地道的拼拼凑凑的作品"。参见梅林：《马克思传》，樊集译，人民出版社1965年版，第659—660页。

记时频繁地删减和隐瞒有损马克思形象的史料。在他们看来，以梅林为代表的正统马克思主义者基于赞赏和维护马克思的立场有意地神化了马克思。他们指责梅林在传记写作的过程中有意无意地忽视了那些不利于构建伟人形象的材料，即梅林把倍倍尔和伯恩施坦1913年大量删减马克思和恩格斯通信的做法视为必要的行为。①

梅林的马克思传记确实塑造了一个伟大导师，但却不能因此而被简单地否定。梅林在序言中曾明确地表示，希望"把马克思的伟大形象不加修饰地重新塑造出来"②。然而，就处理马克思传记的情感立场而言，梅林事实上试图客观公正地塑造马克思。我们不得不承认，梅林尽可能全面完整地掌握了马克思的文献和档案材料，并且将其直接呈现在读者面前。在这个意义上，他塑造的偶像马克思恰恰基于客观的文献解读。在梅林看来，马克思的伟大之处在于，他有机地结合了"思想的人"和"实践的人"。③ 这直接影响了梅林的写作路径——从生平生活和思想著作两个角度塑造了一个伟人马克思。

当然，布鲁门贝格的批判并非完全没有道理。一部分正统马克思主义者从对马克思主义的坚定信念出发，在写作之初就勾勒好了一个光辉伟岸的马克思形象。例如，威廉·李卜克内

---

① 参见 Werner Blumenberg, *Portrait of Marx: An Illustrated Biography*, London & New York: Verso, 2000, p. 2。
② 梅林:《马克思传》，樊集译，人民出版社1965年版，第3页。
③ 梅林:《马克思传》，樊集译，人民出版社1965年版，第4页。

西在编写《纪念卡尔·马克思》①时就刻意节选了马克思亲人、朋友、学生对马克思的崇拜之词。西格里斯特(H. E. Siegrist)《为人类工作》则运用对话体细腻地刻画马克思及其亲人朋友。②遗憾的是,布鲁门贝格没有对梅林马克思传的内在思路展开具体考察,而是将梅林划入正统马克思主义者的范围后就不加分析地直接否定了。

不过,我们也应该意识到,梅林的马克思传确实成为了后世偶像化马克思的传记的母本。波澜壮阔的20世纪社会主义运动史中,一大批偶像化马克思的传记从梅林的马克思传记中孕育而出。谢列布里雅柯娃(Г. И. Серебрякова)③、海因里希·格姆科夫(H. Gemkow)、维特戈普(Л. Н. Видгоп)④等人基于"苏联模式"创作的马克思传记都严格遵循这一原则:在人物形象上着力强调马克思作为无产阶级革命家的一面;在思想变化上,强调青年马克思的"两个转变";在理论关系上,强调辩证唯物主义对历史唯物主义的决定性。

---

① 参见 Wilhelm Liebknecht, *Karl Marx zum Gedächtnis*: *Ein Lebensabriss und Erinnerungen*, Nürnberg: Wörlein, 1896。
② 参见 H. E. Siegrist, *Für die Welt arbeiten*: *Ein Lebensbild von Karl Marx*, Berlin: Verlag Tribüne, 1958。
③ 谢列布里雅柯娃为了写作马克思传记专程前往西欧收集材料,其最终作品《普罗米修斯》(Прометей)三部曲旨在将马克思塑造为拯救人间的神。三部曲之《马克思的青年时代》(Юность Маркса)于1934—1935年间正式出版,中译本参见谢列布里雅柯娃:《马克思的青年时代》,刘辽逸等译,中国青年出版社1959年版。20世纪80年代,《盗火》(Похищение огня)和《生命的顶峰》(Вершины жизни)也相继被翻译成中文出版。
④ 中译本参见维特戈普等:《伟大而动人的友谊》,童树德、李鸿敦译,广西人民出版社1983年版。

第二节 "妖魔化":作为"狂热患者"的马克思

正统马克思主义者们极力推崇"偶像化"马克思的传记。以梅林《马克思传》为母版,"神圣化""偶像化"马克思的传记如雨后春笋般在各大语言世界(尤其是俄语世界和德语世界)出现。但这也引发了那些持有敌视反对和客观中立立场的学者们的抗议,他们试图通过发掘新材料,重塑马克思形象。在持有敌视反对立场的研究者看来,马克思绝对不是指导人类走向光明未来的伟大导师,恰恰相反,马克思是一位不折不扣的"狂热病患者",是破坏人类文明的"世间恶魔"和"混乱王子"(the prince of chaos)①。因此,敌视马克思的研究者们认为,把马克思描绘成"全善"的"圣徒"简直就是滑天下之大稽。

德国学者奥托·吕勒(O. Rühle)运用书信材料和原始档案第一次把马克思定位为"神经官能症患者"(Neurotiker)②。事实上,奥托·吕勒绝非反马克思主义者。作为德国马克思主义者,他在卡尔·李卜克内西(K. Liebknecht)和卢森堡被杀害后依然坚持参加德国工人运动并且积极反对法西斯主义。奥

---

① 参见 B. Nicolaievsky, O. Maenchen-Helfen, *Karl Marx: Man and Fighter*, London: Methuen & Co. Ltd., 1936, p. v。
② 参见 Otto Rühle, *Karl Marx: Leben und Werk*, Dresden: Avalun-Verlag, 1928。

托·吕勒在写作之初并没有想要刻意妖魔化马克思,他的马克思传记旨在反对狂热的法西斯主义,但其成果在客观上却为西方反对马克思主义的研究者们提供了一条极富实践性的道路,即用精神分析的方法将马克思描述为"病人",进而将其所作所为视为"发疯之举"。

如果说雷蒙德·波斯特盖特(R. Postgate)在纪念马克思逝世50周年之际出版的《卡尔·马克思》①还仅仅只是扭曲马克思的学说,那么英国的国际关系专家爱德华·卡尔(E. H. Carr)则不折不扣地承袭了奥托·吕勒的精神分析法——从人格品质上否定马克思,继而似乎不证自明地否定了马克思主义学说和社会政治实践。

在《卡尔·马克思:狂热研究》的"序言"部分,爱德华·卡尔从写作主体的角度对马克思传记进行了分类。在感叹读者们普遍接受正面形象的马克思这一事实后,爱德华·卡尔指出了正统马克思主义者传记写作的问题,即将马克思文本视为神圣之物,并且拒绝与非马克思主义者进行有效交流。在简要地分析了柯尔(G. D. H. Cole)、胡克、波斯特盖特等"伪马克思主义者"对马克思思想的处理后,爱德华·卡尔面露同情,称他们是"追逐月光的悲剧人物"②。事实上,仅通过

---

① 参见 Raymond Postgate, *Karl Marx*, London: Hamish Hamilton, 1933。
② 爱德华·卡尔把"伪马克思主义者"定义为"局限在英国和美国知名大学中的小而高调的一类群体",把马克思主义比喻为虚幻的、可望不可即的月光,认为"伪马克思主义者是可悲人物。他们知道马克思主义是月光(moonlight),但仍然希望找到能够跟随的微光。"值得一提的是,"moonlight"一词在英语中也含有"空谈"的意思。参见 E. H. Carr, *Karl Marx: A Study in Fanaticism*, London: J. M. Dent and Sons Ltd, 1938, p. vi。

这一比喻我们就可以窥见爱德华·卡尔的倾向，即把马克思主义扭曲为一种虚无缥缈的"乌托邦"思想。虽然爱德华·卡尔痛斥"反马克思主义者"，但他自己本身也介于"伪马克思主义"和"反马克思主义"之间。用爱德华·卡尔给予"反马克思主义者"的批判来评价他自己的著作似乎再恰当不过——"随意地扬起一块红色破布头标榜和篡改马克思"①。

在选择写作材料和行文方式时，爱德华·卡尔尝试从性格和心理研究的角度构建"马克思"与"狂热主义"之间的联系。在爱德华·卡尔看来，马克思中学时期言辞夸张、内容幼稚的习作足以使得成熟时期的马克思本人脸红。虽不能说这些描述偏离客观，但却也的确使那些习惯了偶像化马克思传记的读者们一时难以接受。此外，为了突出马克思的不完美的特征，他还对比了马克思与拉萨尔、巴枯宁之间的性格差异。事实上，爱德华·卡尔对马克思的性格分析可以追溯到少年马克思。在他看来，马克思与父亲的矛盾就足以说明马克思对自己的长辈缺乏必要的尊重。爱德华·卡尔甚至认为，马克思的这种性格昭示着他之后会经常背信弃义。② 基于这一谬论，爱德华·卡尔着力渲染马克思与同时代人的矛盾。例如，强调马克

---

① 参见 E. H. Carr, *Karl Marx: A Study in Fanaticism*, London: J. M. Dent and Sons Ltd, 1938, p. vii。
② 参见 E. H. Carr, *Karl Marx: A Study in Fanaticism*, London: J. M. Dent and Sons Ltd, 1938, p. 7。

思与卢格两人在翻脸后老死不相往来,宣称恩格斯是马克思一生中唯一的朋友。①

与正统马克思主义者相比,爱德华·卡尔对马克思的博士论文评价很低。他没有歌颂马克思文章中宣扬的"自由意志",反而认为马克思被束缚在伊壁鸠鲁的教条之中。②此外,就创办《新莱茵报》而言,他甚至污蔑马克思可能只着眼于做一名"股东"(shareholder),而没有专心写作共产主义的文章。③可以说,爱德华·卡尔过分强调马克思的破坏性而忽视了马克思的建设性,很少关注马克思在组织劳工运动方面的努力。例如,在第五章"革命年"中,爱德华·卡尔不仅不提马克思的贡献,反而将笔墨集中于描述马克思的狂热主义厌世情绪。

然而,与其指责爱德华·卡尔对马克思生平和著作的扭曲,不如将其谬误归结为爱德华·卡尔对马克思的无知。爱德华·卡尔本人对马克思的了解极其有限。在某种意义上,《卡尔·马克思:狂热研究》也是一部草草了事的、不成熟的作品。20世纪30年代,爱德华·卡尔通过巴枯宁与马克思的争论才开始接触到马克思。一开始,他试图出版一部《巴枯宁

---

① 参见 E. H. Carr, *Karl Marx: A Study in Fanaticism*, London: J. M. Dent and Sons Ltd, 1938, pp. 27 - 28, 35。
② 参见 E. H. Carr, *Karl Marx: A Study in Fanaticism*, London: J. M. Dent and Sons Ltd, 1938, p. 13。
③ 参见 E. H. Carr, *Karl Marx: A Study in Fanaticism*, London: J. M. Dent and Sons Ltd, 1938, p. 59。

传》,但没有得到出版社的认可。相比于巴枯宁传,出版商显然对马克思传更感兴趣。在还没有全面了解马克思的情况下,爱德华·卡尔就贸然接受了出版商的"诱惑",并且用了不到一年的时间就写完了一部马克思传。虽然爱德华·卡尔在写作前试图通过阅读《资本论》第一卷、拉萨尔的生平等资料以遮掩他对马克思思想中真正重要的东西一无所知,但正如他自己承认的那样,他难以理解马克思的思想。事实上,爱德华·卡尔在晚年才意识到马克思在反抗资本主义社会中承担的关键角色,并且断定当年屈而作传是一个愚蠢的决定,也因此产生了一本愚蠢的书。①

我们姑且相信爱德华·卡尔的"辩词",即一开始采用精神分析法研究马克思时,其目的绝非污蔑马克思,而在于表明"马克思主义"何以如此(how it came to be what it is)②。但就传播结果而言,《卡尔·马克思:狂热研究》成为"妖魔化"马克思的典范之作,也开启了"妖魔化"马克思的"潘多拉之盒"。一部分反马克思主义者甚至将其奉为圭臬,视其为可

---

① 1980 年,爱德华·卡尔在写给塔玛拉·多伊彻(T. Deutscher)的一篇《自传》中解释道,自己当时出版《卡尔·马克思:狂热研究》是一个愚蠢的举动,因而拒绝了之后再版该书平装版的所有提议。参见 Michael Cox, *E. H. Carr: A Critical Appraisal*, New York: Palgrave, 2000, p. xvii。
② 《卡尔·马克思:狂热研究》的第六章"马克思主义的第一阶段"和第十五章"马克思主义的最后阶段"主要分析马克思主义何以如此,其他章节则纯粹是马克思传记写作。参见 E. H. Carr, *Karl Marx: A Study in Fanaticism*, London: J. M. Dent and Sons Ltd, 1938, p. vii。

供英语读者阅读的最好的马克思传。①

此后,"狂热研究"在更广泛的意义上成为西方反马克思主义者攻击马克思的重要进路,而精神分析则成为那些力图丑化马克思的传记写作者们的惯用伎俩。德国新闻工作者施瓦茨希尔德(L. Schwarzschild)在《红色普鲁士人:卡尔·马克思的生平与传奇》一书中就娴熟地运用了这一方法②,挖掘梅林的马克思传试图"隐藏"的"马克思",并将其极端化。借助马克思恩格斯的书信,他妖魔化了马克思,将其刻画为有着明显人格缺陷的魔鬼"撒旦",进而鼓吹社会主义是法西斯般的地狱。

丑化马克思的传记在西方世界颇有市场。继爱德华·卡尔和施瓦茨希尔德的两部传记之后,拉德达茨(F. J. Raddatz)又出版了一部丑化马克思的传记——《卡尔·马克思:一个政治传记》③。拉德达茨继承了施瓦茨希尔德敌视马克思的立场,变本加厉地否定马克思,认为马克思不仅本人"背信弃义、令人生厌",而且在学术创作、政治生涯和日常生活等诸多方面都是彻头彻尾的失败者。事实上,拉德达茨的叙述充满了偏见和谬误。阿尔弗雷德·迈耶(A. G. Meyer)就曾严厉指

---

① 参见 E. L. Woodward, "Karl Marx: A Study in Fanaticism by E. H. Carr", *International Affairs*, 1934, 14 (5), p. 721。
② 参见 Leopold Schwarzschild, *The Red Purssian: The Life and Legend of Karl Marx*, New York: Charles Scribner's Sons, 1947。
③ 1975 年德语本在德国汉堡出版,1978 年英文译本在波士顿出版。参见 F. J. Raddatz, *Karl Marx: Eine politische Biographie*, Hamburg: Hoffmann und Campe, 1975; F. J. Raddatz, *Karl Marx: A Political Biography*, Boston: Little, Brown & Company, 1978。

责拉德达茨对马克思的材料极其不熟悉。①

这类"妖魔化"马克思的传记意在消解正统马克思主义者塑造的伟大导师形象。因此,绝大多数写作者从一开始就带着极大的偏见刻画马克思。他们既拒绝正统马克思主义者们描绘的伟人马克思,也拒绝通过档案材料全面客观地重塑马克思。他们热衷于片面地发掘书信和档案中的花边信息,通过主观臆想描绘出一个"恶魔"马克思。然而,尽管这些传记极其片面,但也的确给看惯了苏联模式马克思传记的读者和作者们当头一棒,迫使研究者们回到历史和文本中寻找一个更加真实的马克思。

第三节 "本真化":作为马克思的马克思

随着马克思书信和档案的逐渐公开,许多试图保持价值中立的学者敏锐地意识到了威廉·李卜克内西、爱德华·卡尔、施瓦茨希尔德等人的著作中潜在的价值先见。为了避免"偶像化"和"妖魔化"两个极端,一部分强调学术性的学者也开始尝试尽可能客观全面地还原马克思形象。然而,为马克思作传绝非易事。在浩如烟海的文献材料中删选写作素材这

---

① 参见 Alfred G. Meyer, "Karl Marx: A Political Biography. By Fritz J. Raddatz. Translated by Richard Barry", *Slavic Review*, 1981, 40 (1), pp. 113 – 114。

一过程本身就带有一定的立场倾向。为了避免"偶像化"和"妖魔化",一部分强调学术性和客观性的学者愈发坚持如下两个作传原则:第一,在生平描述上极力还原一个真实的人;第二,在思想理论上极力还原马克思本人的思想原貌。正如麦克莱伦希望的那样,马克思传记的写作尝试至少要客观公正。①

一、原始文献中重塑马克思

20世纪初,梁赞诺夫就已经意识到从学术角度客观公正地还原马克思形象的重要性,他甚至把写作马克思传视为现代历史编纂学最重要的任务,而这一写作任务依赖科学的马克思恩格斯著作全集和通信集。②梁赞诺夫的这一想法揭示了客观还原马克思形象的前提条件,即只有基于全面完整的档案材料和文献才能本真化地还原马克思形象。因此,梁赞诺夫高度重视与马克思生平相关的一切材料,希望马克思以真实的面貌面对世人。

在编写 MEGA¹ 之前,梁赞诺夫广泛地收集各类期刊报纸上的马克思生平材料。这些材料也被用到了他之后在苏联社会主义学院的"马克思与恩格斯"系列讲座之中。讲座后不久,

---

① 参见麦克莱伦:《卡尔·马克思传》,王珍译,中国人民大学出版社2005年版,第4页。
② 参见 Volker Külow und Andre Jaroslawski (Hrsg.), *David Rjasanow: Marx-Engels-Forscher, Humanist, Dissident*, Berlin: Dietz Verlag, 1993, S. 45。

梁赞诺夫的讲稿《马克思与恩格斯》就被结集出版,并且很快被译介到英语世界和汉语世界。① 梁赞诺夫从欧洲社会工人运动史的角度展现马克思恩格斯的生平轶事。除了第一章(介绍欧洲工业革命)和第三章(科学社会主义的哲学来源)是背景性介绍之外,其他章节均以时间为线索,把马克思、恩格斯放置在欧洲革命运动史之中。例如,第二章突出青年马克思、恩格斯与德国革命之间的关系;第四章则聚焦于马克思与共产主义者同盟之间的历史;第五章更是在1848年欧洲革命这一恢弘的历史背景中塑造作为革命实践者的马克思恩格斯形象;第六至第九章以第一国际为核心,详细地描述了马克思在第一国际创立前后的生活。梁赞诺夫运用具体的史料对梅林、斯巴哥等人的马克思传记展开了有针对性的批判。尽管国内学者普遍认为梁赞诺夫与梅林之争集中在"拉萨尔问题"上,

---

① 1922年,梁赞诺夫在社会主义学院开展了马克思与恩格斯的系列讲座。次年,梁赞诺夫的讲稿《马克思与恩格斯》(Маркс и Энгельс)在苏联出版,出版规模达到几十万册。此后不久,约书亚·库尼茨(J. Kunitz)就开始着手翻译英译本。1927年,英译本《马克思与恩格斯:他们的生平事业介绍》在纽约国际出版社和伦敦马丁劳伦斯有限公司出版。苏联社会主义学院极其支持英文本的出版,甚至为英译者提供了梁赞诺夫引文的原本(参见英译本亚历山大·特拉亨伯格(A. Trachtenberg)的"序")。1928年,李一氓从英译本转译梁赞诺夫的讲稿。次年,上海江南书店出版李一氓的中译本《恩格斯马克思合传》。中译者有意改写了书名,这很有可能是受到了英译本序言的影响,旨在突出梁赞诺夫的马克思传是为数不多大量涉及恩格斯的马克思传。此时,中译者根据英文字母发音将梁赞诺夫译为"李阿萨诺夫"。1930年,刘侃元在上海春秋书店出版了另一个中译本,这一译本恢复了梁赞诺夫著作的原名——《马克思与恩格斯》,将原作者名译为"里亚扎诺夫"。1939年,言行出版社"世界名人传记"系列又出版了一个从英文本转译过来的中文译本《马克思与恩格斯》,译者是苏讯。

但两者真正的区别并不在于"拉萨尔问题",而在于如何对待马克思的不完美性。

费多谢耶夫（П. Н. Федосéев）等苏共中央马列主义研究院专家较好地继承了梁赞诺夫开启的苏联马克思学传统。苏联专家集体编写的《卡尔·马克思》调动了大量的文献资料和历史档案。1973年出版修订版时,苏联专家甚至将《市政改革和〈科隆日报〉》《〈科隆日报〉的一个通讯员和〈莱茵报〉》《评李斯特》等新文献纳入修订版传记。① 传记作者首次将《评李斯特》这一文本放在《神圣家族》和《德意志意识形态》两个文本之间来理解②,进而第一次明确阐释了《评李斯特》在马克思唯物史观形成过程中的重要地位。费多谢耶夫等人还尝试与西方马克思学家展开对话,回应西方马克思学

---

① 马克思恩格斯去世后,马克思的部分笔记本和日记本在几十年里一直属于法国龙格家的后人。此后,在苏联方面的努力下,龙格后人向莫斯科的马克思恩格斯研究院和马列主义研究院逐渐转交了相关文献。1948年,苏联中央党务档案馆从马克思长女燕妮·龙格的三儿子埃德加·龙格（E. Longuet）处获得了"IV. 李斯特先生和费里埃"手稿（即《评李斯特》第四章）。1970年8月,莫斯科方面从马塞尔-沙尔·龙格（Marcel-Charles Longuet）处获得《评李斯特》的其余原始手稿。次年（1971年）,苏联专家将其以俄语形式发表在马列主义研究院的机关刊物《苏共党史问题》第12期。1972年,这一手稿才首次以德语形式发表于《德国工人运动史论丛》第3期。而马克思1842年11月匿名发表在《莱茵报》的一组文章,即《市政改革和〈科隆日报〉》和《〈科隆日报〉的一个通讯员和〈莱茵报〉》等,也直到1972年才被德国学者识别和确认。
② 在《评李斯特》问世之初,研究者们确定其写作时间为1845年春天（3月）。苏共中央马列主义研究院专家也是基于此将其放在《神圣家族》与《德意志意识形态》之间进行研究。但是,随着MEGA²编辑工作的展开,国际马克思学界普遍认定《评李斯特》写于1845年秋（即马克思恩格斯英国之行之后）。参见鲁克俭:《国外学者关于马克思〈评李斯特〉写作时间的文献学考证》,载《哲学动态》2012年第7期。

家关心的"认识论断裂""人道主义""异化"等问题。他们强调《1844年经济学哲学手稿》中的"异化劳动"与《资本论》中"雇佣劳动理论"之间的连续性①,也强调早年手稿中高扬的"人道主义"依稀可以在马克思关于未来理想社会的成熟论述中找到影子——科学共产主义中飘扬着真正的人道主义。由此可见,费多谢耶夫等人在编写马克思传时充分利用了相关文献资料,并且积极地参与西方马克思学界讨论,体现了苏联学界文献考证的高水准。

在写作马克思传记时,德语世界研究者也高度重视马克思的文本文献。费迪南·滕尼斯(F. Tönnies)不满梅林版《马克思传》在解读马克思思想时表现出来的模糊性。因此,滕尼斯采取了明显区别于正统马克思主义立场的写作思路,重新整合梅林掌握的材料,力求重新梳理马克思的思想体系。《卡尔·马克思:生平与学说》(*Karl Marx: Leben und Lehre*)旨在协调马克思的多重身份,即把马克思两种矛盾的人生角色("严肃的哲学家"和"政治活动家")与马克思观点的摇摆不定联系起来。从当代马克思学的观点和视角来看,滕尼斯的研究仍是极其粗糙的马克思研究。② 在材料运用上,他没能像梁赞诺夫一样尽可能地利用一切与马克思、恩格斯相关的材

---

① 参见彼·费多谢耶夫:《卡尔·马克思》,孙家衡等译,生活·读书·新知三联书店1980年版,第67页。
② 里克·惕尔曼在评价滕尼斯的马克思传记时提出,"以当代马克思学的观点来看,滕尼斯这本书的缺陷主要在于缺少关键性的马克思恩格斯资料"。参见Rick Tilman, "Ferdinand Tönnies, Thorstein Veblen and Karl Marx: From Community to Society and Back?", *The European Journal of the History of Economic Thought*, 2004, 11 (4), p. 588。

料，而是简单地重复和转述梅林的材料。在这个意义上，滕尼斯没有超越梅林。然而，滕尼斯的《卡尔·马克思：生平与学说》是继梅林之后德语世界又一具有重大影响的马克思传记，并且成为德语世界学院化马克思生平传记研究的新起点。

此后，德语世界中出现了越来越多学术中立的马克思传记。德国学者福尔伦德（K. Vorländer）不仅写作了享誉全球的《康德传》，也曾写作过一部极具学术性的马克思传，即《卡尔·马克思：他的生平与著作》（*Karl Marx: Sein Leben und sein Werk*）。在马克思传记写作史中，福尔伦德的马克思传具有里程碑式的意义。其一，福尔伦德极有可能是最早运用 MEGA 材料写作传记的西方学者。根据福尔伦德 1928 年 10 月写作的"序言"以及"参考文献"可知①，他不仅利用了 1927 年出版的 $MEGA^1/I/1.1$，还从梁赞诺夫手中获得了尚未正式出版的 $MEGA^1/I/1.2$ 的部分校对稿。得益于这份校对稿，福尔伦德较早完整地阅读到了青年马克思与父亲、鲍威尔、卢格等人的通信。其二，在目前可考的范围内，福尔伦德也是最早把"青年马克思"（Der junge Marx）作为章标题的传记作者。众所周知，《1844 年经济学哲学手稿》面世之后，"青年马克思"日益成为西方马克思学的重要议题。然而，在《1844 年经济学哲学手稿》正式刊发之前，福尔伦德就已经开始使用"青年马克思"这一概念，并且将其外延明确界定为

---

① 参见 Karl Vorländer, *Karl Marx: Sein Leben und sein Werk*, Leipzig: Felix Meiner Verlag, S. V, 321 – 322.

1818—1848年间的马克思。① 不过，与20世纪30年代以降的西方学者不同，福尔伦德笔下的"青年马克思"不是"成熟马克思"的对立物。他仅仅从生理年龄、政治思想、生活实践等角度把马克思的一生划分为老、中、青三个阶段。与马堡学派的其他新康德主义者一样，福尔伦德也把马克思的政治思想与康德的伦理学有机地结合在一起，试图把"绝对命令"确立为社会主义的基本原则。正是因着这些开创性的举措，福尔伦德的马克思传得以在德语世界众多同类作品中体现出独特的学术性和历史意义。遗憾的是，福尔伦德过分强调马克思的政治思想和实践，没能在传记中勾勒马克思的政治经济学工作，甚至对《资本论》的介绍和分析也非常有限。

鲍里斯·尼古拉埃夫斯基（B. Nicolaievsky）和奥托·曼森－黑尔芬（O. Maenchen-Helfen）共同完成的《卡尔·马克思：人与战士》1933年首先以德语形式出版，而后才由曼森－黑尔芬翻译为英语出版。尼古拉埃夫斯基凭借其阿姆斯特丹国际社会史研究所所长身份获得了大量一手文献，为其写作

---

① 早在1904年，福尔伦德就曾在《马克思与康德》一书中使用过"青年马克思"这类表述（参见Karl Vorländer, *Marx und Kant*, Wien: Verlag der Deutschen Worte, 1904, S. 6, 15, 23）。他非常喜欢使用"青年"来划分哲学家的思想阶段。在他写作的《哲学史》中，我们也可以见到"青年谢林""青年费希特""青年黑格尔"这样的表述。尽管福尔伦德没有把"青年马克思"与"老年马克思"对立起来，但他毕竟第一次把"Der junge Marx（1818—1848）"作为独立的章标题写进了马克思传。值得注意的是，奥地利学者格罗斯（Gustav Groß）早在1885年出版的马克思传中就曾使用过"马克思的青年时代"（Die Jungendzeit Marx'）这样的章标题（参见Gustav Groß, *Karl Marx: Eine Studie*, Leipzig: Verlag von Duncker & Humblot, 1885, S. VI），但由于缺少必要的文献档案，他还无法像福尔伦德那样勾勒一个"青年马克思"。

马克思传提供了素材。根据尼古拉埃夫斯基的说法，他从档案馆获得了部分马克思和恩格斯手稿、他们亲人和朋友的手稿以及大量有关第一国际的历史文件。此外，他们还动用了达勒姆秘密档案馆和撒克逊国家档案馆的文件。① 然而，由于尼古拉埃夫斯基和曼森-黑尔芬过分侧重政治革命实践，他们的传记虽然材料详实，但却没有真正走进马克思的思想世界。②

有趣的是，德国社会主义活动家布鲁门贝格（W. Blumenberg）1962年出版的《卡尔·马克思：自白与图像文献》（*Karl Marx: In Selbstzeugnissen und Bilddokumenten*）就不参与阐释马克思的哲学思想，而以原始素材的方式展示马克思的日常生活。这一图传尽可能地囊括了马克思与其亲密伙伴之间的私人照片，宛若一个马克思的相册档案馆。马克思的出生证明、马克思在特里尔的住所照片、19世纪早期特里尔城掠影、马克思部分手稿照片、青年马克思肖像图、燕妮半身像、马克思在柏林居住的莱比锡大街房子照……布鲁门贝格试图客观地呈现马克思的生活场景和生存状态，让图像自己"开头说话"。布鲁门贝格注重呈现马克思的私人生活，甚至介入探讨马克思的生活关系网、疾病、私生子、死因等话题。

---

① 参见 B. Nicolaievsky and O. Maenchen-Helfen, *Karl Marx: Man and Fighter*, London: Methuen & Co. Ltd., 1936, p. vii。
② 尼古拉埃夫斯基和曼森-黑尔芬的身份决定了他们难以真正走进马克思的思想世界。他们尽可能地直接引用马克思原文进行写作。例如，在描述1845—1846年马克思的历史理论时，他们仅仅指出马克思的历史理论集中在马克思与安年科夫的书信中，却不做任何转述和解释，而是直截了当地把马克思的信件内容以摘录的形式呈现在读者面前。参见 B. Nicolaievsky and O. Maenchen-Helfen, *Karl Marx: Man and Fighter*, London: Methuen & Co. Ltd., 1936, p. 107。

2005年，日本学者大村泉、俄国学者瓦列里·福米乔夫（В. Фомичев）、德国学者罗尔夫·黑克尔（R. Hecker）以及日本学者窪俊一等研究者合作出版了《马克思家的私密生活》（*Familie Marx Privat*）①，以原始图片和说明的方式客观地呈现了马克思及其家人的生活状态。该书第一次完整地公布了马克思女儿劳拉"1868年照片集"中的41张照片，也第一次完整地公布马克思女儿燕妮"问答录（1865年2月至1872年10月）"中的86份珍贵文献，具有极高的史料价值。德国马克思学家费彻尔执笔为这一图集撰文。

事实上，德国马克思学家费彻尔也写作过专门性的马克思传记。在出版马克思思想传记之前，费彻尔曾对弗里登塔尔（R. Friedenthal）的《卡尔·马克思：他的生活和他的时代》（*Karl Marx: Sein Leben und seine Zeit*）进行了多角度的评价——在材料使用上，弗里登塔尔注重引用大量同时代人的报告及书信，但对《资本论》的评价不够；在研究方法上，弗里登塔尔注重描写马克思的朋友、熟人和敌人，先假定对其"一无所知或知之甚少"，再在此基础上摒弃谣言深入研究；在写作手法上，利用对话展现马克思的生活图景及其性格脾气；在内容上，弗里登塔尔描写了许多极易被忽略的细节（例如，马克思在照相时常穿一身量身定制且布料相当考究的西服）。在充分吸收弗里登塔尔版马克思传的经验和教训的基础上，费彻尔1999年发表了德语世界马克思学的重要成果

---

① 参见 Izumi Omura, Valerij Fomičev, Rolf Hecker und Shun-ichi Kubo（Hrsg.），*Familie Marx Privat*, Berlin: Akademie Verlag, 2005。

《马克思:思想传记》。这一传记充分利用 MEGA² 最新研究成果,极具文本研究的特征。例如,费彻尔大量引用 MEGA² 中的相关文献,着力说明马克思在《德法年鉴》时期极其担忧德国人的自由问题。

此外,德国柏林—勃兰登堡科学院 MEGA 专家于尔根·海勒斯(J. Herres)的《马克思与恩格斯》则从法国马克思学家吕贝尔提出的马恩关系问题出发。通过文本文献分析,他重新勾勒了马克思与恩格斯共同经历的革命岁月。①

由此可见,梁赞诺夫、滕尼斯、福尔伦德、尼古拉埃夫斯基、曼森-黑尔芬、布鲁门贝格、费彻尔等研究者都尽可能全面地利用能够接触到的马克思恩格斯生平文献,试图通过原始文献考证重塑马克思的形象。近年来,随着 MEGA² 各卷次(特别是手稿和摘录)相继问世,人们得以从原始文献和档案的角度重塑马克思。在这个意义上,梁赞诺夫在 20 世纪初提出的"现代历史编纂学最重要的任务",才初步具备实现的条件。目前,德国马克思学家米夏埃尔·海因里希(M. Heinrich)就严格按照历史编纂学的要求写作三卷本的马克思传记《卡尔·马克思与现代社会的诞生》(*Karl Marx und die Geburt der modernen Gesellschaft*)。他充分利用 MEGA² 资料,把马克思的形象与马克思的档案、诗歌、著作、信件等第一手文献紧密地联系在一起,并且将其嵌入到当时的政治、社会环境之中。2018 年,《卡尔·马克思与现代社会的诞生》第 1 卷(1818—

---

① 参见 Jürgen Herres, *Marx und Engels: Porträt einer intellektuellen Freundschaft*, Stuttgart: Philipp Reclam jun. Verlag, 2018.

1841年）德文版出版后，葡萄牙语译本（2018）、英译本（2019）、法译本（2019）相继出版。根据海因里希最初的设想，传记第2卷和第3卷德文版也会于2020年和2022年出版。截至2021年底，第2—3卷均未出版，但写作和出版工作仍在稳步推进。

二、思想语境中还原马克思

与俄语、德语世界重视文本考证不同，英语、法语世界的一部分研究者擅长基于思想史语境解读马克思生平与思想。1934年，法国学者奥古斯特·科尔纽就在《卡尔·马克思的生平和事业：从黑格尔主义到历史唯物主义》中详细地叙述了马克思、恩格斯思想的发展脉络，特别是深度分析了青年马克思思想发展历程。科尔纽不仅充分运用MEGA材料，而且大量挖掘马克思同时代与马克思有过思想交锋的思想家的材料。由于科尔纽对19世纪的欧洲思想状况有着相当充分的了解，所以他能轻松地揭示出马克思告别青年黑格尔派走向历史唯物主义的内在逻辑。

20世纪中叶以来，随着西方马克思学研究重心从欧陆转向英美，英语世界涌现了一大批学术化的马克思传记。例如，美国历史学家杰罗尔德·西格尔（J. Siegel）的《马克思的命运：生命的形状》（*Marx's Fate: The Shape of a Life*）就涵盖马克思的生活和思想两个方面。他把马克思的思想和学说归结为历史的产物，强调青年马克思与黑格尔的关系决定了他一生的轨迹。美国学者巴道维（S. K. Padover）的《卡尔·马克思：一部私密传记》（*Karl Marx: An Intimate Biography*）则消解了作为"哲学符号"和"革命偶像"的马克思之间的壁垒，勾勒了作为爱人、丈夫、朋友、战友、父亲、敌人的马克思，把印象中那个"非神即魔"的马克思还原为一个有血有肉的人。英国著名历史学家阿萨·布里格斯（A. Briggs）则聚焦马克思在伦敦的晚年生活，写作了片段式传记《马克思在伦敦》（*Marx in London: An Illustrated Guide*）。美国学者乔纳森·斯珀珀（J. Sperber）2013 年出版了《卡尔·马克思：一个 19 世纪的人》（*Karl Marx: A Nineteenth-Century Life*），他采用历史主义的方法把马克思放回到 19 世纪的社会思潮中去理解。英国历史学家琼斯（G. S. Jones）长达 800 多页的传记《卡尔·马克思：伟大与虚幻》（*Karl Marx: Greatness and Illusion*）一经出版就引发了各方热议。在一部分专家看来，这一坚持思想语境还原的传记全面超越了斯珀珀的马克思传。①

由此可见，英语世界研究者在写作马克思传记时极其推崇"语境还原法"。在众多的马克思传记中，以赛亚·伯林的《卡尔·马克思：他的生平与环境》和大卫·麦克莱伦的《马克思传》无疑是这方面的典范之作。甚至可以说，20 世纪 70 年代以来，英语世界研究者在写作马克思传记时基本因袭了由

---

① 英国马克思学家卡弗高度评价琼斯的马克思传，认为这部作品已经成为所有马克思传记中的标准作品，全面超越了斯珀珀 2013 年出版的《卡尔·马克思：一个 19 世纪的人》。参见 Terrell Carver, "Review of Karl Marx: Greatness and Illusion", *Marx & Philosophy Review of Books*, 24 September 2016。

伯林和麦克莱伦这对师徒奠定的模式，在欧洲思想史语境中还原马克思的本真面貌。

1933年，以赛亚·伯林开始为桑顿·巴特沃思出版社的"家庭大学丛书"撰写"卡尔·马克思"卷。虽然伯林在大学期间就阅读过马克思《资本论》的部分内容，但并不了解其中的要义。可以说，伯林几乎是从零开始学习和研读马克思的文本。伯林的整个写作过程持续了五年（1933年12月—1938年9月）。

正如英国历史学家罗斯（A. L. Rowse）所言，恰恰因为伯林以无"偏见"（parti pris）的状态进入马克思，伯林的马克思传才会成为一本客观和公正的高质量传记。[①] 伯林的马克思传出版后多次再版，成为深刻地影响了几代英美知识分子的经典马克思传记之一。

在写作马克思传时，伯林期望将马克思从斯大林主义中解放出来，使之成为一个可被理解的、真实的人。在人物塑造上，伯林既塑造了马克思的光辉的一面，也公开指出了马克思的不足之处。在马克思传的开篇，伯林就给予了马克思无与伦比的评价——在整个19世纪再没有像马克思一样对人类产生如此直接和强大的影响的思想家，但伯林也同时阐明，马克思既没有赫尔岑的传播才能，也没有巴枯宁的雄辩口才，还缺乏俄国人那种"伟大领袖"的气质。

在思想史考察过程中，伯林格外关注"历史唯物主

---

① 转引自以赛亚·伯林：《卡尔·马克思》，李寅译，译林出版社2018年版，第2页。

义",不仅细致地追踪了马克思产生这一观念的过程,还细致地剖析了历史唯物主义的框架和动力。① 伯林尝试将马克思还原到西方思想史中研究,但遗憾的是,伯林没能透彻地理解马克思思想的革命性意义。例如,在解释"唯物主义历史观"时,伯林没能划清马克思与黑格尔、圣西门、费尔巴哈等人的观点之间的界线,将黑格尔的"绝对精神"与马克思的"人"、圣西门的"经济冲突"和马克思的"阶级斗争"、费尔巴哈物质观与马克思的物质观混同理解。在理解政治经济学理论时,他也把马克思与傅立叶的剥削理论与剩余价值学说混为一谈。

伯林的学生麦克莱伦很好地继承了这一思想史解读方法。麦克莱伦在保持价值中立的基础上突破伯林传记写作中的内在局限,从更加全面的整体性高度解读马克思。20世纪70年代开始,麦克莱伦着手为马克思写作传记,试图采用思想还原的方式还原一个"本真化"的马克思。麦克莱伦的马克思传有两个显著的特点:其一,充分利用新材料和其他语言世界的研究成果。他的传记每一章结尾都有一个详尽的注释。我们可以发现,注释涵盖了当时马克思研究的绝大部分理论成果,既包括马克思恩格斯的文集、选集和全集(MEGA¹),也包括德国、法国等欧陆学者的马克思研究新成果。其二,麦克莱伦对"两个马克思"问题给予高度关注,并将自己的观点写进传记之中。保罗·斯威齐意识到,麦克莱伦已做好了处理"青年

---

① 《卡尔·马克思:他的生平与环境》共十一章,只有第六章"历史唯物主义"以马克思的具体理论作为篇章标题。

马克思"问题的充分准备,他十分明白"青年马克思"和"老年马克思"之间有一个有机结合。在斯威齐看来,麦克莱伦在文本中对马克思的思想发展历程进行了深入的分析,而这一努力是最值得我们感激的。①

麦克莱伦的马克思传一经出版,就迅速登上畅销书排行榜,成为继梅林马克思传之后最权威的马克思传。这不仅因为麦克莱伦弥补了梅林创作时史料不足、史料陈旧的弊端,充分使用了包括 MEGA¹ 在内的丰富的新材料,还因为他本身致力于从事严谨的马克思研究,使得传记的专业性、思想性较高。麦克莱伦的马克思传是英语世界中最具学院派特征的马克思传。在写作马克思传时,麦克莱伦还将自己的学术观点放到了传记中,积极回应学界热点问题。例如,他在传记中很好地回应了"两个马克思"的问题,明确反对阿尔都塞的断裂说。

当然,随着麦克莱伦的《马克思传》的热销,批评意见也陆续出现。例如,乌尔门(G. L. Ulmen)就对麦克莱伦马克思传中的篇幅结构划分极其不满。在他看来,麦克莱伦的《马克思传》虽然完整地涵盖了"个人生活""政治生活""思想理论"三个方面,但前两个方面的完成度难以令人满意,而在"思想理论"解读方面却又是模糊的、拙劣的,甚至是具有误导性的。此外,在介绍马克思经典文本时,麦克莱伦也厚此薄彼。例如,麦克莱伦只用了短短两页篇幅介绍《神圣家族》,而把二十四个版面献给了马克思生前没有出版

---

① 参见 P. M. Sweezy, "Karl Marx: His Life and Thought", *Challenge*, 17 (4), 1974, pp. 61 – 62。

的《1844年经济学哲学手稿》。甚至，在处理《大纲》时，麦克莱伦都没有如此慷慨。在乌尔门看来，这种处理是有失偏颇的，因为他认为马克思难以接受为他作传的人会忽视他生命中难得出版的著作，而对他自己都没有高度重视的文本大肆阐释发挥。①

尽管有一些批评意见，但不容否认伯林和麦克莱伦的马克思传都在西方世界引起了极其巨大的反响。这两部马克思传都是马克思传记中的典范之作。虽然伯林和麦克莱伦在处理马克思思想时具有"一元"与"多元"的差异，但两者在写作方法上却具有延续性，即在思想史和社会思潮中把握马克思的人物形象，继而窥探马克思的思想世界。这种强调"思想语境还原"的传记写作方法深刻地影响了后世马克思传记写作。无论是琼斯还是斯珀珀，他们都沿袭了伯林、麦克莱伦的研究方法，即在19世纪的时代背景中还原一个属人的卡尔·马克思形象，而不是通过20世纪的叙述去建构"标志化""名片化"的"卡尔·马克思"。

此外，一部分研究者也意识到马克思形象的多元性和复杂性。他们不再追求研究一个大而全的马克思形象，而是尽可能客观地从某一个角度去还原马克思。例如，艾伦·伍德（A. W. Wood）的《卡尔·马克思：马克思思想传记》就紧紧围绕马克思的哲学，从异化、历史唯物主义、道德、哲学的唯物主义和辩证法等几个角度展开马克思的思想。教育学家罗

---

① 参见 G. L. Ulmen, "Reviewed Work: Karl Marx: His Life and Thought. by David McLellan", *Slavic Review*, Vol. 34, No. 2, 1975, pp. 404 – 406。

宾·斯莫尔（R. Small）则以独特的教育视角切入马克思生平传记研究，不再仅仅把马克思视为思想家和革命家，而是从教育学视角重新认识和定位马克思。他以马克思的教育经历、教育实践以及教育思想为线索，刻画马克思的生平和思想世界，着重还原了马克思大学期间的教育状况，从思想脉络上复原了马克思的老师们对马克思的影响。①

第四节 "学术化"马克思传应当积极吸收 MEGA 研究成果

时至今日，马克思传早已不是什么稀奇之物。阅读马克思传也已经成为普通大众了解马克思的重要方式之一。然而，不同立场的研究者基于各式各样的视角和传记形式描绘出的"马克思肖像图"却相去甚远。一旦将这些"肖像图"放置在一起时，我们又很难相信这些传记描绘的是同一个人。因此，想要客观、中立地为马克思作传绝非易事。

爱德华·卡尔在《卡尔·马克思：狂热研究》的"序言"中对"马克思主义者"和"伪马克思主义者"的著作有过两个精巧的比喻。② 借用这两个比喻，如果说在传记写作时"马

---

① 参见 Robin Small, *Karl Marx: The Revolutionary as Educator*, New York: Springer, 2014。
② 参见 E. H. Carr, *Karl Marx: A Study in Fanaticism*, London: J. M. Dent and Sons Ltd, 1938, p. vi。

克思主义者"为马克思穿上了"华丽的衣裳","伪马克思主义者"为此祭出了"珍贵的长袍"。那么,那些真正想要还马克思以真实面目的传记家则希望给马克思换上一副19世纪男子的"日常的装扮"。"华丽的衣裳"或许正如皇帝的新装,是子虚乌有的存在,只不过绝大多数的追随者都担心自己被视为无知而不敢道破这一真理。"伪马克思主义"者祭出的"长袍"虽然惊艳,但多少使马克思沾染了些许妖魔巫士的色彩。朴素的19世纪日常装扮或许会使一些看惯了"华裳""长袍"的读者倍感失落,但只有如此,马克思才能首先是一个有血、有肉、有情的人,其次才是一个伟大的思想家和革命家。诚如哈佛大学历史系教授彼得·戈登(P. E. Gordon)所言:"学术传记人应该责无旁贷地告诉世人,所谓的伟人其实并非是与众不同的人,而仅仅是其所处时代的产物而已"①。

随着马克思研究的展开,越来越多的传记写作者都意识到有必要还原一个真实的马克思。然而,恩格斯当年的担心仍未过时。在资本和市场的刺激下,错误百出的马克思传仍层出不穷。值得注意的是,近年来西方世界涌现了一批马克思"传记小说"。这类通俗性读物甚至仅仅聚焦于马克思的私人生活,对马克思的文献档案和历史活动进行了"冷处理"。英国记者弗朗西斯·惠恩(F. Wheen)撰写的两部马克思传记就是典型的传记小说。尽管它们在英语世界呼声很高,但惠恩对马克思的了解却相当有限,甚至是错误的。黑克尔、卡弗、海因

---

① Peter E. Gordon, "Remember him?", *The New Republic*, 2013 (05), p. 36.

里希、苏珊·沃特金斯都曾在不同场合批评过惠恩的马克思传。① 惠恩掌握了海量的英文材料,却忽视了 MEGA 研究的最新成果(特别是对马克思手稿和摘录的研究)。在漠视马克思个人阅读摘抄史和私人生活环境的情况下,惠恩根本无法进入马克思深邃复杂的思想世界,也难以理解马克思的政治理想和革命诉求。在这个意义上,他不仅没能借助海量的英文文献还原一个真实的马克思思想世界,反而离马克思的世界愈行愈远。除了惠恩的马克思传,斯珀珀、琼斯、于尔根·内夫(J. Neffe)的传记小说也一度成为畅销书,甚至在学界获得了很高的声誉。但是,由于缺乏对 MEGA 新材料和新结论的吸收,这些畅销书终究不能被视为学术性的马克思传记。它们无法客观地呈现出马克思的生平和事业,而只是见证了作者的臆测能力和联想能力。例如,瑞秋·贝辛格(R. Basinger)的《马克思 200 年》就是错误百出的传记,作者对马克思的思想发展历程一窍不通,也缺乏对马克思文本文献最基本的了解。

由此可见,尽管学术界已经极大地推进了马克思相关生平

---

① 2010 年 8 月—9 月,德国马克思学家罗尔夫·黑克尔在中央编译局开展了题为"马克思恩格斯遗著:历史、出版和接受"的系列讲座。在第一讲("关于马克思和恩格斯以及马恩遗著流传史的传记材料")讲授过程中,黑克尔对惠恩的马克思传进行了严厉的批评,称其"对德国的马克思恩格斯研究成果的无知显得很英国"。特雷尔·卡弗在给以赛亚·伯林的《卡尔·马克思》写作后记时也直言不讳地批评惠恩的马克思传仅仅是"廉价的笑料"。苏珊·沃特金斯(S. Watkins)则强调惠恩的马克思传记摘除了马克思的心脏,对作为马克思生命推动力的政治信仰认识不足。参见罗尔夫·黑克尔:《马克思恩格斯生平遗著流传史》,载《国外理论动态》2010 年第 10 期;以赛亚·伯林:《卡尔·马克思》,李寅译,译林出版社 2018 年版,第 331 页;Susan Watkins, "The Nine Lives of Karl Marx", *New Left Review*, 2000 (1), p. 169.

事迹的研究，但一些马克思传仍有意无意地漠视马克思研究的最新成果。一部分传记研究者只是低水平地抄袭其他传记中反复出现的史料而已。他们对马克思的理解甚至还没有达到梅林和梁赞诺夫的高度，更不用提超越科尔纽、吕贝尔、伯林、麦克莱伦和费彻尔了。

梁赞诺夫一百多年前初提"维也纳出版计划"时构想的马克思传记写作任务并没有随着他的《马克思与恩格斯》的完成而终结，恰恰相反，随着 MEGA^2 编辑工作的稳步推进，完成"现代历史编纂学最重要的任务"（梁赞诺夫语）才初具可能。马克思未刊手稿和摘录笔记的出版和研究，为写作马克思传提供了扎实的新材料、新视角及新观点。而一些 MEGA 研究成果（例如，马克思年谱等）更是为马克思传记写作提供了客观的时间坐标。借助 MEGA 研究成果，传记写作者才有可能真正进入马克思复杂的思想世界，理解马克思思想轨迹变化的内在逻辑，并且借助扎实的史料将这种变化客观地呈现在读者面前。

总而言之，作为马克思学研究成果的马克思传记应该是与马克思文本文献研究保持同步的即时之作。想要编写一部好的马克思传，就应该密切关注马克思文献学的研究进展，充分吸收 MEGA 研究成果。尽管梅林、梁赞诺夫、伯林、科尔纽、麦克莱伦和费彻尔等人的经典马克思传"新"在不同的领域，但它们无一不是把握学术制高点的即时之作。

第二章　西方马克思学的马克思年表、书志与辞典编撰

马克思年表和书目志都与马克思传密切相关。为了更加清晰地呈现马克思的生平轶事和著作情况，传记写作者尝试在传记后以附录的形式刊出马克思年表和著作目录。根据《政治科学手册》编辑路德维希·埃耳斯特尔（L. Elster）在书信（1892年11月8日）中的要求，恩格斯在写作"马克思，亨利希·卡尔"条目时就尽可能详细地罗列了马克思的著作。区别于正式刊登出来的传记中的书单，恩格斯还留下了一份手写书单[①]，按照时间顺序罗列了马克思的著作，并依次标记了序号1—23。印刷版与手写版最大的不同在于，印刷版中删去了马克思的博士论文的相关信息（"论伊壁鸠鲁哲学的博士论文"），而这是因为印刷版仅罗列正式出版了的著作。值得一

---

① 俄罗斯国立社会政治史档案馆藏有这一手稿的影印件（RGASPI, Sign. f. 1 op. 1 , d. 5273）。

提的是，为了顾及威廉·李卜克内西等人的面子，恩格斯在书单中隐去了当时已经出版了的《哥达纲领批判》（1890—1891年间发表在《新时代》杂志）。列宁和梅林延续了这一传统。1914年，列宁给《格拉纳特百科词典》撰写"卡尔·马克思"条目时，不仅详细地罗列了已知的马克思著作，还遴选了一批以马克思和马克思主义为讨论对象的文章。梅林虽然认为给《马克思传》配上一个学术性的参考书目显得不适宜，但仍然在书末附加了传记各章节的参考文献及题解。① 这些书目志虽然比较粗糙，但它在最广泛的意义上奠定了马克思学的书目志体例。

梅林、马克斯·比尔（M. Beer）等人的马克思传在各大语言世界传播之际，也不乏有心人为其附上与传记内容相一致的"马克思年表"，以编年体的形式呈现马克思恩格斯的生平活动。② 此后，随着马克思研究的深化，马克思书目志和年表的内容日趋丰富。马克思书目志逐渐成为展示马克思学研究成

---

① 参见 Franz Mehring, *Karl Marx: Geschichte seines Lebens*, Leipzig: Leipziger Buchdruckerei A. G., 1918, S. 537。
② 梅林德文本马克思传没有编写马克思年表。1935年，爱德华·菲茨杰拉德（E. Fitzgerald）根据梅林德文版《马克思传》翻译出版了第一个英译本。这一英译本的卷首附有一张极其简洁的马克思年表。从翻译时间角度考虑，英译本中的年表极有可能是爱德华·菲茨杰拉德自己凝练的。一方面，1957年的俄译本依然没有年表这一附加形式。另一方面，从翻译时间和年表内容角度而言，菲茨杰拉德极有可能受到了阿多拉茨基版《马克思年表》（1934）的影响。值得一提的是，梅林《马克思传》的两个中译本都附有年表。罗稷南根据英译本转译的中文版传记理所当然地保留了这一年表。樊集的译本虽然以1957年没有年表的俄译本为底本。但是，在借鉴罗稷南译本后，樊集在附录中保留了年表这一形式，并且根据最新掌握的马克思研究成果对年表作了较大的修改。

果的重要载体,而马克思年表甚至被作为马克思传的变体而独立出版。

20世纪中叶,在马克思年表和书目志之外,专注于解释马克思思想和学说的马克思辞典也应运而生。20世纪80年代以来,西方学界在马克思辞典编撰的互动和传承中形成了"思想语境还原法"和"历史考证法"两种风格迥异的编撰方式。时至今日,马克思辞典在西方世界仍方兴未艾、大有市场。这些马克思辞典开始集中展示西方马克思学的研究成果,而它们本身也是西方马克思学的阶段性成果。

第一节 马克思年表

根据马克思的墓碑信息,威廉·李卜克内西在《纪念卡尔·马克思》中详细地罗列了马克思及其家人的生卒信息。[①] 尽管他仅仅给出了极其有限的几个时间点,但这一处理却召唤着更为详实和精确的马克思年表。20世纪20年代以来,不少介绍马克思生平事迹与思想学说的书籍也都会以附录形式配上相应的"马克思年表""马克思年谱"或"马克思大事记"。马克斯·比尔的德语作品《卡尔·马克思:他的生平与学说》(*Karl Marx: Sein Leben und seine Lehre*) 被译介到日本学界时,

---

① 参见 Wilhelm Liebknecht, *Karl Marx zum Gedächtnis: Ein Lebensabriss und Erinnerungen*, Nürnberg: Wörlein, 1896, S. 117 – 118。

就配有对应的"马克思年谱"①。日本学者杉山荣 1930 年编写《社会科学十二讲》时也不忘在书末附上一张"马克思年谱"。同年,中国学者张之杰在写作《经济学说史》时也以附录形式呈现了五大经济学家(亚当·斯密、马尔萨斯、李嘉图、约翰·穆勒、卡尔·马克思)的年谱。② 稍加留意就不难发现,上述几个年表都与德国社会民主党档案馆馆长恩斯特·德拉恩(E. Drahn)的《马克思文献目录:传记和书志材料中的卡尔·马克思生平轶事》密切相关。③ 杉山荣和西雅雄在"马克思年谱"后都曾明确说明自己的年表主要"参考了"或"基于"德拉恩的《马克思文献目录》中的生平年表。④ 在修订版的第一分册⑤,德拉恩确实给出了内容丰富的马克思年表(包含1818 年到 1883 年间 77 件大事记),并且用文字描述了马克思

---

① 马克思诞辰百年之际(1918),马克斯·比尔出版了《卡尔·马克思:他的生平与学说》。之后,他又增订了第 2 版(1919)、第 3 版(1921)和第 4 版(1922)。几个版本之间的差别很大,比尔在第四版的"序言"中有相关的说明。德文本和英译本(1921,基于德文第 2 版)均无年谱,但西雅雄翻译的两个日译本(1923 年,基于德文 3 版;1924 年,基于德文 4 版)在附录中都收录了"马克思年谱"。
② 参见张之杰:《经济学说史》,三民学社 1930 年版。
③ 1920 年,德拉恩在德国夏洛滕堡出版《马克思文献目录》。1923 年,修订版书目志问世。
④ 杉山荣和西雅雄的相关说法,参见マックス・ベーア:『マルクスの生涯と学説』,西雅雄訳,白揚社,1924 年,260 ページ;杉山荣:《社会科学十二讲》,汤盛光译,乐华图书公司 1930 年版,"附录"第 18 页。
⑤ 德拉恩在第二版(1923 年)序言中声称,扩充后的第二版将会包含三个分册。第一册将呈现马克思的生平图像及其著作和论文,第二册主要呈列马克思的书信,第三册着力于介绍德语世界的马克思传以及马克思研究成果。然而,目前仅能找到德拉恩编辑的第一册,第二册和第三册很有可能没能出版。

的体貌特征。① 可以说，在 20 世纪 20 年代至 30 年代初，德拉恩的这一著作在编写马克思年表上发挥着极其重要的作用。

1933 年，为了纪念马克思逝世 50 周年，苏联马克思恩格斯列宁研究院特意召集马克思学家编辑马克思年表。此时，阿多拉茨基等人正在有条不紊地编辑着《马克思恩格斯全集》俄文第 1 版和 MEGA¹。在编辑过程中，研究院专家整理出了一版囊括了 3000 多条生平活动条目的马克思年表。研究院专家继承梁赞诺夫开启的马克思学传统对每一个细节都进行了详细的考证，所有条目都严格按照时间顺序排列，生平活动尽可能精确到具体的年、月、日。年表后附的"马克思著作索引"也极大地吸收了苏联马克思学的最新研究成果，第一次在书志学意义上将《黑格尔法哲学批判》《政治和国民经济学批判——〈资本论〉。1844—1848 年手稿》《德意志意识形态》等手稿归入马克思名下，但尚未充分注意到马克思的晚年笔记。报刊索引、人名索引和城市索引则勾勒了马克思的社会活动范围。1934 年，这一年谱以德文和俄文两种形式面世。② 两个版本稍有不同，俄文本吸纳了研究院最新研究成果③，代表

---

① 参见 Ernst Drahn, *Marx-Bibliographie: Ein Lebensbild Karl Marx' in biographisch-bibliographischen Daten*, 2. Aufl., Berlin: Deutsche Verlagsgesellschaft für Politik und Geschichte, 1923, S. 9 – 12。
② 参见 Marx-Engels-Lenin-Institut (Hrsg.), *Karl Marx: Chronik seines Lebens in Einzeldaten*, Moscow: Marx-Engels-Verlag, 1934; Адоратский В. В. (Ред.). Карл Маркс: Даты жизни и деятельности. Москва: Партиздат. 1934。
③ 研究院原本打算在马克思逝世 50 周年之际（1933 年）在德国出版德文版年表。然而，德国境内的法西斯势力压制了这一出版计划。在德文版送印的过程中，研究院专家又根据最新研究成果对俄文版年表作了进一步的订正和增补。1934 年，德文版年表与俄文版年表在莫斯科相继出版。

了20世纪30年代马克思研究的最高水平。

20世纪30年代以来,阿多拉茨基主编的《马克思年表》取代了德拉恩《马克思文献目录》原有的地位,成为之后很长一段时间内最权威的马克思年谱。阿多拉茨基版《马克思年表》的出版具有重大意义:一方面,它标志着"马克思年表"正式从传记、著作中独立出来,成为马克思学的重要组成部分之一。另一方面,阿多拉茨基版年表成为日后马克思年表的母本,此后的马克思年表(含书籍附录)都直接或间接地参考了阿多拉茨基版《马克思年表》。甚至可以说,时至今日这一年谱依然具有重要的历史价值和学术价值。原德国哲学学会主席、明斯特大学教授米夏埃尔·宽特(M. Quante)在2015年为苏尔坎普出版社修订马克思年表时依然向读者郑重地推荐了阿多拉茨基的《马克思年表》①。不过,我们也应当意识到,由于成书时间较早,阿多拉茨基版年表收集的资料还不够齐全,部分日期、数字、人名等也存在一些错误。

阿多拉茨基版年表问世以来,马克思年表获得了独立的价值,但绝大多数年表依然以马克思文献学研究衍生品的形象出现在公众的视野中。这最为明显地体现在俄文版和德文版马克思恩格斯著作编撰的过程中。

---

① 在充分吸收阿多拉茨基版年表以及卢格的《巴黎两年》(*Zwei Jahre in Paris*)的基础上,米夏埃尔·宽特教授为出版社编写了一个旨在展示1845年前后马克思手稿创作史的马克思年表。宽特教授强调,更详细的信息可以参看莫斯科马克思恩格斯列宁研究院的《马克思年表》。宽特教授的相关评注,参见 Karl Marx, *Ökonomisch-philosophische Manuskripte*, Frankfurt am Main: Suhrkamp Verlag, 2015, S. 391。

第二章 西方马克思学的马克思年表、书志与辞典编撰

在编辑《马克思恩格斯全集》俄文第 2 版时，苏联专家将马克思年表纳入全集的附录。他们分卷次编制了"马克思恩格斯生平与活动日期"。俄文第 2 版（合计 50 卷 53 册）中有 19 卷涉及马克思年表。

表 2.1 《马克思恩格斯全集》俄文第 2 版中的马克思年表

卷次	文本内容	年表范围
第 1 卷	1839—1844 年论著	1818 年—1844 年 8 月
第 2 卷	1844—1846 年论著	1844 年 8 月—1846 年 4 月
第 3 卷	《关于费尔巴哈的提纲》《德意志意识形态》	——
第 4 卷	1846 年 5 月—1848 年 3 月论著	1846 年 5 月—1848 年 3 月
第 5 卷	1848 年 3 月—1848 年 11 月论著	1848 年 3 月—1848 年 11 月
第 6 卷	1848 年 11 月—1849 年 7 月论著	1848 年 11 月—1849 年 8 月
第 7 卷	1849 年 8 月—1851 年 6 月论著	1849 年 8 月—1851 年 7 月
第 8 卷	1851 年 8 月—1853 年 3 月论著	1851 年 8 月—1853 年 3 月
第 9 卷	1853 年 3 月—1853 年 12 月论著	1853 年 3 月—1853 年 12 月
第 10 卷	1854 年 1 月—1855 年 1 月论著	1854 年 1 月—1855 年 1 月
第 11 卷	1855 年 1 月—1856 年 4 月论著	1855 年 1 月—1856 年 4 月
第 12 卷	1856 年 4 月—1859 年 1 月论著	1856 年 4 月—1859 年 1 月
第 13 卷	1859 年 1 月—1860 年 2 月论著	1859 年 1 月—1859 年 12 月
第 14 卷	1857 年 7 月—1860 年 11 月论著	——
第 15 卷	1860 年 1 月—1864 年 9 月论著	1860 年 1 月—1864 年 9 月
第 16 卷	1864 年 9 月—1870 年 7 月论著	1864 年 9 月—1870 年 7 月
第 17 卷	1870 年 7 月—1872 年 2 月论著	1870 年 7 月—1872 年 2 月
第 18 卷	1872 年 3 月—1875 年 5 月论著	1872 年 3 月—1875 年 3 月
第 19 卷	1875 年 3 月—1883 年 5 月论著	1875 年 3 月—1883 年 5 月
第 20 卷	《反杜林论》《自然辩证法》	——
第 21 卷	1883 年 5 月—1889 年 12 月论著	1883 年 5 月—1889 年 12 月
第 22 卷	1890 年 1 月—1895 年 8 月论著	1890 年 1 月—1895 年 8 月

尽管德文版《马克思恩格斯著作集》(MEW)正文部分的处理与俄文第2版不完全一致①，但MEW基本上完全接受了俄文第2版中年表的形式与内容。MEW中共有19卷合计352页内容专门呈现马克思的生平活动。事实上，苏共中央马列主义研究院整理的这一版马克思恩格斯年表具有极高的学术价值。编者虽然在选择篇目时舍弃了马克思早期具有唯心主义和青年黑格尔派立场的文章，但在编写年表时却没有因为意识形态问题而进行删改。例如，编者虽然没有在正卷部分收入《1844年经济学哲学手稿》，但却在年表中详细介绍了马克思在1843年末到1844年3月期间系统地学习政治经济学的经历，明确指出马克思在这一时期阅读了斯密、萨伊、斯卡尔培克等经济学家的著作，也同时在年表里面客观地说明马克思在1844年4月至8月间的经济哲学手稿中完成了"资产阶级政治经济学批判大纲初稿"②。美国学者哈尔·德雷珀(H. Draper)就高度肯定了编者的学术化立场。在哈尔·德雷

---

① 东德编辑的Marx-Engels-Werke(MEW)常常被译作"《马克思恩格斯全集》德文版"。事实上，无论是从德语词组语义还是从这一版本收入的内容而言，这一版本都不是一个"全集"，而仅仅是一个用于学习的"著作集"。因此，MEW应该被译为《马克思恩格斯著作集》。德文版著作集沿袭俄文第2版体例，出版正卷39卷。与俄文第2版相比，MEW正文部分多收入了4篇文章，即被编入第2卷的《大陆上的社会主义》《现代兴起的今日尚存的共产主义移民区记叙》《维多利亚访问》《〈英国工人阶级状况〉一书的补充》。部分正文在卷次上有调整，例如，编在俄文第2版第3卷的《真正的社会主义者》被挪到了MEW的第4卷。此外，MEW的附录比俄文第2版多12篇，分散编在第5至7卷。16封在俄文第2版和德文版编辑期间发现的信，被编入了第39卷的补遗部分。

② *MEW*, Bd. 1, Berlin: Dietz Verlag, S. 636 - 637。中文参见《马克思恩格斯全集》中文1版第1卷，第743—744页。

珀看来，这一年表虽然有一些过时，并且存在着一些说教性的内容，但没有任何证据表明编辑们在年表中对确凿的事实或已经发表的论著进行了删改。①

众所周知，马克思恩格斯各著作在法国编译出版的进度很不均衡。1971 年开始，吉尔贝·巴迪亚（G. Badia）、让·莫尔捷（J. Mortier）等人开始编译一套全新的《马克思恩格斯书信集》。这套法文版书信集效仿俄语、德语著作集的体例，在每一卷之后附上对应时间段的年表。例如，《马克思恩格斯书信集》第 1 卷收入 1835—1848 年马克思恩格斯书信，对应的年表则展示了马克思恩格斯 1818 年 5 月至 1848 年 12 月 31 日的全部生平活动。与 MEW 的年表相比，这一法文版年表更加简洁。不难发现，法文版年表编写者显然关注到了苏联的研究成果。甚至可以说，法文编辑者在俄文年表的基础上删减修订而完成了法文版的年表。这一项目原计划出版 20 卷，但受到苏东政治事件影响，20 世纪 90 年代后这一书信集的编译工作被搁置。1971—1989 年间，共出版 12 卷，1874 年 10 月之后的书信没能及时出版。与此相应，作为附录的马克思恩格斯生平活动年表也止于 1874 年末马克思研读车尔尼雪夫斯基的著作。② 值得一提的是，这一编译项目已于 2010 年正式恢复。在马克思诞辰二百周年之际，法国社会出版社将原先的第 1 卷

---

① 参见 Hal Draper, *The Marx-Engels Chronicle*, New York: Schocken Books, 1985, pp. xii – xiii。
② 参见 *Marx-Engels-Correspondance*, tome XII, Paris: Éditions sociales, 1989, p. 438。

和第 2 卷合为一卷出版。2020 年 6 月,《马克思恩格斯书信集》第 13 卷(1875—1880 年)在法国正式出版,马克思恩格斯生平情况得以在法语世界进一步澄清。

  与巴迪亚和莫尔捷等人主编的马克思年表相比,我们更熟悉吕贝尔(M. Rubel)整理和编制的马克思年表。20 世纪 50 年代开始,吕贝尔就开始着手整理马克思年表。他编写的年表不仅在完整度上远超《马克思恩格斯书信集》的附录,在出版印刷的发行量上也远超《马克思恩格斯书信集》。吕贝尔生前在法国加利马尔出版社"昴星团藏书"(Pléiade)系列出版了四卷《马克思文集》(*Œuvres de Karl Marx*)。1963 年出版的"经济篇 I"收录了一份内容详实的年表。① 根据吕贝尔的说法,这一年表充分参考了各版本的马克思恩格斯著作和通信集、阿多拉茨基版年表以及尼古拉埃夫斯基和曼森 - 黑尔芬的著作。② 由此可见,虽然吕贝尔与苏联正统马克思主义者在学术观点上大相径庭,但他仍然充分地接受和吸收苏联马克思学的研究成果,将其视为自己马克思学研究的基础性材料。此外,吕贝尔还在《马克思学研究》等期刊杂志上发表专题性的马克思年表,例如,马克思与第一国际的年表。③

---

① 参见 Maximilien Rubel, "Chronologic", *Œuvres de Karl Marx*: *Economie*, Paris: Éditions Gallimard, 1965, pp. LVII - CLXXVI。
② 参见 Maximilien Rubel, "Chronologic", *Œuvres de Karl Marx*: *Economie*, Paris: Éditions Gallimard, 1965, p. LVII。
③ 参见 Maximilien Rubel, "Karl Marx et la Première Internationale. Une chronologie (I. 1864 - 1869)", *Études de marxologie*, n°8, août 1964, pp. 9 - 82; Maximilien Rubel, "Karl Marx et la Première Internationale. Une chronologie (II. 1870 - 1876)", *Études de marxologie*, n°9, août 1965, pp. 5 - 70。

吕贝尔不仅深刻地影响着法语世界研究者对马克思的认知，还影响了其他语言世界的研究。吕贝尔以《马克思文集》"经济篇Ⅰ"的马克思年表为基础，经过进一步扩充和修订，在德国和英国先后出版了《马克思年表：生活与著作资料》和《马克思：生活与著作》。① 1975年，吕贝尔还与玛格丽特·马纳莱（M. Manale）合作完成《没有神话的马克思》。这一介于传记和年表之间的作品以英文本的方式直接面世，将吕贝尔的观点直接地呈现在英语读者面前。与阿多拉茨基版年表相比，吕贝尔版年表带有极强的个人色彩，其根本旨趣在于向读者传递他对马克思和马克思主义的独特理解。在吕贝尔看来，马克思年表的目的绝不是取代尚未出现的权威传记，而是要为传记写作提供坚实的基础，并力图打破马克思仅仅作为《资本论》作者而具有的传奇形象。② 因此，吕贝尔刻意将《资本论》与马克思剥离。

然而，吕贝尔的这一做法备受非议，一部分学者将矛头直指吕贝尔，认为没有《资本论》的马克思就如同没有《物种起源》的达尔文一样，必然会使其黯然失色。哈尔·德雷珀也反对吕贝尔将个人观点纳入年表编辑的行为。在他看来，年表不同于传记之处恰恰就在于年表不需要平衡材料，因为在年表中相对微不足道的事件也能够在政治史中最重要的日子面前

---

① 参见 Maximilien Rubel, *Marx-Chronik*: *Daten zu Leben und Werk*, München: Hanser, 1968; Maximilien Rubel, *Marx*: *Life and Works*, London & Basingstoke: The Macmilian Press Ltd. , 1980。

② 参见 Maximilien Rubel and Margaret Manale, *Marx without Myth*: *A Chronological Study of His Life and Work*, New York: Harper Torchbooks, 1976, p. xi。

分一杯羹。① 因此，年表编写者应该尽可能完整地提供生平事迹。

在伯克利社会主义史中心的支持下，德雷珀主持编写了3卷本的《马克思恩格斯百科辞典》，其中第1卷《马克思恩格斯编年史》就是在充分吸收阿多拉茨基版《马克思年表》和MEW年表的基础上完成的。德雷珀在编写年表时参考了其他的年表（包括吕贝尔的年表），将第一国际总委员会文件等材料编入年表的同时，剔除了MEW年表中部分说教内容。德雷珀版年表在编排上采取了编年与专题相结合的方法。年表在整体上以时间线索为基本框架，在月份内部又再划分出专题。例如，"资本论"专题、"私人活动"专题、"国际工人协会"专题，等等。特别值得注意的是，德雷珀在书末附有专题年表《写作〈资本论〉之途》，这一年表展示了马克思恩格斯创作《资本论》的过程。德雷珀的这一做法似乎有意将矛头指向吕贝尔版年表。事实上，德雷珀的目的不仅仅在于批判吕贝尔。在更基础的意义上，他希望编写一个更新、更全、更客观的马克思年表以取代阿多拉茨基版年表和MEW年表。②

德雷珀版年表极大地丰富了马克思年表的种类，成为阿多拉茨基版年表、MEW版年表（俄语第2版年表）、吕贝尔版年表之后又一经典之作。德雷珀版年表无疑是各大语言世界之

---

① 参见 Hal Draper, *The Marx-Engels Chronicle*, New York: Schocken Books, 1985, p. xi。
② 参见 Hal Draper, *The Marx-Engels Chronicle*, New York: Schocken Books, 1985, pp. xii – xiii。

间互动、碰撞、交流的产物,是西方马克思学在语言世界之间交流互动的经典案例。

21世纪以来,西方学界进一步丰富马克思年表的形式。利用TimelineJS软件将马克思生活事件与地理轨迹相结合的动态年表、专注于某一特定时间段的专题性年表、关注马克思经济学手稿写作顺序的年表等相继问世。这些年表中不乏学术性极强的年表。例如,默斯托(M. Musto)整理的《马克思在巴黎期间的摘录与手稿的时间顺序表》和《政治经济学摘录、手稿、文章和书籍的时间顺序表(1843—1858)》等年表就具有重要的文献学意义。[1] 作为马克思学的重要组成部分之一,马克思年表既是马克思学研究成果的集中展示,也为马克思学传记写作、文本研究、思想解读提供了极其重要的素材,为马克思研究描绘出了一个客观的轮廓。

第二节 马克思书目志和研究文献

为马克思和马克思研究开设书单这一传统可以追溯到恩格

---

[1] 默斯托整理的《马克思在巴黎期间的摘录与手稿的时间顺序表》和《政治经济学摘录、手稿、文章和书籍的时间顺序表(1843—1858)》均以附录形式呈现在其论文中,两张年表参见 Marcello Musto, "Marx in Paris: Manuscripts and Notebooks of 1844", *Socialism and Democracy*, Vol. 73, No. 3, 2009, pp. 386 – 402; Marcello Musto, "The Formation of Marx's Critique of Political Economy: From the Studies of 1843 to the Grundrisse", *Socialism and Democracy*, Vol. 24, No. 2, 2010, pp. 66 – 100。

斯和列宁。恩格斯尽可能详细地向读者提供了马克思已经发表了的著作的具体篇名、马克思撰稿的定期刊物以及马克思著作的版本状况。尽管恩格斯的这份书目仍然比较粗糙，其中也不乏一些细节错误，但它毕竟是第一份马克思书目志，具有开创性的科学意义。遗憾的是，恩格斯未能列举马克思生前没有公开出版的手稿、笔记和摘录的信息，也没能对已出版的作品进行进一步的归类或评价。列宁则进一步补充了马克思的著作以及世界各国与马克思研究相关的著作，还基于马克思思想发展的坐标对其中的一些重要文本进行了历史定位。两位经典作家的两篇马克思传为马克思书目志提供了最初的范本。特别是列宁的书目志，为后世马克思书目志奠定了"原著"加"研究著作"的编写体例。然而，由于马克思有大量未刊手稿、摘录和笔记长期处于"隐秘"的状态，随着这些文献以及相关研究成果的相继问世，恩格斯和列宁的书目清单逐渐丧失了书目志应有的工具性，演变为历史文献。

近百年来，世界各国的研究者编制了各式各样的马克思著作清单、马克思研究书目清单等。杰罗姆·格兰帕斯（J. Grynpas）向我们展示了庞大的马克思传记、年表和相关研究文献的清单，其中有一些书目志曾经发挥过极其重要的作用，而有一些书目志时至今日依然具有重要的学术价值。[①] 因此，有必要对历史上曾经发挥过重要作用的马克思著作清单和研究文献清单作一整体性的介绍和分析，并且对当下仍然有价值的书目

---

① 参见 Jérôme Grynpas, "Marx et marxisme: Bibliographie", *Revue internationale de philosophie*, Vol. 12, No. 45/46 (3/4), 1958, pp. 366 – 387。

第二章 西方马克思学的马克思年表、书志与辞典编撰

志作一详细说明。

19世纪末20世纪初,专门以马克思为研究对象的书目志数量极其有限。此时,马克思研究的书志与社会主义书目志紧密结合在一起。马克思研究和马克思主义研究仅作为社会主义研究的一部分而被直接囊括在社会主义研究之中。奥地利目录学家施塔姆哈默尔(J. Stammhamer)是比较早介入编撰社会主义书目志的学者。他前后花费30多年的时间收集与"共产主义"和"社会主义"相关的文献材料。1893—1909年之间,他陆续出版了3卷《社会主义和共产主义书目》。1910—1930年间,格律恩贝尔格(C. Grünberg)在莱比锡组织编目15卷《社会主义和工人运动历史文集》,大量收入与社会主义和工人运动相关的文献,其中,第1、3、4、6、7、10、11卷收入了部分书目的题解。[①]

截至20世纪初,除去恩格斯和列宁的两篇马克思传记直接切入"马克思书目志"之外,桑巴特(W. Sombart)和梅林的两个书目最贴近马克思学意义上的马克思及其研究文献清单。桑巴特刊登在《社会科学和社会政治学文库》第20卷第2分册第413—430页的《马克思主义书目》(*Ein Beitrag zur Bibliographie des Marxismus*)囊括了300多部(篇)与马克思研究相关的书籍和论文,而梅林《马克思传》(1918年)的参考文献及题解为马克思研究提供了重要的参考材料。

20世纪20年代以来,专门性的马克思书目志开始在德语

---

① 《社会主义和工人运动历史文集》各卷的目录已经被翻译成中文,具体目录可以参见《〈格林贝格文库〉目录》(《马克思主义研究参考资料》1982年第16期)。

世界和俄语世界出现。德国社会民主党档案馆馆长恩斯特·德拉恩以编辑书目志为乐，他直接参与编目了两本与马克思直接相关的书目志。① 其一，之前已经提到过的《马克思文献目录：传记和书志材料中的卡尔·马克思生平轶事》。德拉恩充分利用了德国社会民主党、爱琳娜、梅林、梁赞诺夫、考茨基、古斯塔夫·迈耶尔等提供的材料。根据德拉恩自己的说法，古斯塔夫·迈耶尔对第一版文献作了更正，并给出了修订建议。② 在马克思生平及体貌信息之后，德拉恩按照时间顺序尽可能详细地罗列了已知的马克思的论著。这一书目志可谓是继恩格斯、梅林之后最详细的一版书目志，几乎达到了那个时代编目的极限。德拉恩的这一版书目志在世界范围内被广泛传播，影响极大。20世纪30年代，东亚的马克思研究者也频繁参考德拉恩的书目志。③ 其二，参与编制《马克思、恩格斯、拉萨尔：一份社会主义书目》④。受布拉格尔（R. L. Prager）

---

① 德拉恩在世期间编撰了众多书目志。20世纪20年代，他为马克思、恩格斯、列宁都编过专人性书目志。恩格斯诞辰100周年之际，德拉恩编写了纪念恩格斯的传记《弗里德里希·恩格斯》，书中附有恩格斯的著作。1924年，德拉恩又为列宁编写了一个《列宁生平年表和书目》。这一著作极有可能是俄语世界之外最早的最系统的列宁著作目录，而且德拉恩还充分发挥外语优势网罗了众多语言的列宁传记和肖像。
② 参见 Ernst Drahn, *Marx-Bibliographie: Ein Lebensbild Karl Marx' in biographisch-bibliographischen Daten*, 2. Aufl. , Berlin: Deutsche Verlagsgesellschaft für Politik und Geschichte, 1923, S. 5 – 6。
③ 可以参考本章第一节中谈到的日本学者编马克思年表的案例。
④ 这一书目志具有较高的学术价值，然而市面上已经很难找到这本书的原始版本。1977年，卡尔·斯林哥（C. Slienger）翻拍制作了250份副本，编号53的副本现藏于中国中央编译局图书馆。参见 Ernst Drahn, *Marx, Engels, Lassalle: Eine Bibliographie des Sozialismus*, Berlin: Verlag von R. L. Prager, 1924。

之托，德拉恩参与整理书店的旧书目。全书收入书目多达4747种，内含大量马克思恩格斯著作以及与之相关的著作。

1924年，什涅尔桑（Б. С. Шнеерсон）在大量收集和考证的基础上开始编制《马克思恩格斯著作俄译本书目志试编》①。什涅尔桑这一书目志出版于《马克思恩格斯全集》俄文第1版之前，这对于了解马克思恩格斯著作在"前俄文全集时代"的流传和翻译史具有重要意义。此后，《苏联大百科全书》和《苏联小百科全书》等书目志也开始介绍马克思恩格斯著作的原本及俄译本情况。20世纪40年代，苏联专家列文（Л. А. Левин）在莫斯科莫洛托夫图书馆学院讲授"马列主义经典著作出版史"。1948年，他将讲课期间整理的材料汇编成册，出版了《马克思恩格斯著作的发表与出版》（*Библиография произведений К. Маркса и Ф. Энгельса*）。列文从时间上将马克思恩格斯著作出版划分出三个章节，即"马克思在世时"、"在恩格斯晚年"以及"恩格斯逝世后"。遗憾的是，虽然列文提及1000多篇著作，但没有深入考证。整体而言，这一书目志较为粗糙，其质量远不及之后编制的《马克思恩格斯列宁书目志汇编》和《马克思恩格斯列宁：1961—1972年有关目录的索引》。② 然而，即便是在1961年和1973年完成的书

---

① 参见 *Шнеерсон Б. С.* Опыт библиографии произведений Маркса и Энгельса в русских переводах. М. : Красная Новь. 1924。
② 参见 *Левин Л. А.* Библиография библиографий произведений К. Маркса, Ф. Энгельса, В. И. Ленина. М. : Госполитиздат. 1961； *Левин Л. А.* К. Маркс, Ф. Энгельс, В. И. Ленин: Указатель библиографических работ 1961 – 1972. М. : Книга. 1973。

目志中，列文也很少对书目内容进行评价，这就丧失了书目志汇编的指导性功能。此外，受政治环境影响，列文在收入书目时具有明显的倾向性。他不仅忽视西方资本主义国家的马克思学研究成果，还刻意漠视梁赞诺夫的马克思学成果。

20世纪70年代，苏联中央马列研究院出版了两卷本的《马克思恩格斯生前出版和发表的著作目录》（Прижизненные издания и публикации произведений К. Маркса и Ф. Энгельса）。在充分对比和参考各国的书目志、回忆录和书信的基础上，苏联研究者系统地整理了马克思生前出版和发表的论著，甚至收入了《马克思恩格斯全集》俄文第1版和第2版中没有收入的篇目信息。书目按时间顺序排列，上卷（1974）收入1837年至1864年8月间的作品（含书籍、宣传册、文章、信件、诗歌、口头讲话等），正文部分涉及2483种文献作品；下卷（1977）则聚焦1864年9月至1895年恩格斯去世前的马克思恩格斯著作，涉及2377种文献。在附录中，研究者编写了马克思恩格斯参与签署的文件的目录、相关索引等文献学内容。下卷的附录中甚至还收入了45种《资本论》第1卷摘要（含正式出版与地下非法流传品）的文献信息，涉及多个语种。与此同时，研究者还在附录中罗列了75篇无法明确认定作者的文献，他们认为没有充分理由将其视为出自马克思和恩格斯之手。这一考证是对以往的苏联马克思学研究成果（MEGA[1]、阿多拉茨基的年表、《马克思恩格斯全集》俄文第1版和第2版）的一种完善与修订，也是与西方马克思学研究成果（吕贝尔、扎斯、陶伯特、舒芬豪艾尔等的考证）的交流和对话。

这一书目志是苏联马克思学的重要成果,它是研究马克思生平及其著作传播史的重要文献。

20 世纪 50—70 年代,东德出版了一批具有较高学术价值的马克思书目志。《马克思恩格斯著作单行本初版书目》(*Die Erstdruck der Werke von Marx und Engels*:*Bibliographie der Einzelausgaben*,1955) 着重考证了 70 多部(篇)马克思恩格斯生前出版的初版著作,向读者复原了马克思恩格斯著作传播源头的情况,对于理解马克思主义早期传播史具有重要的意义。此外,书中配图(部分著作的封面)极其珍贵。因此,时至今日,这一书目志仍然是重要的马克思文献学材料。《马克思恩格斯全集内容比较索引》(*Inhaltsvergleichsregister der Marx-Engels-Gesamtausgaben*,1957) 则用了近 300 页的篇幅在目录学研究方面下了一番苦功,建立了"内容—目录"之间的关联。但是,这一书目很快就过时了,1960—1970 年间出版的两卷本《马克思恩格斯索引》(*Marx/Engels Verzeichnis*)全面替代了它。《马克思恩格斯索引》是德文版《马克思恩格斯著作集》(MEW)的配套索引书目。1966 年出版(1968 年出版了修订版)的上卷甚至还收入了非德语文章的原始标题、公开发表和出版的论著信息以及马克思恩格斯在期刊上发表的文章索引[1],1971 年出版的下卷则对应 MEW 的第 27—39 卷内容,

---

[1] 参见 Manfred Kliem, Horst Marbach und Richard Sperl (Hrsg.), *Marx/Engels-Verzeichnis*:*Werke*, *Schriften*, *Artikel*, Berlin:Dietz Verlag, 1966, S. 5*。

收入书信、明信片和电报信息①。值得一提的是，1967年苏联也出版了一个类似的俄文索引，对应《马克思恩格斯全集》俄文第2版（第1—39卷）。按照文章、书信、插图等分类后，索引依照俄文字母顺序排列。鉴于俄文第2版还出版了11个补卷，苏联学者1984年又出版了一个修订版，使之能够完整地对应《马克思恩格斯全集》俄文第2版（1—50卷）。20世纪七八十年代，苏联还出现过几个变体。

1979年出版的《德国社会民主党文献中的马克思恩格斯著作（1869—1895）》收入马克思恩格斯文献及德国社会民主党其他作者的文献851篇，所有文献按照年份排列。编者对每一份文献都给出了详细的文献学信息，这无疑有助于厘清马克思恩格斯著作复杂的出版过程，也能够为 MEGA² 提供必不可少的文献支持。②

20世纪70年代末，弗兰茨·纽鲍尔（F. Neubauer）在德国出版了《马克思恩格斯文献书目》（*Marx-Engels Bibliographie*）。这一书目志只收入马克思、恩格斯以及燕妮的文献书目。书目按照时间顺序排列，每一条目都包含文本写作时间（或者出版时间）、作者、标题以及文献来源四个部分。马克思、恩格斯、燕妮的文本交织出现，暗示着马克思与恩格斯之间相

---

① 参见 Manfred Kliem und Richard Sperl (Hrsg.), *Marx/Engels-Verzeichnis: Briefe, Postkarten, Telegramme*, Berlin: Dietz Verlag, 1971。
② 主编英格·韦先（Inge Werchan）在"序言"中明确表示，这一书目志的目的在于为新版 MEGA 提供支持。参见 Inge Werchan, Editha Nagel, Gabriele Roßbach, et al, *Das Werk von Marx und Engels in der Literatur der deutschen Sozialdemokratie (1869 - 1895)*, Berlin: Dietz Verlag, 1979, S. 6。

互引用的文献事实。同时,也在某种程度上客观地体现出马克思与恩格斯之间的学术关系和日常关系。

在法语世界,吕贝尔 20 世纪五六十年代编写的马克思书目志仍然发挥着作用。1956 年,吕贝尔将收集到的马克思著作编辑出版。① 四年后,他又组织出版了一个"补卷"②。吕贝尔的书目志是为数不多的将马克思和恩格斯作品彻底分离的书目志,正文仅收入马克思作品,而恩格斯的著作和论文仅以附录形式呈现。③ 全书收入马克思著作近千种,分类明确,归项合理。书目志将马克思文献分入著作、书信和手稿三个部分,对于那些尚不清楚是否出自马克思的作品另设"第四部分"专门处理。吕贝尔在这一书目志中充分地展现了他的考证水平,对绝大多数的书目都写了详细的考证说明——标注了第一版的时间和地点,并且说明了再版信息和重要的译本(主要是法译本)。吕贝尔对法译本的介绍对于研究马克思著作在法国的流传史具有重要意义。

英语世界对马克思书目编撰启动得比较晚。起初,英语世界编写书目志的目的在于传播马克思主义,即给初学者提供一

---

① 参见 Maximilien Rubel, *Bibliographie des œuvres de Karl Marx*, Paris: Librairie Marcel Rivière et Cie, 1956。
② 补卷中的文献主要收入 1956 年时尚未公开问世的马克思著作,其来源包括 1955—1959 年间出版的 13 卷俄文版《马克思恩格斯全集》、阿姆斯特丹的国际社会史研究中心、米兰的吉安吉科莫·费尔特里内利研究所(Giangiacomo Feltrinelli Institute)以及大英博物馆。参见 Maximilien Rubel, *Supplément à la bibliographie des œuvres de Karl Marx*, Paris: Librairie Marcel Rivière et Cie, 1960。
③ 这与吕贝尔对马恩关系的独特看法有关。在吕贝尔看来,恩格斯对马克思学说进行了庸俗化阐释。

个推荐书单。因此,英语世界最初的书目志仅包括部分经典著作。例如,20世纪50年代,英国马克思主义者康福思(M. Cornforth)为了提高党员和群众的马克思主义素养特意编写《马克思主义经典阅读指南》(Readers Guide to the Marxist Classics),并且为每一条书目都写了概述性介绍。

之后,在与语、法语学界交流互动的过程中,英语世界的学者也开始尝试编写马克思书目志。20世纪七八十年代,英语世界涌现了两部具有代表性的马克思书目志。尤班克斯(C. L. Eubanks)在《卡尔·马克思和弗里德里希·恩格斯:一个分析的书目提要》中向我们展示了一个庞大的英语世界马克思学文本世界。1977年,尤班克斯就收入了马克思恩格斯各版本著作270种、论述马克思恩格斯的书籍723部、相关期刊论文1226篇、博士论文145篇。① 1984年修订再版时,他又增录了各类文献1042篇,并且补充了编者序言和索引。② 此外,哈尔·德雷珀主编的三卷本《马克思恩格斯百科辞典》也涉及马克思恩格斯著作,该辞典的第2卷聚焦"马克思恩格斯著作",共列举马克思恩格斯文献1187部(篇)。③ 各文献按照英文标题的字母顺序排列,且详细说明文献来源、原始标题、写作背景、发表情况、流传史、再版信息与译本信息

---

① 参见 Cecil L. Eubanks, *Karl Marx and Friedrich Engels: An Analytical Bibliography*, New York: Garland, 1977。
② 1984年修订版中译本信息,参见尤班克斯:《马克思恩格斯著作目录和马克思主义参考书目》,书目文献出版社1987年版。值得一提的是,1984年的修订版于2015年在纽约再次印刷出售。由此可见,这一书目志至今仍然具有重要的学术价值。
③ 参见 Hal Draper, *The Marx-Engels Register*, New York: Schocken Books, 1985。

等。值得注意的是，德雷珀严谨地区分了马克思独著、恩格斯独著、马克思恩格斯合著以及作者身份存疑的作品。

21世纪以来，纸质的书目志逐渐退出了历史的舞台，但西方学者们仍在互联网上积极更新电子版的书目志。英国学者安德鲁·奇蒂（A. Chitty）至今仍然保持着定期更新网络版"马克思书目志"的习惯。[①] 他把马克思经典著作和研究成果混合编入10个部分，即先驱与发展（1837—1846）、类存在物与异化（1844）、唯物主义与实践（1845—1846）、历史与意识形态（1845—1848）、资本、国家与法、伦理与批判、"无产阶级，革命与共产主义"、20—21世纪的马克思主义和后马克思主义、后来的哲学家和马克思。每个部分内部又细分出若干个小的分类。奇蒂的书目志为马克思研究者提供了重要的文献信息，而其对文献重要与否的判断也在一定意义上暗示了西方学者（特别是英语世界学者）现阶段的研究兴趣。

荷兰阿姆斯特丹国际社会史研究所（IISH）更是在网络上全面公开了现有的马克思恩格斯文献目录及其原始扫描件。[②] 研究所按照"马克思手稿"（115份）、"马克思摘录"（168份）、"马克思写的信件"（859封）、"马克思收到的信件"（4667封）、"马克思档案"（92份）、"燕妮的手稿、通

---

① 奇蒂是英国苏塞克斯大学哲学系学者，也是英国"马克思与哲学学会"的创建者之一。在网站（http://users.sussex.ac.uk/~sefd0/bib/marx.htm）上，他定期更新"马克思书目志"（最近一次维护是在2021的1月20日，末次访问时间2021年5月27日）。

② 参见 https://search.iisg.amsterdam/Record/ARCH00860/ArchiveContentList（末次访问时间为2021年5月27日）。

信和档案"（139 份）、"马克思家族的手稿、通信和档案"（366 份）、"恩格斯的手稿"（170 份）、"恩格斯的摘录"（66 份）、"恩格斯写的信件"（1747 封）、"恩格斯收到的信件"（6486 封）、"恩格斯档案"（55 份）、"马克思恩格斯报纸和期刊文章"（192 份）、"卷宗"（95 份）、"剪报"（25 份）、"其他人手稿"（41 份）、"其他人的信件"（139 份）、"印刷品"（68 份）的分类顺序全面公开了马克思恩格斯的相关文献。在国际马克思恩格斯基金会等多方力量的推动下，俄罗斯国立社会政治史档案馆（RGASPI）也在互联网上公开了馆藏的马克思恩格斯手稿的目录。① 7342 份手稿文件的基本信息分条呈现。基于此，马克思研究者能够在 MEGA² 全部出版之前就了解到马克思著作的全貌。事实上，国际社会史研究所公开马克思手稿和读书笔记目录后，布鲁门贝格利用职务之便摘录的《马克思恩格斯手稿和马克思的读书笔记目录》也就失去了利用价值。②

近年来，一些马克思辞典和马克思主义入门手册也部分发挥着书目志的功能。例如，米夏埃尔·宽特等人专门为马克思诞辰 200 周年编写的《马克思手册：生平、著作及影响》（Marx-Handbuch: Leben – Werk – Wirkung）就附有相关的研究

---

① 参见 http://rgaspi.info/fonds/1-1（末次访问时间为 2021 年 5 月 27 日）。
② 布鲁门贝格曾经编写了一份书目志。1965 年，日本学者川锅正敏氏造访研究所时曾经抄回一份副本，并且于次年用原文发表在日本的《立教经济学研究》第 20 卷第 3 号上。根据川锅正敏氏发表在日本期刊上的书目志，李光谟、蔡云凌、丁菲娅、陈叔平等人将这份书目志翻译为中文，发表在《马克思主义研究参考资料》1981 年第 30 期。

书目，供读者进一步阅读。与此同时，读者也可以通过辞典和手册了解马克思的接受史，并且通过编者的书目推荐进一步了解马克思研究在诸多哲学流派和相关学科中的发展情况。

第三节　西方学术性马克思辞典

20世纪30年代，苏联率先开始编撰带有马克思主义色彩的辞典。从收入的术语角度而言，伊先科（Т.С.Ищенко）1930年出版的《简明哲学辞典》已经完全可以被视作专门性的马克思主义辞典了。此后，苏联学界又出版了一系列的哲学辞典。米丁等人1931年再版的《唯物论辞典》先后被译介到日本和中国。罗森塔尔和尤金1939年编写的《简明哲学辞典》更是凭借其权威性和通俗性迅速占领了全球马克思主义辞典市场，被翻译成各国语言在世界各地出版。

西方学界一开始缺乏编撰马克思主义辞典的兴趣。一方面，苏联编撰的马克思主义辞典几乎代表了那个时期正统马克思主义辞典的最高水平；另一方面，西方学界尚未达到能够独立编撰具有创新性马克思辞典的水平。这一时期的西方马克思学研究仍然具有零散性，缺乏一个学术解释体系。然而，进入20世纪下半叶后，西方马克思学区别于苏联马克思主义的研究成果逐渐显现，西方学界开始意识到编撰学术性马克思辞典的必要性。

20世纪50年代左右,德国学者开始考虑编写马克思辞典。1952年,在沃尔夫冈·斯坦尼茨(W. Steinitz)的领导下,东德科学院德国语言和文学研究所启动了"马克思恩格斯辞典"(Marx-Engels-Wörterbuch)项目。根据苏联学者菲林(Ф. П. Филин)的说法,这部辞典原计划收入马克思、恩格斯的术语25000余条,分5册出版,其中学术术语比例超过百分之七十。① 斯坦尼茨项目组成员试图从概念角度勾勒马克思、恩格斯的语言原貌,将马克思、恩格斯著作中各核心概念的相关论述集中在一起,使之成为一部具有学术价值的语言辞典。

作为马克思恩格斯著作的配套资料,这一项目在成立之初得到了德国社会统一党高层的支持。然而,随着1963年试编本的出现,执政党领导层对这一项目的态度发生了巨大的转变。执政党高层开始担心诸如"自由""出版自由"等强调公共性的概念产生负面影响,因此勒令撤回这一试编本。② 也正是因为这个原因,如今很难在德国的图书馆找到这最初的试编本。柏林洪堡大学的沃尔夫冈·海斯档案馆(Das Wolfgang-Heise-Archiv)留有一本1963年版的《马克思恩格斯辞典:准则与试编》(Marx-Engels-Wörterbuch: Grundsätze und Proben)。它作为当年项目组成员沃尔夫冈·海斯(W. Heise)的遗物被保留了下来。事实上,试编本风波虽没有彻底摧毁整个项目,

---

① 参见 *Филин Ф. П. О словаре языка В. И. Лебнина//Вопросы языкознания*. 1974. No. 6. C. 3 – 11。
② 参见 Rolf Hecker u. a. (Hrsg.), *Marx-Engels-Werkausgaben in der UdSSR und DDR (1945 bis 1968)*, Hamburg: Argument Verlag, 2006, S. 420 – 421。

第二章 西方马克思学的马克思年表、书志与辞典编撰

但沃尔夫冈·斯坦尼茨1967年逝世后整个辞典编写工作就搁置了。尽管《马克思恩格斯辞典》的部分内容在1968年得以出版,但东德科学院已经不再热衷于这一项目。根据托马斯·库克辛斯基(T. Kuczynski)回忆,当他1972年进入东德科学院时,除了几个"顽固派"之外,已经鲜有人再谈论马克思辞典这一显赫一时的项目。① 1973年,"马克思恩格斯辞典"工作组最终被迫中止了他们的工作。②

20世纪六七十年代,东德又陆续出版了《马克思列宁主义哲学小辞典》③、《马克思列宁主义社会学辞典》等马克思主义辞典。与东德科学院的项目相比,这些辞典的编写原则和内容选择都有所改变。在某种意义上,这些马克思主义辞典接续了苏联哲学辞典的编写方式——高度注重苏联教科书和党性。

在德语世界之外,其他研究者也有编写马克思和马克思主义辞典的尝试。但是,在这一时期,西方资本主义国家在马克思主义辞典编撰方面还相当薄弱。莫里斯·斯托克哈默尔(M. Stockhammer)的《卡尔·马克思辞典》(*Karl Marx Dictionary*, 1965)是英语世界较早的一部马克思专人辞典。坦率而言,这一版辞典编写比较失败。词条不仅缺失文本的版本信

---

① 参见 Rolf Hecker u. a. (Hrsg.), *Marx-Engels-Werkausgaben in der UdSSR und DDR (1945 bis 1968)*, Hamburg: Argument Verlag, 2006, S. 418。
② 参见 Rolf Hecker u. a. (Hrsg.), *Marx-Engels-Werkausgaben in der UdSSR und DDR (1945 bis 1968)*, Hamburg: Argument Verlag, 2006, S. 411。
③ 由布尔(M. Buhr)主编的《马克思列宁主义哲学小辞典》1966年发行了第一版。此后,1974—1982年期间六次修订再版且多次印刷,具有很大的影响力。布尔在1970—1990年间担任东德科学院哲学所所长,同时也是苏联科学院的外国成员。

息，而且缺乏必要的背景交代和批判性评论。在选择引用段落时，作者也带有极大的随意性。例如，"积累"（accumulation）这一词条就仅仅罗列了《哲学的贫困》和《资本论》（第一卷）中的两句话，没有其他任何说明，而且选择的两个分句也并不能很好地说明马克思思想中"积累"概念的内涵。①

为了解释马克思主义经典著作中较难理解的术语，詹姆斯·罗素（J. Russell）配合教学编写了《马克思恩格斯辞典》（*Marx-Engels Dictionary*, 1980）。虽然这一辞典和后来成熟时期的辞典相比还相当粗浅，但编写者已经意识到向读者提供术语背景的重要性，否则诸如"札德鲁加"（Zadruga）、"摊销"（amortization）和"一元论"（monism）等概念就无法理解。② 因此，这一辞典已经开始带有学术资料的性质，尽管这种学术化程度还非常低。约瑟夫·维尔钦斯基（J. Wilczynski）随后出版的《马克思主义、社会主义和共产主义百科辞典》（*An Encyclopedic Dictionary of Marxism, Socialism and Communism*, 1981）则更具资料性。但遗憾的是，由于这一版百科辞典收词众多而不得不牺牲词条的解释篇幅和引用文献。

20世纪80年代初，法国学者热拉尔·贝克曼（G. Bekerman）编撰的《马克思主义词汇》（*Vocabulaire du marxisme*, 1981）和乔治·拉比卡（G. Labica）主编的《马克思主义考

---

① 参见 Morris Stockhmmer, *Karl Marx Dictionary*, New York: Philosophical Library, 1965, p. 2。
② 参见 James Russell, *Marx-Engels Dictonary*, Westport: Greenwood Press, 1980, p. xxiv。

第二章 西方马克思学的马克思年表、书志与辞典编撰

证辞典》(*Dictionnaire critique du marxisme*, 1982)真正地改变了西方世界马克思辞典的格局,也为日后西方马克思辞典编写奠定了两种不同的风格。自两部辞典被卡弗(T. Carver)和豪格(W. F. Haug)分别译介到英语和德语世界后,各语言世界之间的互动也日渐频繁。

贝克曼致力于寻找一个纯粹的马克思,强调在文本中寻找马克思到底说了什么,而不是马克思已经被制造出了什么。因此,他特别重视马克思恩格斯诸概念在原初语境中的使用情况,试图让马克思和恩格斯自己"发言"。尽管这种强调"语境建构"的分析方法使得马克思主义者们熟识的术语变得很陌生,但这一尝试却有效地将马克思恩格斯使用各概念时的原始语境展现在我们的面前。然而,贝克曼的语境还原法也带来了一些问题。正如部分学者指出的那样,由于贝克曼预设了马克思思想具有进化论般的直线发展轨迹,从而使得特定概念在不同阶段之间的关系变得简单化,也使得同一概念在同一时期的不同文段之间的张力消失。[1]

贝克曼辞典出版后不久,在拉比卡的领导下,法国大学出版社又组织了 65 名相关领域研究专家编撰了一本篇幅更长、内容更加丰富的马克思主义辞典,即《马克思主义考证辞典》(1982)。在处理马克思概念的发展轨迹这一问题上,拉比卡版辞典在一定意义上克服了贝克曼的问题。拉比卡聚焦概念的发展史,尝试在更恢弘的思想史背景中考察马克思主义诸概念

---

[1] 参见 Gérard Boismenu, "Critique de vocabulaire du marxisme Français-Allemand", *Revue canadienne de science politique*, 1982, No. 3, pp. 634–636。

的来龙去脉。① 在这种考证方法下，一些词条解释出现了有别于正统马克思主义理论体系的说法。例如，辩证唯物主义、亚细亚生产方式、异化、乌托邦等词条都明显区别于以往的马克思主义辞典。"辩证唯物主义"词条的撰写者马舍雷（P. Macherey）就直截了当地指出，马克思和恩格斯著作中找不到"辩证唯物主义"（matérialisme dialectique）这一表达，他们仅仅谈论过"唯物主义的辩证法"（dialectique matérialiste）。②

如果说贝克曼版辞典最大的贡献在于还原了诸概念在马克思和恩格斯原初语境中静态的外观，那么拉比卡组织的辞典团队研究人员就像"考古学家"一样，把概念在历史岩层中累积下来的语义条分缕析地摆在读者面前。前者是"语境建构学家"，而后者是"历史考古学家"；前者强调同一的静态分析，而后者是注重差异的动态考察。③

---

① 拉比卡在辞典序言中引用恩格斯的话表达了自己对于"定义"的态度，即"定义对于科学来说是没有价值的……唯一真实的定义是事物本身的发展，而这已不再是定义了"。因此，拉比卡团队在编写词条时没有采用下定义的方式注释概念，而是一方面尝试让概念充当"说书人"，让其自己诉说自己的故事，另一方面又把概念当做"嫌疑人"，对概念任何诉说都保持必要的审视态度。参见 Georges Labica, *Dictionnaire critique du marxisme*, Paris: Presses Universitaires de France, 1982, pp. vi – vii。

② 参见 Georges Labica, *Dictionnaire critique du marxisme*, Paris: Presses Universitaires de France, 1982, pp. 723 – 727。

③ 关于"考古学家"（archéologue）的比喻是拉比卡自己给出的。在辞典序言中，他强调辞典编写者要像考古学家那样去倾听和解释每个词背后的故事，要展现出马克思主义领域中诸概念历史的、逻辑的形成过程。参见 Georges Labica, *Dictionnaire critique du marxisme*, Paris: Presses Universitaires de France, 1982, p. vii。

第二章 西方马克思学的马克思年表、书志与辞典编撰

为纪念马克思逝世 100 周年，法国的两部辞典相继被译介到其他语言世界。1983 年，贝克曼的辞典被卡弗译介到英语世界。卡弗从马克思恩格斯关系的角度出发，结合贝克曼法语序言中的说法，将辞典名改译为《马克思与恩格斯：概念的一致性》(Marx and Engels: A Conceptual Concordance)。与此同时，豪格及其团队从 1983 年开始也以每年出版一卷的速度将拉比卡千余页的考证辞典分 8 卷在柏林出版。此后，英语世界学者主持编撰的马克思辞典大多采用"思想语境还原法"，而德语世界学者领衔编制的马克思辞典则更加注重历史考证的方法。在博托莫尔（T. Bottomore）的《马克思主义思想辞典》和豪格的《马克思主义历史考证大辞典》（简称HKWM）两本辞典中，这两种编译方法之间的差别体现得更为清晰。

豪格 HKWM 项目的灵感完全来源于拉比卡版辞典。在编译拉比卡辞典的过程中，豪格萌生了在拉比卡辞典的基础上重新编撰德语版历史考证辞典的想法。豪格辞典编辑团队人数众多且国际化水平高（团队中只有一半人是德国人）。在分配词条编写者时，充分考虑编写者的知识储备和文化背景，例如与中国相关的词条就交给了中国编者。特别值得一提的是，豪格还邀请拉比卡加入到自己的团队，并且将辞典的第一个词——"国家的消亡"（Abbau des Staates）——的编写任务交给了经验丰富的拉

比卡。① 豪格也继承发展了拉比卡版辞典的体例,在词条开头附上概念相对应的阿拉伯语、英语、法语、俄语、西班牙和汉语的表达,在词条结尾罗列参考书目和编译者姓名。② 根据豪格的计划,这部辞典将出版 15 卷(从第 6 卷开始,每一卷又分为上下两册)。截至 2020 年 6 月,已出版 9 卷 12 册,剩余卷次也在有条不紊地编辑中。

在西方世界热热闹闹地梳理马克思主义诸概念的同时,日本学界也保持着相对独立的高水平辞典编撰工作。日本学界虽然没有直接参与到 20 世纪西方国家马克思辞典编撰的互动过程中,但是从 20 世纪 30 年代开始,日本始终保持着高水平的马克思辞典编辑水平。"二战"之后,正式启动的马克思主义经济学辞典和《资本论》辞典的编辑工作,更是代表了 20 世纪国际相关领域的最高水平。时至今日,久留间鮫造、宫川实、高岛善哉、杉原四郎、冈崎次郎等学者编辑的辞典依然具有极高的学术价值,也成为当今学者研究日本马克思主义历史

---

① 拉比卡参与编写了 HKWM 项目中的两个词条,即第一卷的"国家的消亡"(Abbau des Staates)和第六卷第一分册的"非法性"(Illegalität)。这两个词条都没有收入拉比卡自己主持的法文版辞典,是拉比卡为豪格版辞典特意编写的。由于拉比卡 2009 年突然去世,这两个词条也成了拉比卡在豪格辞典中的绝唱。此外,需要指出的是,豪格德文版辞典的第一个词条自带的中文为"国家的削弱"。中文译者考虑到"国家的消亡"已经是中文学界重要的理论,为避免引起术语混乱而特意改译。参见 HKWM 1, 1994, Spalten 1 - 6; HKWM 6/I, 2004, Spalten 773 - 779;沃尔夫冈·弗里茨·豪格:《马克思主义历史考证大辞典》第 1 卷,俞可平等编译,商务印书馆 2018 年版,第 724 页。

② 除法语原文外,拉比卡主编的法文版辞典还罗列了英语、德语和俄语的对应概念,豪格在此基础上增加了阿拉伯语、西班牙和汉语的翻译,这有利于规范各术语的语言翻译。

的重要材料。

　　由此可见，20世纪西方国家在编撰马克思和马克思主义辞典的过程中体现出互动和传承的特点。20世纪80年代以来，西方学界在辞典编撰过程的互动中形成了"思想语境还原法"和"历史考证法"两种风格迥异的编撰方式，两种方法相得益彰。时至今日，马克思辞典在西方世界仍方兴未艾、大有市场。日本学界虽然没有直接参与塑造西方的马克思辞典，但无疑也为中国学者和西方学者提供了一面"他者之镜"。

第三章　德语世界马克思学的形成和发展

在很长一段时间内，德语世界都是马克思研究的中心。德语学者凭借语言和文化优势，对马克思的著作文本和思想理论作出了卓越的研究。德语世界马克思研究的历史跨度之长，研究论著之多，是其他语言世界难以比拟的。事实上，在马克思生前，德语世界的学者就已经开始研究马克思的文本和思想，并且从19世纪40年代开始就不断产出具有马克思学性质的作品。一百多年来，讨论和研究马克思生平事业、著作版本和思想理论的德语作品层出不穷，这些作品孕育和推动了德语世界马克思学的形成和发展。

本章讨论德语世界马克思学的兴起和发展，并且尝试揭示其内在逻辑与理论走向。"德语世界马克思学"这一概念是就其文化意义而言的，它不仅包括德国、奥地利等德语国家的马克思学研究，也包括移民非德语区的德语学者的马克思学研究。德语世界是马克思学的发源地。在介绍和阐发马克思的思想时，恩格斯的研究勾勒了马克思学的理论轮廓。19世纪末20世纪初，奥地利马克思主义者已经开始尝试建构马克思学。德国社会民主党理论家梅林的《马克思传》则标志着马克思学的正式出场。在这个意义上，我们可以说，德语世界的马克思传在西方马克思学兴起的过程中扮演着十分重要的角色。如果说其他语言世界的马克思学源自对马克思恩格斯著作的翻译，那么德语世界的马克思学则恰恰源自于马克思传的写作与研究。

第一节 德语世界的马克思传记研究

作为最早开始研究马克思的地区，德语世界产生了数量可观、类型多样的马克思传。[①] 例如，恩格斯在马克思生前就写过介绍马克思生平的作品。在马克思去世后直到冷战爆发之前，又有威廉·李卜克内西等人写作的回忆马克思的文章、梅林的《马克思传》、滕尼斯的《卡尔·马克思：生平与学说》、奥托·吕勒的《卡尔·马克思：生平和著作》、利奥波德·施瓦茨希尔德的《红色普鲁士人：卡尔·马克思的生平与传奇》，等等。冷战时期，东西德学者也都写作过马克思传记。西德学者伊林·费彻尔的《马克思：思想传记》、东德学者海因里希·格姆科夫等著的《马克思传》、东德学者埃哈尔德·

---

① 参见鲁克俭：《建构中国马克思学》，中央编译出版社2018年版，第30页。

基恩施姆的《马克思生平事业年表中若干日期的考证（1841—1842年）》和西德学者布鲁门贝格（W. Blumenberg）创作的《卡尔·马克思：自白与图像文献》等都是这一时期具有代表性的作品。21世纪以来，德国学者创作马克思传记的热情依旧不减，罗尔夫·霍斯菲尔德（R. Hosfeld）就在2009年出版了《卡尔·马克思：一个知识分子的传记》一书。米夏埃尔·海因里希（M. Heinrich）三卷本的学术传记也仍在陆续出版中。

上述马克思传记的风格类型和内容结构大相径庭。总体而言，从传记创作者的立场来划分，德语世界的马克思传大体可以划分为三种，即马克思主义学者创作的马克思传、反马克思主义者创作的马克思传、学院派学者创作的马克思传。

一、马克思主义学者的马克思传记创作

恩格斯本人就是最早创作马克思传记的马克思主义学者。[①] 恩格斯以降，德语世界的马克思主义学者还创作了许多有影响力的马克思传。除恩格斯外，1871年12月2日莱比锡《画报》杂志发表一篇署名为"—r"的文章，标题为《卡尔·马克思——国际的领袖》。此外，据东德学者考证，在1872年2月10日《纽伦堡十字报》第6号，维勒发表了题为《卡尔·马克思博士》的文章。而且，在维勒的文章刊出前一

---

① 恩格斯写作马克思传记的情况，参见本书导论和第一章。

周，纽伦堡及其周边地区的社会民主派机关刊物《菲尔特民主周刊》就登载过《卡尔·马克思和国际》。其续篇为《卡尔·马克思教授》，但没有在《菲尔特民主周刊》上发表。①除此之外，马克思恩格斯的学生、战友、亲属等同时代的人也曾生动地回忆两位伟大导师，提供了比较丰富的材料。例如，威廉·李卜克内西的《纪念卡尔·马克思》、弗里德里希·列斯纳的《一八四八年前后》、弗里德里希·阿道夫·左尔格的《关于马克思》、燕妮（马克思的夫人）的《动荡的生活简记》等。这些文章代表了早期马克思传记创作的基本形式，但此一阶段并没有系统性论述马克思生平和思想的传记出版。

梅林的《马克思传》是德语世界马克思传记创作史中具有里程碑意义的著作，它以详实准确的资料、优美生动的文字赢得了广泛的学术声誉。德国学者布鲁门贝格认为，虽然已经有许多其他版本的马克思传问世，但是梅林的《马克思传》仍旧没有被超越。②事实上，梅林的《马克思传》的历久弥新，具有多方面的原因。

首先，得益于梅林本人的史学素养和文学素养，这使得他创作的《马克思传》兼具史料的严谨性与行文的流畅性。其次，梅林接触了大量马克思恩格斯原始文献。受恩格斯和马克思女儿劳拉的嘱托，梅林编辑出版马克思恩格斯早期著作和通

---

① 英·吉斯豪艾尔：《写于1872年的马克思传记》，载《马克思主义研究资料》第31卷，中央编译出版社2015年版，第57页。
② 参见 Werner Blumenberg, *Portrait of Marx: An Illustrated Biography*, London: Verso, 2000, p.2.

信,这就使得他能够接触到最完整的马克思文献,其中包括1932年才公开出版的《德意志意识形态》全文,以及1845年初版之后难觅踪迹的《神圣家族》。事实上,梅林版《马克思传》也成了后世学者写作马克思传时绕不开的材料。例如,滕尼斯的马克思传记很大程度上直接使用梅林版提供的资料,没有超出梅林版。再次,梅林版《马克思传》能够经久流传,还在于他力图以客观的态度来评价马克思。梅林在《马克思传》序言中说:"我的赞美,正和我的批评一样,——在一本好的传记中,这两者需要有同等分量——[……]把马克思的伟大形象不加修饰地重新塑造出来——这就是我给自己提出的任务。"①

当然,梅林版的《马克思传》也存在许多问题。第一,在某些重大问题上,梅林用拉萨尔的观点去处理马克思。第二,梅林未能充分地展示马克思思想发展的过程。第三,梅林对马克思恩格斯书信的处理方式不够科学,没有一以贯之地保持客观的态度。在处理传记材料的时候,梅林和当时的其他马克思主义者一样,面临如何处理马克思恩格斯的通信材料的问题。一方面,这些书信材料是马克思传记写作的重要资料,但是另一方面,"这些书信中透露出实际的马克思形象更像是一个极端主观性(extreme subjectivity)的人,为了维护马克思一贯正确伟大的形象,就必然要损害马克思观点的连续性"②。

---

① 梅林:《马克思传》,樊集译,人民出版社1965年版,第3页。
② 参见 Werner Blumenberg, *Portrait of Marx: An Illustrated Biography*, London: Verso, 2000, p. 2。

第三章 德语世界马克思学的形成和发展

事实上，当时的马克思主义者基本就是这么做的，比如倍倍尔和伯恩施坦在 1913 年的时候就出版了一部分马克思恩格斯的通信材料，但是出于维护马克思的神圣性和宣传的需要，这些通信材料被大量地删减。当时，几乎所有的马克思主义者都认为这种删减是必要的，梅林也不例外。在梅林提交的一篇报告中，他坦率地表达了他的观点，认为"如果将马克思恩格斯所有的通信材料公布，那么他和考茨基、伯恩施坦等人近二十年来努力维护的马克思声誉将会受到影响。"[1]

梅林以降，德语世界又陆续出版了一部分马克思主义学者写作的马克思传。其中，海因里希·格姆科夫等著的《马克思传》与埃哈尔德·基恩施姆的《马克思生平事业年表中若干日期的考证（1841—1842 年）》具有较大的影响力。格姆科夫是东德地区受人尊敬的马克思主义学者，他本人不仅参与创作了马克思传，也参与创作了恩格斯传和马克思恩格斯合传。事实上，格姆科夫版的马克思传是群体创作的成果，格姆科夫、奥斯卡·霍夫曼、海因茨·许姆勒尔、埃里希·孔德尔、卡尔·奥伯曼、霍斯特·乌尔里希、格哈德·温克勒尔等东德学者都曾参与其中。根据作者介绍，这部传记的创作参考了 MEW、《德国工人运动历史》第一卷以及苏联马克思恩格斯研究的成果。此外，他们还特别参考了柏林 1964 年出版的《摩尔和将军》、阿多拉茨基版的《马克思年表》、梅林的《马克思传》、科尔钮《马克思恩格斯传》等。除了格姆科夫的作

---

[1] 参见 Werner Blumenberg, *Portrait of Marx: An Illustrated Biography*, London: Verso, 2000, p. 2。

品，东德马克思主义学者基恩施姆的《马克思生平事业年表中若干日期的考证（1841—1842年）》（主要参照了当时的《科隆日报》和《特里尔日报》）是一部比较另类的马克思传①，它以年表的形式对马克思1841—1842年的生活和工作做了考证和补充。② 虽然这两部著作在形式上和内容上都相差巨大，但就创作目的而言，两者的目标较为一致，他们都希望能反驳反马克思主义者对马克思生平事业的歪曲，对马克思的生平、著作和思想做一澄清。

二、反马克思主义者的马克思传记创作

第二类马克思传记是反马克思主义者写作的马克思传，这类传记的共同特点是通过歪曲马克思形象达到其反马克思主义的目的。在观点论证方面，它们几乎没有任何可取之处，都是断章取义或凭空捏造。这类马克思传记绝不是主流，只在特定阶段产生过一定的社会影响。特别是在十月革命胜利后，西方资本主义阵营出于对新生红色政权的恐惧与憎恨，涌现出一批反马克思主义的马克思传记。施瓦茨希尔德的《红色普鲁士人：卡尔·马克思的生平与传奇》（*Der rote Preuße: Leben und Legend von Karl Marx*，下文简称《红色普鲁士人》）是这类传

---

① 马克思年表可以被视作马克思传的一种变体，参见本书第二章。
② 参见埃哈尔德·基恩施姆：《马克思生平事业年表中若干日期的考证（1841—1842年）》，载《马克思主义研究资料》第31卷，中央编译出版社2015年版，第238—256页。

记中具有代表性的作品。

就创作手法而言,施瓦茨希尔德采用了心理学分析或精神分析的方法。事实上,这种手法并不是施瓦茨希尔德独创。1928年,德国的奥托·吕勒就用这种方法污蔑马克思是"神经官能症患者"。1934年,英国的爱德华·卡尔也运用过这种方法,强调马克思主义是一种"严重的狂热症",而马克思本人则是一个独裁者。施瓦茨希尔德的《红色普鲁士人》与上述方法一脉相承。这部传记在风格类型上既不同于滕尼斯的《马克思传》,也不同于梅林的《马克思传》,更像是一篇对马克思主义进行声讨的檄文。

在标题中,施瓦茨希尔德把马克思称为"普鲁士人",这样的称呼所要突出的是马克思世界观形成中的普鲁士背景。他认为,马克思早年所生活的普鲁士社会是资本主义的贸易状况从混乱转向有序的重要时期,而正是这一快速变革的环境影响了马克思此后一生的思想性格。除了写作视角,与梅林版和滕尼斯版的马克思传相比,施瓦茨希尔德的马克思传在材料上也颇有特点,它较为可信地披露了20世纪30年代后公布的马克思恩格斯将近四十年的完整通信,披露了相比于前两书更为丰富的生活细节。因此,施瓦茨希尔德对自己的研究成果非常有信心。他甚至鼓励读者去检查他征引的文献资料,看看他有没有弄虚作假。[1]

然而,虽然施瓦茨希尔德等反马克思主义者们的马克思传

---

[1] 参见 Leopold Schwarzschild, *The Red Prussian: The Life and Legend of Karl Marx*, London: Hamish Hamilton, 1948, p. 8。

记零散地公布了一些新材料,但他们的分析和批判却未必客观。这种精神分析式的批判,是一种"欲加之罪,何患无辞"的逻辑。他们先入为主地判定马克思和马克思主义是邪恶的"魔鬼",然后才利用一切机会对马克思的人格和性格进行恶意的歪曲和攻击。具体而言,他们收集任何一丝可能证明马克思有道德问题的线索,然后通过曲解材料的方式把马克思塑造成一个有道德问题的"魔鬼"。

事实上,反马克思主义者之所以要扭曲马克思,是因为他们觉得马克思需要对当时的极权主义罪恶负责。在施瓦茨希尔德那里,马克思、马克思主义、共产主义和社会主义就是极权主义的代名词。在他看来,极权主义作为一种果实,是从马克思主义这棵树上结出来的。既然极权主义造成了世界的灾难,那么罪魁祸首就必然是马克思主义。① 通过拼凑马克思早期的一些生活片段,施瓦茨希尔德试图塑造出一个浪荡不孝的马克思形象,甚至把马克思父亲的死因间接地归结于马克思大学时期无节制的浪荡生活——在柏林大学初期的巨大开销引起父亲不满。这一马克思早期生活中的"污点"事件,被施瓦茨希尔德大书特书,并被用作攻击马克思的典型材料。此外,在解释马克思1843年的思想转折这一事件上,施瓦茨希尔德也从马克思的生活情况出发,把马克思转向哲学共产主义这一重大

---

① 参见 S. F. Bloom, "The Red Prussian: The Life and Legend of Karl Marx", Commentary (Pre-1986), Vol. 1, No. 4, 1947, p. 422。

思想事件的原因归结为马克思个人在生活事业上的不如意。①

施瓦茨希尔德的马克思传堪称德国乃至西方反马克思主义传记类型的代表作，它对西方学界具有较大的影响，也成为反马克思主义者污蔑丑化马克思的重要素材来源。例如，理查德·温布兰德（R. Wurmbrand）写作的《马克思和撒旦》（1986年）一书的许多情节就都可以在施瓦茨希尔德的《红色普鲁士人》一书中找到影子。值得一提的是，在阅读了施瓦茨希尔德的书后，波普尔十分震惊，但也对新材料的处理方式产生了疑问。在《开放社会及其敌人》（第五版）附录中，波普尔写道：

> 在我写完这本书几年后，利奥波德·施瓦茨希尔德论马克思的书籍——《红色普鲁士人》（由玛格丽特·温翻译，伦敦1948年版）——为我所知。毫无疑问，在我看来，施瓦茨希尔德是用一种冷漠甚至带有敌意的眼光看待马克思的，而且经常极尽所能地抹黑马克思。然而，虽然这本书可能不太公正，但其书面证据（特别是马克思恩格斯通信）却表明马克思并非如我书中所描绘的那样是一个人道主义者、一个热爱自由的人。施瓦茨希尔德将其描绘为一个将"无产阶级"视作实现个人雄心壮志的工具。虽然这种理解有过度解读之嫌，但必须承认，证据本身是

---

① 参见 Leopold Schwarzschild, *The Red Prussian: The Life and Legend of Karl Marx*, London: Hamish Hamilton, 1948, p. 87。

令人震惊的。①

从波普尔的表述中可以看出,施瓦茨希尔德的这本马克思传记,虽然有许多偏颇的地方,但是作为一本有影响力的反马克思主义作品,特别是在它披露了许多新的马克思恩格斯材料的情况下,依然对当代西方学者的马克思主义认知产生了较为深远的影响。

三、学院派学者的马克思传记创作

除了以上两种立场的马克思传,德语世界还存在大量学院派学者创作的马克思传,这一类型传记的主要特点是从纯学术的角度对马克思的生平事业和思想历程进行描述。相比于前两种立场的马克思传,学院派学者的马克思传构成了德语世界马克思传记的主流。例如,滕尼斯的《卡尔·马克思:生平和学说》、费彻尔的《马克思:思想传记》、福尔伦德的《卡尔·马克思:他的生平与著作》、米夏埃尔·海因里希的《卡尔·马克思和现代社会的诞生》等。他们研究马克思生平事业不以"维护马克思"或"诋毁马克思"为目的,而只是将其当做一种学术事业。不得不承认,相比于前两种立场的马克思传,学院派马克思传在西方学界具有更深远的学术影响力。

---

① Karl Popper, "Note on Schwarzschild's Book on Marx (1965)", in Karl Popper, *The Open Society and Its Enemies*, Princetion: Princeton University Press, 2013, pp. 510 – 511.

第三章 德语世界马克思学的形成和发展

自奥地利学者格罗斯（G. Gross）出版《卡尔·马克思：一项研究》（1885年）以来，德语世界不断涌现具有学院派风格的马克思传。这些传记的作者大多是德国和奥地利高校中的教授或青年讲师，具有经济学、社会学、政治学等学科背景。

在写作时，学院派学者并非独立于其他传统"另起炉灶"，而是力求在前人基础上推陈出新。事实上，正是在与其他立场的马克思传的互动中，学院派学者才得以完成具有学术品质的作品。例如，一般认为，滕尼斯的马克思传在两个方面回应了梅林版马克思传。其一，滕尼斯版的马克思传更加简洁，满足了当时的市场需要。[1] 相比于梅林版《马克思传》，滕尼斯版大大缩减了文本的长度（正文部分145页）。其二，滕尼斯试图跳出梅林的解释框架，写作一本更加简洁的，能够清晰把握马克思学说基本要点的马克思传。

出于上述目的，滕尼斯加重了对梅林版《马克思传》中所欠缺的马克思著作与学说部分的评述。在前半部分，滕尼斯主要介绍了马克思生平和相关的重要事件，简略地刻画了马克思的形象。然而，在写作这一部分的时候，由于相关资料的匮乏，滕尼斯不得不大量借鉴梅林版马克思传的相关内容。因此，滕尼斯的马克思传在资料的完整性上没有超越梅林。尽管如此，滕尼斯还是在充分利用可获取的资料的基础上，较为充分地展示和评述了马克思的政治经济学，重点评介了马克思"价值""平均利润率""资本主义生产方式"等内容。就对

---

[1] 参见 Niall Bond, "Ferdinand Tönnies' Appraisal of Karl Marx: Debts and Distance", *Journal of Classical Sociology*, Vol. 13, No. 3, 2013, pp. 136 – 162。

马克思的评价而言，滕尼斯一方面充分肯定马克思在剖析人类社会历史发展研究中的地位，认为马克思对从封建主义生产方式向资本主义生产方式的变迁做出了开创性分析。但另一方面，滕尼斯又遗憾地认为，马克思并没有对从资本主义向社会主义的生产方式变迁作出同等程度的论证。[1] 这一批评虽然略显武断，但作为学院派学者的一种观点，它在西方学界产生了重要影响。

滕尼斯以降，德语世界涌现了许多优秀的学院派马克思传记。例如，费彻尔的《马克思：思想传记》就是这类马克思传中的重要代表。费彻尔继承了滕尼斯学术中立的基本立场，既有对马克思无情的批判，也有充满激情的赞扬。这种坦诚的批判与赞扬反映出他对马克思思想实事求是的态度。与滕尼斯着重介绍马克思晚期著作不同，费彻尔的马克思传特别注重介绍马克思早期著作和活动，挖掘马克思在《莱茵报》《德法年鉴》《前进报》等期刊的工作，集中探讨马克思对新闻检查制度、林木盗窃法、贫穷等问题的观点，以及各种社会主义和共产主义的"学派"等问题的研究。[2]

事实上，在冷战时期，学院派马克思传也表现出多元化的特点，而这种多元化的创作很大程度上得益于新的资料。譬如，布鲁门贝格创作的马克思画传，不同于以往的"思想传

---

[1] 参见 K. Peter Etzkorn, "Karl Marx: His Life and Teachings (book review)", *Contemporary Sociology*, Vol. 5, No. 5, 1976, pp. 208–209。

[2] 参见费彻尔：《马克思：思想传记》，黄文前译，北京师范大学出版社 2013 年版，第 135—136 页。

记"模式或"生平—思想传记"模式,而是聚焦于马克思的私人生活。布鲁门贝格不仅展示了许多极其珍贵的画面,还考察了马克思学生时代的习作和诗歌,描绘了马克思在伦敦的学术和政治活动。

然而,随着马克思的资料的不断公开,获取难度不断降低,许多新闻记者和影视导演也加入到马克思传的创作中。例如,德国电影制片人亚历山大·克鲁格(A. Kluge)就创作了以三卷《资本论》为题材的九个半小时长的影片。但是,值得警惕的是,一部分新闻记者不仅缺乏解读马克思思想的专业知识储备,而且忽视马克思研究的最新成果。他们的"马克思传"虽然一度成为热门畅销书,但却谬误百出,很难被视作具有学术价值的马克思传。

近年来,随着 MEGA^2 研究的推进,马克思生平事业研究与 MEGA^2 研究逐渐合流。在此背景下,充分利用 MEGA^2 研究成果进行马克思传记创作,业已成为德语世界学院派学者的理论共识。德国"新马克思阅读"领军人物米夏埃尔·海因里希的《卡尔·马克思和现代社会的诞生》(三卷本)就是立足 MEGA^2 进行马克思传创作的典型代表。基于 MEGA^2 资料,海因里希为我们展现了一个更丰满、更真实的马克思形象,也为我们从不同侧面进入马克思的思想世界提供了可能性。总的来说,这种新角度的获得与 MEGA^2 研究的最新成果分不开。在某种程度上,它们是 MEGA^2 研究的衍生品。

第二节 德语世界马克思学的
兴起与早期建构

梅林的《马克思传》正式开启了德语世界的马克思学。然而,在梅林的《马克思传》问世之前,德语世界就已经零散地涌现出不少具有马克思学性质的研究论著。正是在这些研究者的努力下,德语世界的马克思研究不断完成学术积累,从零散的马克思研究走向专业的马克思学。在奥地利马克思主义者那里,我们可以清晰地看到这一转变过程。事实上,奥地利马克思主义者在德语世界马克思学的兴起与早期建构中发挥了极其重要的作用。

一、德语世界马克思学的兴起

马克思的绝大多数著作都是用德文发表的。就这方面而言,德国学者有近水楼台的优势。基于此,德国成为最早开展马克思研究的地区。但是,就整个19世纪下半叶而言,德国学术思想界对马克思主义并不友善。正如霍布斯鲍姆所言:"德国的知识分子和学者最早关注马克思主义和社会民主主义,但许多人并未为它们所吸引。"[1] 德意志帝国的官方社会

---

[1] E. J. Hobsbawm, *How to Change the World: Reflections on Marx and Marxism*, New Haven, CT: Yale University Press, 2011, p. 225.

科学具有强烈的反马克思主义色彩。德国学术思想界也强烈抵制社会主义思想。例如,在1898年以前,《施穆勒年鉴》甚至禁止发表任何关于马克思的文章。

19世纪末以来,德语世界的学者对马克思的态度开始转变,研究马克思思想的热情开始趋高。德语世界早期的马克思研究基本可以划分成两大谱系:

其一,正统马克思主义者的马克思研究。以恩格斯、梅林为代表的正统马克思主义者最早开始了马克思研究的相关工作。恩格斯不仅是马克思生活和学术上的亲密伙伴,也是马克思著作的权威解读者和马克思形象的最初描画者。考茨基、梅林等正统马克思主义者的写作就深受恩格斯的影响。[①] 在恩格斯的影响下,梅林更是在1902年编辑出版了四卷本的《卡·马克思、弗·恩格斯和斐·拉萨尔的著作遗产》(以下简称《著作遗产》)。

其二,非马克思主义者的马克思研究,即来自哲学、社会学和经济学等学科知识分子的马克思研究。例如,德国莱比锡大学社会哲学教授保罗·巴尔特(P. Barth)在1890年出版了《黑格尔和包括马克思及哈特曼在内的黑格尔派的历史哲学史》,力图制造恩格斯同马克思的对立。1901年,柯依根(D. Koigen)在瑞士伯尔尼出版了《德国现代社会主义哲学的前史:论青年黑格尔派的社会哲学以及哲学史》,把马克思的哲学同青年黑格尔派和费尔巴哈的哲学混为一谈。[②]

---

① 参见鲁克俭:《建构中国马克思学》,中央编译出版社2018年版,第28页。
② 参见王东:《马克思学新奠基》,北京大学出版社2006年版,第100页。

事实上，在兴起阶段，德语世界的马克思研究主要是从经济学视角介入的。在工人运动的声势日益壮大的背景下，德语世界的知识分子（主要是经济学家）对马克思的态度发生了微妙的变化，他们开始研究马克思，并对马克思主义做出严肃认真的反驳。① 作为 20 世纪早期最有影响力的经济学派的发源地，奥地利率先涌现出一批研究马克思《资本论》的成果。例如，庞巴维克的《卡尔·马克思及其体系的终结》（1896）、鲁道夫·施塔姆勒（R. Stammler）的《以唯物史观论经济和法》（1896）和海因里希·赫克纳（H. Herkner）的《工人问题》（1896）等。不论是正统马克思主义者，还是非马克思主义的学院派学者，他们的理论活动都在为一种专业化的马克思研究模式做准备。

二、德语世界马克思学的早期建构：奥地利马克思主义的贡献

19 世纪末 20 世纪初，奥地利在事实上成为西方马克思研究的中心，其重要标志就是奥地利马克思主义的诞生。奥地利马克思主义作为第二国际的中派，既不同于以伯恩施坦为代表的修正派，也不同于以考茨基为代表的正统派。奥地利学者认

---

① 对马克思经济学的敌视似乎是当时欧洲学者的普遍倾向。然而，不同地区学者对待马克思经济学的方式不一样，比如斯堪的纳维亚地区的人们在 19 世纪 80 年代后基本满足于简单地否定马克思的政治经济学的做法，他们甚至都不想花费时间精力认真反驳，而德语世界知识分子显然不满足于此。随着德国社会民主党的不断壮大，他们更需要严肃地对待马克思主义。

为，伯恩施坦的修正主义是对马克思主义的背弃，而正统派却是僵化的马克思主义。在奥地利马克思主义者看来，两者的理论路径都不可取，可行的策略只能是"回到马克思"，即以一种科学的马克思研究来解决当前的理论困境。1904 年，奥地利马克思主义者创办了《马克思研究》(Marx-Studien) 丛刊，这是德语世界学者构建马克思学的早期尝试。作为一个标志性事件，它表明马克思和马克思主义本身被正式当做独立的研究对象，表明一种系统性的、有组织的、科学的马克思研究模式开始建立。

"奥地利马克思主义"(Austro-Marxism) 这一称谓最早由美国社会主义者路易斯·布丁 (L. Boudin) 在 1914 年提出，后来这一说法被奥地利马克思主义者和外界所承认，并且沿用了下来。① 根据路易斯·布丁的说法，这一马克思主义团体的主要成员有希法亭 (R. Hilferding)、麦·阿德勒 (M. Adler)、卡尔·伦纳 (K. Renner)、埃克斯坦 (G. Eckstein)、奥托·鲍威尔 (O. Bauer)、弗·阿德勒 (F. Adler)、阿道夫·布劳恩 (A. Braun) 等人。他们大多是来自于维也纳大学的年轻知识分子，且都在维也纳大学学习期间或毕业后加入了奥地利社会民主工人党 (SDAP)。他们也是该党理论研究和宣传的主要成员。② 然

---

① 参见 T. B. Bottomore, *Austro-Marxism*, Oxford: Clarendon Press, 1978, p. 1。
② 奥地利马克思主义实际上并不是一个严格意义上的统一学派。波兰学者科拉科夫斯基认为，奥地利马克思主义并不是经院哲学的或者犹太法师意义上的一群学者所组成的、承认或者宣称有一套能够确认其身份的教条"学派"。参见科拉科夫斯基：《马克思主义的主要流派》第 2 卷，唐少杰等译，黑龙江大学出版社 2015 年版，第 229 页。

而，就奥地利马克思主义研究工作的"传统"而言，被称为"奥地利马克思主义之父"的维也纳大学教授、法兰克福社会研究所首任所长卡尔·格律恩贝尔格（C. Grünberg）也是这一传统的重要代表。①

英国马克思学家博托莫尔认为，奥地利马克思主义的马克思研究走向了一条既不同于西方马克思主义，也不同于正统马克思主义的理论道路。在1978年出版的《奥地利马克思主义》一书的导言中，博托莫尔指出，奥地利马克思主义者既没有像索列尔、葛兰西和卢卡奇那样对马克思主义进行个性化的重新解释，也没有像列宁、考茨基和毛泽东那样以马克思主义为理论资源建立新的学说。博托莫尔认为，奥地利马克思主义的影响在于其学术方面，即它开启了一个科学计划（scientific programme），或者说一个可在其中进行知识探究（intellectual inquiry）的系统性的理论框架。② 事实上，吕贝尔认为，他创立的"马克思学"继承了奥地利马克思主义先驱卡尔·格律恩贝尔格以及苏联马克思恩格斯研究院院长梁赞诺夫的研究传统。③ 奥地利马克思主义者的研究工作已经体现出典型的马克思学特征。

第一，奥地利马克思主义的研究工作实质上开启了一种马

---

① "奥地利马克思主义"一词最初虽然是由美国社会主义者布丁提出来的，但后来人们也普遍把20世纪初至40年代在奥地利产生并形成的马克思主义称为"奥地利马克思主义"。
② 参见 T. B. Bottomor, *Austro-Marxism*, Oxford: Clarendon Press, 1978, p. 2。
③ 参见黄楠森主编：《马克思主义哲学史》第8卷（上册），北京出版社1996年版，第363页。

克思研究学科化的理论方向。1904年,奥地利马克思主义者麦·阿德勒和希法亭出版《马克思研究》丛刊,它在马克思研究史上具有里程碑意义——它第一次提出了一种科学的马克思研究模式:在研究宗旨上,以科学性为目标;在研究形式上,以思想家合作的方式展开;在学术史上,它第一次把马克思和马克思主义当作一个独立的研究对象。这一事件可以说是马克思研究学科化的起点,也是马克思学兴起与建构过程中的关键环节。①

第二,奥地利马克思主义者特别重视马克思著作版本的研究。在恩格斯、梅林和考茨基等人的努力下,部分马克思著作手稿得以公开问世,这使得奥地利马克思主义者能够窥视到相比于前人更为丰富的马克思恩格斯著作。新材料一方面解决了当时马克思主义学者的理论困惑,但另一方面也引发了更多的问题意识。因此,出版马克思恩格斯著作的完整版本就成了当时马克思主义学者的共同愿望。在这种背景下,奥地利马克思主义者提出了"维也纳出版计划"(Ein Wiener Editionsplan)的设想。事实上,这既是奥地利马克思主义者进行马克思研究的学术需要,也是长期以来欧洲马克思主义者希望出版马克思恩格斯著作全集的逻辑延续。②

---

① 1904—1923年间,《马克思研究》丛刊出版了5卷6册,内容涉及马克思和马克思主义研究领域的广泛论题。例如,麦·阿德勒的马克思哲学、社会学研究,希法亭的马克思经济学研究,奥托·鲍威尔的马克思主义政治理论研究,卡尔·伦纳的马克思主义法学理论研究,等等。

② 参见赵玉兰:《从MEGA^{1}到MEGA^{2}的历程》,中国社会科学出版社2013年版,第1—19页。

"维也纳出版计划"的设想最初来自奥地利马克思主义者阿道夫·布劳恩。1910年,他在维也纳发起了一场探讨马克思著作出版计划的小型会议。除了奥地利马克思主义者之外,他还邀请了在马克思主义文献学方面具有崇高声望的梁赞诺夫。① 此次会议形成了一份称为"维也纳出版计划"的方案,该计划提出了编辑出版马克思著作的几点主要原则:(1)比较并分析马克思著作的手稿和各种版本,附加上序言和全面的索引,完全按照学术要求来整理和出版完备的、体系化的马克思全集;(2)全集中包含符合学术要求的马克思传记;(3)提议将马克思和恩格斯的著作共同出版。② 总之,这一计划对马克思著作的出版做了具体的安排,并且主张监督具体的执行情况,提出了"互相分担出版课题""将工作委托给有关的外部专家""成立负责全集编纂总体工作的委员会"等举措。③

第三,奥地利马克思主义者提倡一种客观中立的研究立场。"维也纳出版计划"夭折之后,这种超党派、跨学科的研究方法被格律恩贝尔格继承。1910年,格律恩贝尔格在莱比锡创办了《社会主义和工人运动史文库》,这一文库倡导的是一种对各种不同流派、不同观点的论著兼收并蓄的研究

---

① 参见郑文吉:《尼伯龙的宝藏》,赵莉译,南京大学出版社2012年版,第99页。
② 因为他们的著作无论是在人格上、党的历史上或是学术上,都有着密切的联系;因为对于某些著作而言,其作者究竟是马克思还是恩格斯,抑或是他们两人合著,还存有疑问。
③ 参见郑文吉:《尼伯龙的宝藏》,赵莉译,南京大学出版社2012年版,第99页。

理念。① 在《社会主义和工人运动史文库》第 1 卷序言中，格律恩贝尔格指出，文库既不想充当某种特定世界观的喉舌，也不愿代表一种特殊的科学路线或者某种党派意见。此外，格律恩贝尔格还公开表示，该文库对不同见解的一切工作成果都表示欢迎，特别请求和希望代表各种不同学术见解的学者互相合作，而不要顾忌这些见解中的分歧。

格律恩贝尔格在创刊前言中规定了刊物的基本范例结构②：

（一）论文，其范围原则上不超过三印；

（二）文献资料，既包括手写的，也包括古老的、已经印成但已绝版的一般不易弄到的资料；

（三）隔年编年史，首先编纂的是所有工人党代表大会全部具有文件式的准确性的纲领性决议，其次是对于社会主义和工人运动的发展有重要意义的其他事件；

（四）报告和著作梗概，对文库范围内发表的重要文章进行个别的或者分门别类的评介——严格遵守客观原则，防止人身攻击；

（五）尽可能全面的书目提要。

---

① 参见辛庚：《社会主义和工人运动历史文库》，载《国际共运史研究资料》1981 年第 1 期。
② 参见马克思恩格斯列宁斯大林著作研究会编辑出版部：《〈格林贝格文库〉目录》，载《马克思主义研究参考资料》1982 年第 16 期。

格律恩贝尔格所倡导的研究原则，实质上与吕贝尔倡导的马克思学的理论宗旨是相似的，都是试图保持一种意识形态上的中立，虽然这种意识形态中立的提法本身可能就包含了意识形态偏见，因为在解释学的语境里并不存在绝对客观的理解。但是，就格律恩贝尔格提倡的研究理念而言，该文库无疑是成功的，它所收集出版的文献仍然具有极为重要的史料价值和思想价值。例如，卢卡奇的《历史与阶级意识》、科尔施的《马克思主义和哲学》等都是在这一文库上首先发表的。总之，奥地利马克思主义者在20世纪初的理论构想和实践探索，在西方马克思学的形成与发展过程中具有极为重要的意义。从后来的MEGA编辑史和马克思学的演化史来看，无论是梁赞诺夫主导的苏联马克思学，还是以吕贝尔和费彻尔为代表的西方马克思学，在他们的演化逻辑中，我们都能找到奥地利马克思主义的影子。

第三节　德语世界马克思思想解读的发展阶段及热点问题

2008年，德国历史学家沃尔夫冈·维佩曼（W. Wippermann）在其著作《复活行者：马克思的四段生命》（*Der Wiedergänger: Die vier Leben des Karl Marx*）中，对马克思主义的历史做出了一种新的划分，区分了马克思的四段生命。他认为，马克思的第一次生命是马克思生前活动；第二次生命是马克思死后被第二国际、第三国际塑造的形象；第三次生命是由各种非官方的、批判性的马克思主义者复苏的形象；第四次生命则是近年来全球"重读马克思"运动所赋予的新生命。维佩曼认为，马克思应该再次被阅读，不仅是作为经济学家，而且是作为历史学家和哲学家被阅读。维佩曼的看法在某种程度上反映了马克思形象的嬗变史，人们对马克思的不同理解也反映出不同时期马克思研究的特点。与此相应，在每一阶段，德语世界的马克思学都出现了不同的热点问题。

一、德语世界早期的马克思思想解读：《资本论》中的马克思

就马克思学的兴起与发展逻辑而言，德语世界的马克思学源自恩格斯和梅林为代表的正统马克思主义者。毫无疑问，恩格斯等第一代马克思主义者对马克思著作的整理与评论是德语世界马克思学的前期工作，而这一谱系的理论工作对后世的正统马克思主义者的马克思学产生了重要影响。与此同时，19世纪末学院派学者的马克思学则对西方学界产生了深远影响。这一时期的马克思学，在话题上已经相当广泛，后世马克思学的许多议题都已在这一时期显露苗头。例如，马克思的国家学说、法学理论、民族理论，甚至女性主义与马克思理论之间的关系等。然而，就话题的普遍性而言，德语世界早期的马克思研究主要围绕《资本论》展开。事实上，《资本论》作为马克

思生前公开发表的最有影响力的著作之一,也是当时德语知识分子了解和研究马克思的主要渠道。

德语世界早期的《资本论》研究主要来自恩格斯、考茨基等正统马克思主义者。比如,1867—1868年间,恩格斯陆续写了8篇评介《资本论》第1卷的文章。1886年,考茨基也在《新时代》(*Die Neue Zeit*)杂志上发表了《〈哲学的贫困〉和〈资本论〉》一文,对当时刚发表的德文版《哲学的贫困》和《资本论》第2卷作了评述。在评述《资本论》时,考茨基比较了马克思的劳动价值论与古典政治经济学的劳动价值论。① 然而,此时的《资本论》研究仍是零散的。总体而言,直到19世纪90年代中期之后,德语学术界才开始涌现有较高学术含量的《资本论》研究成果。《资本论》第3卷出版之后,德语世界的马克思学迎来第一波研究高潮。虽然就研究数量而言,此时的德语世界《资本论》研究尚不能与20世纪60年代之后的盛况相比,但就研究质量而言,这一时期的研究水平丝毫不逊色于此后的研究水平。这一阶段的《资本论》研究主要来自一些有影响的学院派学者。例如,新历史学派的桑巴特、奥地利经济学派的庞巴维克、李嘉图主义者博特凯维茨等。他们的《资本论》研究对后世学者和大众的《资本论》认知产生了深远影响。

---

① 参见 Richard B. Day and Daniel Gaido (eds.), *Responses to Marx's Capital: From Rudolf Hilferding to Isaak Illich Rubin*, Leiden: Brill, 2017, p.129。

二、两次世界大战之间德语学者对《1844年经济学哲学手稿》的解读

德语世界早期的马克思研究者主要关注马克思的经济学思想，很少关注马克思的哲学思想。在德国出版的西方哲学史著作中，马克思也很少被提及。直到20世纪30年代，马克思《1844年经济学哲学手稿》问世后，这一情况才有所改变。

第一次世界大战之后，以西方马克思主义、正统马克思主义（第二国际和第三国际）为代表的各种马克思主义理论呈现出一种百花齐放的局面。卢卡奇、科尔施等西方马克思主义者的马克思研究极大地推动了德语世界马克思学的发展。随着马克思《1844年经济学哲学手稿》的问世，西方学者对马克思思想的解读不再局限于经济学领域，而是转向了对马克思早期哲学思想的研究。他们围绕《1844年经济学哲学手稿》进行了诸多研究与探讨。其中，以西方马克思主义者为代表的西方学者选择了一种"以西解马"的解读路径——即结合西方前沿哲学思潮对《1844年经济学哲学手稿》进行解读。就德语世界马克思学发展的思想史逻辑而言，这是马克思研究多元化的一个重要起点，多元化的解读使得马克思学的理论视域和问题意识都得到极大提升。

《1844年经济学哲学手稿》问世后，一部分承袭罗莎·卢森堡传统的魏玛德国学者在理论上找到了反对列宁主义路线的理论方案和文本依据，积极参与《1844年经济学哲学手稿》

研讨。在文本解读中,当时流行于世的各种西方哲学思潮都成为解读马克思思想的理论资源。就德语世界而言,主要涉及以下几种解读路径:其一,新黑格尔主义的马克思思想解读,即注重从黑格尔哲学解读马克思思想。在"以黑解马"的思想家那里,"辩证法""主体—客体""总体""三大社会形态"等概念和命题都与黑格尔的哲学紧密相关。他们把马克思的《1844年经济学哲学手稿》和黑格尔的《精神现象学》两个文本放在一起,进行比对研究。卢卡奇、洛维特、鲍亨斯基等学者都从这一解读路径出发研究马克思早期文本。其二,存在主义的马克思思想解读,即主张用存在主义解释和补充马克思主义。二战前,这种马克思解读路径在马尔库塞、列斐伏尔那里就已经显现。二战后,埃·蒂尔、保罗·蒂利希等人进一步发展了这一解读路径。这种解读路径认为,马克思主义应当是一种真正的人道主义,即一种以个人实践为基础的"人学"。只有把存在主义与马克思主义相结合,马克思主义才能重新焕发生命力。其三,新托马斯主义的马克思思想解读。这一解读主要来自德国的宗教团体,其主要特点是以新托马斯主义哲学解读《1844年经济学哲学手稿》中的宗教性内容。就研究结论而言,这种解读普遍认为马克思所追求的终极目标也是宗教性的。其四,新弗洛伊德主义的马克思思想解读。这一解读路径试图用弗洛伊德主义来解读马克思《1844年经济学哲学手稿》中的思想,主张用弗洛伊德的性欲论来解释马克思的"劳动解放"论。法兰克福学派的马尔库塞和弗洛姆就是这一解读路径的代表人物。

事实上，以西方马克思主义者为代表的德语学者不仅对《1844年经济学哲学手稿》的思想内容作了种种解释，而且还把这种解释吸收到自己的理论体系中去。这些学者本身就是西方哲学流派的代表人物，他们的马克思思想解读在西方学界产生了巨大影响。他们对《1844年经济学哲学手稿》的解读也生动地体现了西方马克思主义与西方马克思学之间的互动。许多西方学者就游走于两者之间。然而，纳粹的上台直接中断了魏玛时期以来德国马克思学的发展。第二次世界大战结束后，西德的马克思学研究在很多话题上接续了魏玛德国的马克思学传统，在研究的主题与特点上保持着连续性（特别是在《1844年经济学哲学手稿》研究方面）。

三、冷战期间的德语世界马克思学：马克思晚期著作的"再发现"

纳粹上台中断了德语世界马克思学的发展。与战前"百花齐放"的研究格局相比，战后的德语世界马克思学乏善可陈。在战争期间，继续研究马克思的学者寥寥无几。除了恩斯特·布洛赫（E. Bloch）、沃尔夫冈·阿本德罗特（W. Abendroth）这些在战前就已崭露头角的思想家以外，德语世界并没有涌现其他具有国际影响力的思想家。直到20世纪50年代，西德才出现了系统性地研究马克思本人与及其思想的热潮，涌现出一批研究马克思的著作和机构。例如，天主教哲学家、新托马斯主义代表人物鲍亨斯基的德文版著作《苏俄辩证唯物主义》（1950）、《马克思和克尔凯郭尔》（1950）、布罗伊尔的《青年马克思：他走向共产主义的道路》（1954）、朗格的《马克思主义、列宁主义、斯大林主义》（1955）、舒尔茨的《路德和马克思在当代有争议的领域中》（1956）、莱希的《卡尔·马克思、维尔纳·桑巴特和马克斯·韦伯的人本主义社会学方法论》（1957）、费彻尔的《从无产阶级哲学到无产阶级世界观》（1957）、蒂尔的《青年马克思关于人的概念》（1957）、哈贝马斯的《关于马克思和马克思主义哲学争论的述评》（1957）、新托马斯主义者霍梅斯的《自由的危机：黑格尔、马克思、海德格尔》（1958），等。

  在费彻尔看来，第二次世界大战后参与马克思研究的德国学者主要来自三方面：其一，基督教学者，他们出版了许多与马克思相关的出版物；其二，与工会团体相关的学者，他们批判地讨论马克思和苏联马克思主义的经济理论；其三，无党派学者，他们主要讨论青年马克思的哲学人类学理论。总体而言，在这一阶段，不管是哪一个理论团体，他们都非常重视马克思的《1844年经济学哲学手稿》。实际上，《1844年经济学哲学手稿》虽然在1932年问世后就引起了国际理论界的广泛注意，但其理论研讨的真正高潮却出现在20世纪50年代之后。这种影响是国际性的，也是跨学科的。无论在东方还是在西方，无论在社会主义国家还是西方国家的学术界，它都引起了强烈的反响。不同派别和学科的学者从各自的立场和领域出发，对这一手稿进行研究，做出了各种各样的甚至截然相反的解释和评价。

然而，这种过于倚重《1844年经济学哲学手稿》的马克思思想解读倾向也备受质疑。西德马克思学家费彻尔就指出："目前在德国开展的关于马克思主义的讨论是多么热烈地集中在哲学问题上，而多么忽视马克思主义理论中的科学要求和经验科学成分。"① 实际上，除了费彻尔之外，法兰克福学派的哈贝马斯也认为，战后西德马克思学中带有某种抽象的、不现实的色彩，这种色彩最为明显地表现为其马克思研究一直集中在纯粹的哲学问题上。费彻尔也认为，只有面向马克思所提出的全部理论问题，才能从整体上丰富和促进马克思的学术研究。因此，最重要的是把马克思学的议题从哲学讨论扩大到经济学和社会学。② 正是在这一背景下，马克思的《资本论》等经济学著作重新回到德国学者的视线之中。对《资本论》的重新关注，还与《资本论》第一卷德文第1版以及《政治经济学批判大纲》（即《1857—1858年经济学手稿》）的重新发现有关。此外，苏联早期的马克思学成果，以及流亡美国的德语学者罗斯多尔斯基的马克思学成果的重新传入也推动了德语世界的《资本论》研究热。

在费彻尔的主持下，法兰克福大学于1967年9月举办了"纪念《资本论》第1卷第1版出版100周年大会"，这一活

---

① Iring Fetscher, "Geermany: Marxismus-Studien", in Leopold Łabędź, *Revisionism: Essays on the History of Marxist Ideas*, New York: Praeger, 1962, pp. 346 – 347.
② 另一方面，费彻尔认为，德国马克思学要想摆脱这种片面情况，还需要借鉴德国之外的如英、美、波兰或法国等其他国家文化氛围下的学者的讨论（比如阿尔都塞的《资本论》研究）。参见 Iring Fetscher, "Geermany: Marxismus-Studien", in Leopold Łabędź, *Revisionism: Essays on the History of Marxist Ideas*, New York: Praeger, 1962, pp. 349 – 350。

动可以视作西德《资本论》研究的一次成果展。据凯文·安德森（K. Anderson）对费彻尔的访谈可知，当时的法兰克福大学除了"法兰克福学派"，还有一批深受阿尔都塞和普兰查斯的理论范畴（特别是他们的"意识形态上层建筑"范畴）影响的法兰克福的马克思主义者。① 各派代表都积极地参与会议，他们的讨论被记录在《今日的政治经济学批判：〈资本论〉100周年》（Kritik der politischen Ökonomie heute: 100 Jahre „Kapital "）中。次年，奥伊希纳（W. Euchner）和施密特（A. Schmidt）编写出版了这一会议论文集。在费彻尔看来，这次会议是法兰克福学派、托洛茨基主义者、东德斯大林主义者和法国马克思主义者聚集在一起讨论的唯一场合。② 此次大会确立了许多重要的议题，这些议题主要围绕马克思早期著作和成熟著作之间的关系而展开。例如，马克思的方法论原则的前后一致性问题。就这一问题而言，施密特等人就认为，只有基于《资本论》的历史与经济分析，马克思恩格斯早期著作中的哲学和人本主义的内容才能得到完全的理解。③

---

① 阿尔都塞对马克思晚期思想的强调，以及对人道主义马克思主义的批驳，特别是对《资本论》的解读，都对巴克豪斯和莱希尔特产生了重要影响。参见 Kevin Anderson, "On Marx, Hegel, and Critical Theory in Postwar Germany: A Conversation with Iring Fetscher", Studies in East European Thought, Vol. 50, No. 1, 1998, pp. 1–18。

② 参见 Kevin Anderson, "On Marx, Hegel, and Critical Theory in Postwar Germany: A Conversation with Iring Fetscher", Studies in East European Thought, Vol. 50, No. 1, 1998, pp. 1–18。

③ 参见 Alfred Schmidt, „Zum Erkenntnisbegriff der Kritik der politischen Ökonomie", in Walter Euchner und Alfred Schmidt (Hrsg.), Kritik der politischen Ökonomie heute: 100 Jahre Kapital, Frankfurt am Main: EVA/Europa Verlag, 1968, S. 33。

此次法兰克福大会之后，西德的《资本论》研究在西柏林得到了进一步发展。在20世纪70年代，约阿希姆·比朔夫（J. Bischoff）被认为是西柏林最具影响力的马克思主义理论家之一。同一时期，西德学者以比朔夫为中心，形成了一个"马克思体系发展项目组"（PEM），这个项目组除了对马克思手稿中的货币理论提供解释外，还涉及对马克思剩余价值理论以及其他文本的评价。事实上，除了比朔夫主导的"马克思体系发展项目组"之外，20世纪70年代西柏林还有其他一些与《资本论》研究相关的团体与项目。例如，1974年，沃尔夫冈·弗里茨·豪格（W. F. Haug）首次推出了《资本论》课程。豪格的课程产生了很大的影响，他关注的核心问题之一就是马克思的价值形式问题。另外，在20世纪70年代，还有一个以巴德尔（Veit-Michael Bader）为核心的《资本论》阅读小组，该小组认为马克思的政治经济学批判主要是为了重建他的危机理论方法。除了法兰克福和西柏林两个《资本论》研究中心之外，西德还出现了其他几个《资本论》研究副中心，并形成了相应的阅读运动。再如，罗特（V. Roth）等人在康斯坦茨发起了一个"政治经济学批判项目组"，这个项目组深受巴克豪斯和莱希尔特等人理论的影响。值得一提的是，这个项目与英语世界的马克思学项目有广泛的联系。

总之，20世纪60年代以来，《资本论》研究日益成为西德马克思学的热点问题，且深刻地影响了当代德国马克思学的问题意识与理论格局，日益成为当代德国最富探索精神与生命力的研究领域之一。

四、苏东剧变以来德国马克思学的新发展

苏东剧变之后，德语世界的马克思学经历了一个低谷期。这种情况的出现有两方面的原因：一方面，马克思学的政治功用减弱；另一方面，马克思研究这一学术活动经过几十年的发展，客观上进入了一个平淡期，人们对马克思的关注度有所下降。

苏东剧变对马克思学的最大影响就是 $MEGA^2$ 项目的中断。众所周知，东德在 $MEGA^2$ 出版过程中发挥着重要的作用。东德社会主义政权的解体直接导致 $MEGA^2$ 的项目资金减少。幸运的是，$MEGA^2$ 没有"流产"。几经周折，在阿姆斯特丹国际社会史研究所以及有关各方的奔波协调之下，"国际马克思恩格斯基金会"成为 $MEGA^2$ 的新发行方。从此，$MEGA^2$ 的发行出版全面脱离政党事务，成为一项纯学术事业。作为一项国际性的学术项目，$MEGA^2$ 得以重启。在这一过程中，德国学者的贡献居功至伟，涌现了黑克尔、福尔格拉夫等一批知名的马克思文献学专家以及《马克思恩格斯年鉴》等 MEGA 研究的配套期刊。

除了 MEGA 研究，新世纪以来，德国的马克思学更加多元化。一方面，来自不同理论传统的德国研究者（比如西方马克思主义传统、苏联教科书传统、温和左翼传统和激进左翼传统等）对马克思的思想展开了多元解读。另一方面，德国马克思学的跨学科属性进一步增强，德国学者以 $MEGA^2$ 为核

心，从不同学科视角出发对马克思的生平、著作和思想进行了重新解读，涌现出许多新观点和新成果。

目前，德国仍活跃着许多与马克思相关的组织机构和学术网站。

柏林 MEGA 编辑促进会、柏林-勃兰登堡科学院 MEGA 编辑部、特里尔马克思故居博物馆与研究中心、马克思恩格斯基金会（伍珀塔尔）、马克思协会、恩格斯故居"历史唯物主义研究中心"（伍珀塔尔）、卢森堡基金会、社会生态经济研究所（慕尼黑）、法兰克福社会研究所等相关机构在推动马克思学发展中发挥着重要的作用。

马克思主义论坛、马克思主义大会、"马克思秋季学校"等相关学术活动则为德语世界研究者提供了一个交流思想的平台。《马克思恩格斯年鉴》《马克思恩格斯研究文献：新系列》《马克思主义历史考证大辞典》《马克思主义创新杂志》《马克思主义杂志》《社会主义杂志》《社会主义报》《阶级斗争问题：批判的社会科学杂志》《论据：哲学社会科学杂志》《批判理论杂志》《西方的终结：社会研究新杂志》等期刊杂志则成为德语学者学术观点的出口。① 这些都共同推动建构了当代德国马克思学的基本格局。

值得一提的是，在马克思诞辰 200 周年之际，德国多地举行了与马克思相关的纪念活动。例如，特里尔举办了四个大型展览，以各具特色的内容和形式具象地呈现了由资本主义生产

---

① 参见王凤才：《重新发现马克思》，人民出版社 2015 年版，第 3 页。

方式、犹太—基督教传统、近代启蒙运动、科学技术进步以及政治变革等因素所构成的近代欧洲的社会图景,展示了在这一复杂的时代氛围中马克思的生命历程和思考轨迹,突出马克思的事业、思想及其当代价值,还以宗教的视角再现了劳动的诸多形式和场景。①

此外,德国多地还举行了大大小小几十个关于马克思的研讨会和纪念活动。比如,2018年汉堡举行题为"《资本论》——第一版以及马克思的后续发展"的研讨会;2018年5月6日不莱梅举办题为"《共产党宣言》:马克思200周年"的纪念活动;2018年5月13日柏林举办题为"生日快乐,卡尔·马克思"的纪念活动;2018年6月7日—9日柏林举办题为"《资本论》中的诗学和美学"的系列报告会;2018年6月12日德国学者英戈·斯图兹(I. Stützle)在柏林作了题为"通往《资本论》的途中——1861—1863年手稿"的讲座;2018年6月12日德国学者埃哈德·科恩(E. Korn)在乌尔姆作了题为"卡尔·马克思和工人运动的起源"的讲座;2018年6月14日柏林举办"马克思与神学"的研讨会;2018年6月15日柏林举办主题为"马克思与工会"的研讨会;2018年7月16日—18日柏林举办题为"卡尔·马克思与罗莎·卢森堡:思想遗产和当代价值"的研讨会;2018年10月8日—12日特里尔举办题为"遇见卡尔·马克思"的纪念活动;2018年10月15日柏林举办题为"马克思和自由"的研讨会;2018年12

---

① 参见聂锦芳:《马克思研究如何面对历史与当代——2018德国"马克思年"特里尔展览巡礼及思考》,载《哲学动态》2019年第6期。

月 5 日柏林举办"从马克思到马克思主义——一个政治世界观的传记学方法"的研讨会；2018 年 12 月 15 日柏林举办题为"对抗自然？马克思与生态问题"的研讨会，等等。[①] 值得一提的是，马克思诞辰 200 周年的庆祝活动大多由高校及相关基金会组织。弗莱堡大学就组织了一系列的讲座。与之相反，德语世界的政客和政党较少参与此次活动。

总之，德语世界的马克思学源远流长。在历经百年学术积累与发展之后，德语世界的马克思学依然活跃且极具学术价值。德语世界依然是当代西方马克思学的重镇。

第四节　德语世界马克思学的互动与传承

在德语世界马克思学的发展过程中，其内部存在大量的学术互动与传承，这种互动与传承也成为德语世界马克思学发展的基本动力。虽然在某些特定时期，社会政治因素成为德语世界马克思学发展的重要推动力，但纵观百余年的马克思研究学术史，学术互动才是德语世界马克思学发展的根本动力。在这种学术互动和交锋中，德语世界马克思学逐渐完成学术积累与学术传承，并不断焕发勃勃生机。

[①] 关于马克思诞辰二百周年的相关信息，参见 https：//marx200.org/termine。

一、德语世界马克思学的早期互动：以奥地利为中心

德语世界马克思学的早期互动出现在德语世界内部。奥地利学者最早展开系统性的马克思研究。他们的互动体现在"价值领域"和"国家理论"等两个领域。

（一）马克思价值理论的早期争论：庞巴维克与希法亭

众所周知，奥地利经济学派在世界经济史中产生过深远的影响。该学派强调从个人的主观评价出发分析经济现象。[①] 就方法论而言，奥地利经济学派的个体方法论与马克思的社会方法论几乎完全冲突。因此，奥地利经济学派的学者对马克思主义经济学展开了猛烈的批评，其代表人物就是曾任维也纳大学教授的庞巴维克。值得一提的是，他还曾三次（1895年，1897—1898年，1900—1906年）担任过奥地利财政大臣，1911年，他还被选为奥地利科学院院长。

在《资本与利息》（1884）中，庞巴维克对《资本论》第一卷进行了猛烈的攻击。庞巴维克认为，无论是在演绎方法上，还是在经验证据方面，劳动价值论都是难以成立的。他指出，正如马克思主张的那样，两种商品能够相互交换，它们之中必然包含了一些共同属性，但是在考察商品交换条件时，马

---

① 参见 T. B. Bottomore, *Austro-Marxism*, Oxford: Clarendon Press, 1978, p. 17。

克思错误地否定了效用也可以成为商品的共同属性。庞巴维克认为，这是一个"最粗糙的逻辑错误"，即使忽略掉使用价值，商品仍然存在许多与"交换"相联系的共同属性，比如，商品的稀缺性、供求的对象、私人占有、自然的产物等。① 这些观点其实就是奥地利学派"边际效用价值理论"的核心内容。事实上，在庞巴维克看来，劳动价值论无法被经验所证明，它不适用于那些不能自由地再生产出来的商品（包括土地），也不适用于那些由熟练劳动生产出来的商品，《资本论》对熟练劳动的分析是极其不充分的。即使劳动价值论成立，它也只适用于作为价格长期波动的中心。《资本论》第三卷出版之后，庞巴维克在《马克思体系的解体》一书中，进一步攻击了马克思的经济理论体系。他认为，《资本论》第三卷的出版，恰恰证明了马克思劳动价值论的前后矛盾，因此其经济学体系也必然随着劳动价值论的失效而解体。

然而，庞巴维克《马克思体系的解体》一文发表后，奥地利马克思主义者鲁道夫·希法亭提出了不同的意见。在《驳庞巴维克对马克思的批判》（载于 1904 年《马克思研究》第 1 期）一文中，希法亭反驳庞巴维克。希法亭的反驳由两部分构成，一部分是方法论的，一部分是历史的。希法亭在《驳庞巴维克对马克思的批判》一文里，力求从马克思的唯物史观出发，把马克思的劳动价值论同历史唯物论联系起来，用

---

① 参见 M. C. 霍华德、J. E. 金：《马克思主义经济学史 1883—1929》，中央编译出版社 2014 年版，第 56 页。

社会的和历史的观点阐述马克思价值理论的意义。① 他首先分析了庞巴维克同马克思在方法论上的对立，他指出，庞巴维克从自己的主观主义观点出发，不可能正确地理解马克思价值概念的社会意义。因此，由主观主义观点展开的论证都是错误的，马克思从社会出发的观点才是正确的。希法亭以"商品"概念和"劳动"概念为例，强调"商品这一概念，是一个经济学概念，同时也是对生产者之间社会关系的一种表达"②。在分析"劳动"概念时，他认为劳动的根本属性是社会决定性，其重要性在于，"正是因为劳动是把分裂为各个原子的社会联结起来的社会纽带"，"劳动才成为具有现实意义的价值的原则"③。虽然希法亭对庞巴维克的反驳没能完全阻止争论的延续，但是以希法亭为代表的奥地利马克思主义经济学研究在马克思经济学研究史上却具有重大的学术价值。

（二）马克思主义国家理论的早期争论：麦·阿德勒与凯尔森

在早期的马克思理论研究史中，马克思的国家理论几乎被完全忽视。直到列宁的《国家与革命》（1917）出版之后，相关的研究成果才陆续出现。20世纪20年代，奥地利马克思主

---

① 参见 https://history.fee.org/publications/austro-marginalism-contra-austro-marxism/。
② Rudolf Hilferding, *Böhm-Bawerk's Criticism of Marx*, New York: Augustus M. Kelley, 1949, pp. 130 – 131.
③ M. C. 霍华德，J. E. 金：《马克思主义经济学史1883—1929》，顾海良等译，中央编译出版社2014年版，第53页。

义者麦·阿德勒和奥地利著名法学家汉斯·凯尔森的论战著作就是当时为数不多的讨论马克思国家理论的相关成果。凯尔森几乎一生都在关注马克思主义。他的贡献主要有三点：其一，他的法学理论研究直接推动了奥地利马克思主义者卡尔·伦纳对马克思主义法学的系统阐述；其二，他对马克思主义国家理论的研究，直接推动了麦·阿德勒对马克思主义国家观的系统研究；其三，他主张以学术的态度公正地对待马克思，甚至在他晚年移居美国之后也仍旧坚持这一主张。①

凯尔森与麦·阿德勒围绕马克思主义国家学说的争论是德语世界早期马克思学中的经典互动案例。凯尔森在 1917 年发表《社会主义和国家》一文，对马克思国家理论作了一种"无政府主义"的解读。为了反驳这种观点，麦·阿德勒在《马克思研究》1922 年第 4 卷第 II 册，发表了《马克思主义国家观——对社会学方法和法学方法的区别的论述》。麦·阿德勒在书中大量引用了马克思恩格斯的著作来论述马克思主义的国家观，较为清晰地勾勒了马克思国家理论的面貌。针对凯尔森混淆马克思主义和无政府主义的做法，麦·阿德勒试图澄清两者的区别：其一，两者的出发点不同，无政府主义社会理论的诞生点是个人，而马克思主义则是社会；其二，两者通向未来社会的革命基础不同，在马克思主义理论视域中民众革命是经济发展到某一程度的自然结果，而在无政府主义视域中的民众革命则是一小部分所谓的人民领导者强行灌输给民众革命意

---

① 参见 D. A. Jeremy Telman (ed.), *Hans Kelsen in America-Selective Affinities and the Mysteries of Academic Influence*, Cham: Springer, 2016, pp. 345-346。

愿的结果；其三，两者的理论性质不同，马克思主义是重视历史规律的科学，强调社会变革是历史的必然，而无政府主义无视历史规律，只是纯主观地幻想变革。①

二、奥地利马克思主义的马克思学的思想史效应

在德语世界，奥地利马克思主义者围绕相同的问题展开了富有学术品味的争论，这些学术交锋推动德语世界马克思学走向理论深处，使马克思学从零散走向整体。事实上，奥地利马克思主义的马克思学产生了巨大的思想史效应。在德语世界内部，它塑造了法兰克福学派早期的理论性格，为其奠定了政治经济学研究传统；在德语世界外部，奥地利学者的研究深刻地影响着其他语言世界马克思研究者的学术路径，甚至在苏联马克思学的形成过程中发挥了重要作用。

（一）助推苏联马克思学的快速崛起

奥地利马克思主义的马克思研究工作对后世的马克思学产生了深远影响，这种影响体现在奥地利马克思主义者与同时代马克思主义者之间的理论互动与学术传承中。首先，奥地利马克思主义与同时代的苏联马克思主义者之间存在理论互动与传承。他们两者的理论渊源最早可以追溯到上文提到的梁赞诺夫

---

① 参见 M. E. Blum, *Austro-Marxism: The Ideology of Unity*, Vol. 1, Leiden: Brill, 2015, p. 36。

与奥地利马克思主义者之间的学术合作。自20世纪初开启这一合作模式以来，两者的合作一直持续到20世纪20年代。

十月革命后，在列宁的支持下，梁赞诺夫主持马克思恩格斯研究院，正式开启苏联的马克思学（марксоведение），新成立的苏联也随之取代德国社会民主党成为马克思文献整理和理论研究的中心。① 苏联马克思学的迅速崛起固然与梁赞诺夫本人的广博学识以及苏联政权的强大支持有关，但也绝对不能忽视奥地利马克思主义者在此之前奠定的研究基础。例如，苏联马克思学者鲁宾（И. И. Рубин）的马克思主义经济学研究就是在奥地利马克思主义者（尤其是希法亭）的研究基础上进行的。虽然奥地利马克思主义者的理论兴趣各异，但是《资本论》却是他们共同的研究对象。② 在所有奥地利马克思主义者之中，希法亭的研究最具影响力。作为当时德语世界声誉卓著的经济学家，他对马克思经济学的研究不仅成果丰富而且极为出色。特别是他在《驳庞巴维克对马克思的批判》中对马克思劳动价值论的深刻分析，对后世的马克思主义经济学影响深远。

实际上，庞巴维克与希法亭对马克思政治经济学的不同理解，代表了现代西方经济学与马克思主义政治经济学之间的分野。现代西方经济学的学术兴趣已经转移到对社会经济现象的

---

① 参见鲁克俭：《建构中国马克思学》，中央编译出版社2018年版，第29—30页。
② 参见 Richard B. Day and Daniel Gaido (eds.), *Responses to Marx's Capital: From Rudolf Hilferding to Isaak Illich Rubin*, Leiden: Brill, 2017, pp. 112, 328, 246, 353, 362。

量化解释和对经济过程的精确控制上,而马克思的政治经济学则是一种哲学探讨与定性分析,它更加强调从哲学的角度理解社会的本质及其未来。因此,只有从哲学的视角出发,才有可能真正理解马克思的劳动价值论。希法亭无疑是这一解读路径的奠基者,他试图用社会的和历史的观点(即从历史唯物主义的高度)来诠释马克思的价值理论。鲁宾继承了希法亭的这一解读路径。在《马克思价值理论文集》中,鲁宾高度肯定希法亭的研究,并且大量应用了希法亭的著作。与希法亭一样,他认为,在马克思的理论建构中,社会形式的逻辑起决定性作用。因此,要强调价值的社会决定性,而不是单纯地强调价值的生理的或技术层面的因素。除此之外,他还认为,马克思价值理论的高明之处,恰恰在于其哲学穿透力,而不是仅仅停留于分析具体劳动时间和生产价格之间的简单因果关系。[①]

(二) 塑造了法兰克福学派早期理论性格及其政治经济学传统

奥地利马克思主义的马克思学还深刻地影响了法兰克福学派早期理论性格及其政治经济学传统。在某种意义上,法兰克福学派早期(1931年之前)的研究工作延续了奥地利马克思主义的研究传统。作为研究所所长,格律恩贝尔格聘用了一批卓有成就的学者,这批学者虽然不是出自奥地利马克思主义传

[①] 参见 I. Boldyrev, "Isaak Rubin: Historian of Economic Thought during the Stalinization of Social Sciences in Soviet Russia", *Journal of the History of Economic Thought*, 37 (3), 2015, pp. 363 – 386。

统，但其研究工作不可避免地受到格律恩贝尔格的影响。在他的领导与影响下，社会研究所早期的核心成员都非常重视马克思著作的版本研究。例如，亨里克·格罗斯曼（H. Grossmann）就关注《资本论》的形成史和文本结构；波洛克（F. Pollock）更是创办了马克思恩格斯文献出版社，并同苏联马克思恩格斯研究院和德国社会民主党进行学术合作。①

相比较而言，格罗斯曼的研究工作受奥地利马克思主义传统影响更深。马丁·杰伊在《法兰克福学派史》一书中认为，法兰克福学派早期经济学家格罗斯曼无论在年龄还是在思想上都更接近奥地利马克思主义者。② 他的这一判断不无道理。澳大利亚左翼经济学家里克·库恩（R. Kuhn）也认为，格罗斯曼确实深受奥地利马克思主义理论气质的影响。正是在与奥地利马克思主义者密切接触的过程中，格罗斯曼对马克思政治经济学产生了浓厚的兴趣。③ 格罗斯曼1929年在格律恩贝尔格主编的《社会主义和工人运动史文库》上发表代表作《资本主义制度的积累和崩溃的规律》。稍加留意，不难发现，无论是研究方法还是分析框架，格罗斯曼都深受奥地利马克思主义政治经济学传统的影响。在奥地利马克思主义者的影响下，格罗斯曼还专门研究过《资本论》的结构问题。在1929年出版

---

① 参见李惠斌、叶汝贤主编：《当代西方马克思主义研究》第3卷，社会科学文献出版社2006年版，第305页。
② 参见马丁·杰伊：《法兰克福学派史》，单世联译，广东人民出版社1996年版，第23—25页。
③ 参见 Rick Kuhn, "Henryk Grossmann, a Marxist Activist and Theorist: On the 50th Anniversary of His Death", in Paul Zarembka (ed.), *Value, Capitalist Dynamics and Money*, Bingley: Emerald Group Publishing Limited, 2000, pp. 111 – 170.

的《马克思〈资本论〉原始计划的变化及其原因》一书中,他批判了罗莎·卢森堡和卢卡奇关于《资本论》的结构不完整的观点,认为马克思对同一问题在不同地方的表达是按照整个问题的各个要素来表达的,所以他断定马克思主要经济学著作在方法论上是完整的,《资本论》是完成了的、没有空白的体系。①

相比格罗斯曼,波洛克则更像是一个介于法兰克福学派早期的奥地利马克思主义研究传统和后期社会批判理论传统之间的过渡性人物。一方面,他不满足于社会研究所出版文集的理论目的,希望研究当代社会问题并进一步拓展马克思主义;另一方面,他又不完全赞同霍克海默抛弃马克思主义立场的批判理论。②但总体而言,波洛克的理论研究更加接近奥地利马克思主义的研究传统,即主要还是体现为一种考据性研究和解释性研究。他的博士论文《马克思的货币理论》(1923),以及他后来发表的《国家资本主义:可能性及其局限》(1941)等著作就体现出这一研究性质。

平心而论,与社会批判理论相比,法兰克福学派早期的研究在创造性和国际影响力方面都更弱一些。但是,如果认为法兰克福学派早期的研究工作与后期的研究工作之间没有关系(甚至是断裂),则是完全错误的。相反,在霍克海默的《批

---

① 参见 Rick Kuhn, "Introduction to 'The Change in the Original Plan for Marx's Capital and Its Causes'", *Historical Materialism*, 21 (3), 2013, pp. 117 – 137。
② 参见柴方国:《波洛克与法兰克福学派》,载《马克思主义与现实》1995 年第 1 期。

判理论》一书中,他明确地指出,批判理论就是以马克思的政治经济学批判为基础的,而这一基础恰恰源于格罗斯曼的危机理论研究和波洛克对国家社会主义的政治经济学研究。① 虽然法兰克福学派早期的研究与后期的批判理论大相径庭,但是两者之间却是"源"与"流"的关系。

三、德语世界马克思学成果的外流与回归

第二次世界大战期间,德语世界的马克思学几近中断,只有沃尔夫冈·阿本德罗特(W. Abendroth)、列奥·科夫勒(L. Kofler)和埃内斯特·曼德尔(E. Mandel)等极少数德国学者继续从事马克思研究工作。② 值得一提的是,在复兴德语世界马克思学传统的过程中,麦·阿德勒、列奥·科夫勒、罗斯多尔斯基(R. Rozdolsky)等学者做出了卓越的贡献。

罗斯多尔斯基的贡献主要体现在他的代表作《马克思〈资本论〉的形成》(1968)一书中。实际上,该书的大部分内容都是在 1953 年和 1954 年之交完成的。例如,1953 年他就在瑞士的 *Kyklos* 杂志上发表了关于马克思"资本一般"问题的研究。③

---

① 参见霍克海默:《批判理论》,李小兵等译,重庆出版社 1989 年版,第 230 页。
② 参见 Elmar Altvater and Jürgen Hoffmann, "The West German State Derivation Debate: The Relation between Economy and Politics as a Problem of Marxist State Theory", *Social Text*, No. 24, 1990, pp. 134 – 155。
③ 参见 Roman Rosdolsky, „Das ‚Kapital im allgemeinen' und die ‚Vielen Kapitalien': Ein Beitrag zur Methodologie des Marxschen ‚Kapitals'", *Kyklos*, 6 (2), 1953, S. 153 – 163。

众所周知，20世纪50—60年代，福音新教派的马克思思想解释路径成为了西德马克思学的主流，而这种解释大多基于马克思早期著作（特别是《1844年经济学哲学手稿》）。罗斯多尔斯基的研究工作极大地推动了《资本论》研究在西德的复兴。就具体的问题域而言，罗斯多尔斯基抛出了诸多可供学术讨论的内容。例如，关于政治经济学批判的六册计划、"资本一般"概念、马克思经济学著作的起源问题等。事实上，这些内容不仅对后世学者产生了重要的影响，也对德语世界马克思学的研究走向产生影响。

那么，罗斯多尔斯基为什么能够在实质上推动德语世界马克思学的发展呢？1926年开始，罗斯多尔斯基开始任苏联马克思恩格斯研究院驻奥地利科学记者，搜集失散在维也纳的马克思恩格斯文献。这项工作使他有机会广泛地涉猎马克思恩格斯的文献，而这对他以后的理论研究产生了重要的影响。事实上，长期在维也纳学术圈的经历也使得罗斯多尔斯基对当时奥地利的《资本论》研究情况非常了解。此外，他也熟悉苏联马克思学家鲁宾的政治经济学研究。罗斯多尔斯基在某种程度上与这一马克思政治经济学研究传统保持了一致。[1] 因此，我们可以说，马克思文本文献为他提供了文献支撑，并且使之具备进入马克思思想世界的可能性，而奥地利马克思主义的传统又为罗斯多尔斯基提供了理论基础。

罗斯多尔斯基的《资本论》研究完全可以视作"奥地利

---

[1] 参见 Jan Hoff, *Marx Worldwide: On the Development of the International Discourse on Marx Since 1965*, Leiden: Brill, 2016, p. 77。

马克思主义—格罗斯曼"政治经济学研究传统的延续。在《马克思〈资本论〉的形成》一书中，罗斯多尔斯基就对希法亭等人的《资本论》研究传统进行了详尽的评述。此外，他在具体的观点上也继承了格罗斯曼，高度认可格罗斯曼对马克思《资本论》中关于竞争、使用价值和利润率下降趋势的解释，也认同奥托·鲍威尔和格罗斯曼的危机理论研究中对卢森堡的批判。[1] 通过对《大纲》和《资本论》的系统性分析，罗斯多尔斯基断定马克思已将最初预计出版的有关土地财产和雇佣劳动的著作的材料归入《资本论》一书。于是，他得出了与格罗斯曼相似的结论，即《资本论》本质上是一项完整的工作。但是在对《资本论》写作计划改变的时机和原因的解释上，两人有着明显的分歧。[2]

在对《资本论》中黑格尔因素的解读方面，罗斯多尔斯基也显然与奥地利马克思主义者奥托·鲍威尔共享了许多观点。罗斯多尔斯基在他的书中写道："《政治经济学批判大纲》的出版意味着，不首先研究马克思的方法及其同黑格尔的关系，就将不再能写出关于马克思的学术性批判著作来的。"[3] 罗斯多尔斯基强调从黑格尔辩证法出发解读马克思《资本论》。这一思路与奥地利马克思主义者奥托·鲍威尔十分相

---

[1] 参见 Jan Hoff, *Marx Worldwide: On the Development of the International Discourse on Marx Since* 1965, Leiden: Brill, 2016, p. 76。

[2] 参见 Rick Kuhn, "Introduction to 'The Change in the Original Plan for Marx's Capital and Its Causes'", *Historical Materialism*, 21 (3), 2013, pp. 117 – 137。

[3] 罗斯多尔斯基：《马克思〈资本论〉的形成》，魏埙等译，山东人民出版社1993年版，第4页。

似，后者对比研究了《资本论》与黑格尔式逻辑结构。虽然列宁在《哲学笔记》也有相似的提法——不理解黑格尔的全部逻辑学就不能完全理解马克思《资本论》，但是罗斯多尔斯基才真正地把这种关系明确地展示在读者面前。在罗斯多尔斯基的著作中，我们可以明显地感觉到，他从黑格尔的辩证法入手解读《资本论》，打通了马克思经济学与辩证法之间的界限。正是在这个意义上，德国马克思学者扬·霍夫（J. Hoff）和埃尔贝（I. Elbe）等人高度肯定罗斯多尔斯基在马克思研究史中的地位，认为他推动了二战后以价值形式"辩证法"为主题的"新马克思阅读"（Neue Marx-Lektüre）运动，以及与之相关的《资本论》研究热。①

四、德国"新马克思阅读"：对早期马克思学传统的传承

按照埃尔贝在《马克思在西方》（*Marx im Westen*）一书中的介绍，"新马克思阅读"是与"正统马克思主义"和"西方马克思主义"并列的第三种理论范式，它始于20世纪60年代末的法兰克福大学。该马克思研究传统以马克思价值形式理论研究为特色，并在新世纪以来日益成为德国马克思学领域的重要范式。巴克豪斯（Hans-Georg Backhaus）和莱希尔特（H. Reichelt）是"新马克思阅读"的早期核心代表人物。在

---

① 参见 Jan Hoff, *Marx Worldwide: On the Development of the International Discourse on Marx Since 1965*, Leiden: Brill, 2016, p. 16。

20世纪60年代,他们都求学于法兰克福大学,并且都受教于阿多诺。在阿多诺的指导下完成硕士学位论文后,莱希尔特又在费彻尔的指导下完成了博士论文《论马克思资本概念的逻辑结构》(1970)。莱希尔特的这一著作也成了"新马克思阅读"的经典文献。根据扬·霍夫和埃尔贝等人的介绍,"新马克思阅读"首先是在法兰克福学派的政治经济学传统中生长起来的。①

自霍克海默将社会研究所的研究方向调整为"社会批判理论"之后,法兰克福学派早期的政治经济学研究传统就被隐匿了起来。然而,这种隐匿并不代表法兰克福学派理论家不再重视马克思的政治经济学。施密特就提示我们,霍克海默和阿多诺在分析当代意识与历史时,运用的就是经济学的方法。② 施密特的这种理论洞察一方面缘于他对法兰克福学派社会批判理论的稔熟于心,另一方面缘于他自身对马克思政治经济学的浓厚兴趣。在这个意义上,如果说法兰克福学派的政治经济学传统在霍克海默和阿多诺那里被暂时隐匿起来,那么施密特则恢复了政治经济学的"在场"。

如果说法兰克福学派本身的政治经济学传统是"新马克思阅读"运动兴起的内在原因,那么罗斯多尔斯基和鲁宾的

---

① 参见 Jan Hoff, *Marx Worldwide: On the Development of the International Discourse on Marx Since* 1965, Leiden: Brill, 2016, p. 16。
② 参见施密特:《历史与结构》,张伟译,重庆出版社1993年版,第3页。另外,据沃纳·博内菲尔德等开放的马克思主义者的研究,阿多诺的《否定辩证法》一书与马克思的政治经济学关系更密切。参见 Werner Bonefeld, "Negative Dialectics and the Critique of Economic Objectivity", *History of the Human Sciences*, 29 (2), 2016, pp. 60 – 76。

著作则赋予西德马克思研究者以新的问题意识和理论视野。"新马克思阅读"聚焦"价值形式的辩证法"。笼统来说,其理论聚焦可以被拆解为两个部分来理解,即价值的"社会"形式及其辩证运动。这两部分也分别体现了他们对前人价值理论研究的批判性继承。一方面,他们继承了希法亭—鲁宾以来的社会历史哲学的解读视角;另一方面,他们又继承了奥托·鲍威尔和罗斯多尔斯基等人的黑格尔辩证法(逻辑学)的解读视角。

就第一方面而言,马克思的经济学显然不是"纯经济学",它更强调一种哲学探讨。希法亭、鲁宾等人都曾试图从社会性和历史性角度出发解读马克思的经济学。"新马克思阅读"的代表人物巴克豪斯继承与完善了这一分析路径。巴克豪斯认为,马克思的价值理论就是对于现实社会、劳动过程、生产过程中人与人的关系的理论把握。因此,对价值形式的逻辑结构的分析,不能脱离历史社会内容,而要对"形成价值的"劳动的历史社会构造进行追问。基于此,他特别强调对商品、货币、资本为代表的这些价值形式进行社会性分析,认为这些形式本身不再停留于经验现象和主观心理层面,而是深入到了社会关系的层面。于是我们可以看到,马克思的经济分析与社会理论之间展现出一种内在一致性。也正是在这个意义上,阿多诺把"新马克思阅读"的价值理论称为法兰克福学派的宝贵财富。

就第二方面而言,受到罗斯多尔斯基等人的影响,巴克豪斯十分重视从黑格尔辩证法(逻辑学)出发解读《资本论》。

在他看来，马克思为了符合大众读者的阅读要求，在《资本论》第一卷中对价值形式理论做了过度简化的处理，从而弱化了价值形式理论的辩证性。所以，巴克豪斯试图从马克思的大量经济学手稿和相关评论中重新挖掘并勾勒出马克思价值理论的整体性，进而恢复价值理论的辩证思想。通过对商品和货币"二重化"的研究，他指出，对价值的研究必须从价值自身的差异运动中寻找答案，即把价值理解为通过中介的运动不断展现自身的"主体"，而非僵化不动的"实体"。实际上，"新马克思阅读"所强调的价值形式的辩证运动，本身就构成了理解资本主义社会历史的一个新视角。

综上所述，我们可以看到，在大半个世纪的理论互动与传承后，德语世界的《资本论》研究在"新马克思阅读"运动中达到了一个新的高度。在某种意义上，这一具有马克思学性质的学术研究正是对德语世界马克思学传统的一次大综合，它展现了德语世界马克思学的新动态。

第五节　总体评价

作为马克思学的发源地，德语世界马克思学是西方马克思学理论版图中十分特殊的一部分。其他语言世界的马克思学往往始于译介著作，而德语世界的马克思学则始于马克思的传记研究。恩格斯、梅林等人的马克思传为马克思学奠定了基础，而学院派学者的马克思传则进一步塑造了德语世界马克思学的理论品质。然而，随着国际交流和互动的展开，德语世界马克思学也与其他语言世界马克思学共享了许多内容，并且呈现出相似的发展逻辑。

第一，马克思的文本文献出版情况决定了德语世界马克思学的整体走向。在德语世界，《资本论》是马克思的代表作。在很长一段时间内，德语世界的马克思研究主要围绕马克思的经济学著作展开。相应地，不论是马克思主义者，还是学院派学者，他们都把马克思看作是经济学家。20世纪30年代以来，随着马克思《1844年经济学哲学手稿》的发现，德语学者才开始关注马克思早期文本中的哲学思想。相比于其他国家，德国学者更加深入地参与到了这场围绕《1844年经济学哲学手稿》的讨论之中。不过值得警惕的是，这时候涌现出来的五花八门的马克思解读有过度解读之嫌，这也预示了后来德语学者进一步"回到马克思"的合理性。20世纪50年代以来，随着马克思《政治经济学批判大纲》（以下简称《大纲》）以及《资本论》过程稿的发现，德语学者又转向《资本论》及其手稿研究。不过，经过《1844年经济学哲学手稿》的思想洗礼，德语世界20世纪60年代兴起的重读《资本论》的潮流与19世纪末20世纪初的《资本论》研究有了本质的区别。这一时期的《资本论》研究往往强调从《资本论》手稿中挖掘马克思早期哲学思想，进而形成了"新马克思阅读""国家溯源争论"等新的研究路径。

第二，学术互动是德语世界马克思学不断发展的重要推动力。从更长的思想史跨度来看，不同立场和不同派别学者之间的"学术互动（竞争）"成为德语世界马克思学向前发展的最大动力。特别是冷战时期，东德与西德的马克思研究者展开了持久的学术竞争，"两德"之间的学术竞争客观上促进了马克思学的发展。长期以来，我们对西德马克思研究的了解仅限于法兰克福学派。实际上，除了法兰克福学派，西德还有许多马克思学家。在马克思研究领域，他们做出了巨大的贡献。事实上，不论是法兰克福学派理论家，还是西德的马克思学家，他们都在互动和传承中走向马克思研究的深处。

第三，西方哲学思潮的变动情况成为德语学者解读马克思思想时的重要背景。从总体的思想史逻辑而言，不论是西方马克思主义，还是西方马克思学，其理论关注点都伴随西方哲学思潮的热点而跳动。以黑格尔主义的兴衰为例，在19世纪中叶到20世纪的大部分时间中，马克思研究随着黑格尔影响力的兴衰而表现为马克思思想解读中的实证主义与人本主义两种立场的反复交锋。在黑格尔主义强势的时候，人本主义的马克思思想解读进路往往占据上风；而在黑格尔主义弱势的时候，科学主义的马克思解读进路则引领整个马克思研究领域。

基于上述发展逻辑，我们可以进一步展示德语世界马克思学的特点和趋势。德语世界是最早开始研究马克思和马克思主义的地区，也是马克思学的发源地。不论从哪个方面看，德语世界的马克思学都有极其重要的影响力，但这种影响力总体上表现出一种高开低走的趋势。

从时间段来看，从19世纪末到20世纪30年代，德语世界都是世界社会主义运动和马克思主义理论研究的中心。德国社会民主党和奥地利社会民主党凝聚了一大批从事马克思主义理论研究和宣传的专家学者，他们创办了一系列的宣传和研究马克思主义理论的期刊杂志。这些杂志构筑了当时德语世界乃至全世界最早的马克思研究阵地。

20世纪20年代，魏玛德国的马克思学成果呈现爆发式的增长。此后的几十年是德语世界马克思学最跌宕起伏的几十年。众所周知，一战之后德国被迫采用了魏玛共和体制。在魏玛共和国的混乱岁月中，德国民众与知识分子充满了焦虑与迷茫的情绪。在这种情绪下，德国知识分子努力寻求一种摆脱国家困境的理论方案，马克思主义便成为德国在法西斯主义之外的另一种理论选择，马克思主义就是在这种情况下迅速进入普通德国学者视野的。在这种情况下，马克思研究成为一项刻不容缓的学术任务，大量德语知识分子参与到马克思及其学说的研究中。魏玛德国的马克思研究探索虽然时间短暂，但是却产出了丰硕的马克思学成果。事实上，这一时期也是马克思解读较为多元的时期之一。第二国际、第三国际以及卢卡奇和法兰克福学派等西方马克思主义传统汇聚于德语世界。然而，纳粹的上台直接中断了魏玛德国的马克思研究。德国的马克思学传统几乎中断。

在1933—1963年间，德语世界的马克思研究学术史几近断层。20世纪60年代以来，西德马克思学几乎是在废墟上重建的。虽然这种重建部分地继承了德国魏玛时期的马克思学传统，但是，在总体上，德国已经丧失了30年前的国际影响力，仅靠着法兰克福学派的批判理论一枝独秀于西方马克思主义的理论之林。

20世纪70代之后，随着分析马克思主义为代表的马克思研究范式在英美国家兴起，西方马克思学的中心从欧陆转移到了英美，德语世界马克思学的影响力式微。但是，如果就马克思学的发展趋势而言，德语世界的马克思学在20世纪70年代之后依旧活跃，造成其影响力式微的主要原因在于，其过于局限的研究范围与过于专业的研究风格。德语世界马克思学的这种特点典型地体现在冷战期间西德的《资本论》研究中，尤其是以"新马克思阅读"为代表的价值形式理论研究，这种研究往往只是就《资本论》中的某一个章节而展开。实际上，这种过于专业化的研究风格，一方面与德语知识分子的理论性格有关，另一方面也与德国的编辑语文学传统相关。众所周知，德国学术研究的一个重要传统是编辑出版重要思想家的历史考证版全集，$MEGA^2$就是这一传统之下的重要产物。随着$MEGA^2$出版卷次的不断增多，基于$MEGA^2$的文本文献研究也成了当今德语世界马克思学的重要路径。

如果说，从20世纪30年代到60年代是德语世界马克思学"失去的三十年"，那么苏东剧变之后的十年则是德语世界马克思学"举步维艰的十年"。$MEGA^2$编辑出版工程的命运，在某种程度上折射着德国马克思学的曲折命运。几经曲折，$MEGA^2$的编辑出版项目重新上马，新文献的公开问世，各种普及读物的不断出版，带动了德国学者和民众重新关注、思考马克思，各种支撑马克思研究的机构也不断增多起来。

基于此，21世纪以来，德国的马克思学重获生机，并且出现多元的研究趋势。然而，与英美学者相比，德国学者在思想解读方面仍然缺乏活力。他们更擅长从文本考据和版本考证出发研究马克思。事实上，在德语世界众多马克思解读的路径中，文献学进路仍是德国马克思学的主流。

第四章　法国马克思学的形成和发展

随着马克思恩格斯的著作被译介到法国，零散的马克思研究就在法国范围内展开，并逐渐形成了独具特色的法国马克思学。第二次世界大战后，法国还曾一度成为西方马克思学的中心，在多个研究领域引领着西方马克思学的发展方向，为马克思思想的解读提供了极为丰富的话题资源。然而，在过去的很长一段时间内，国内学界将法国的马克思学与吕贝尔的"马克思学"之间画上了等号，从而忽视了法国其他学者的马克思研究，也忽视了法国马克思学内部的整体性、差异性和多元性。因此，有必要基于历史语境和思想传承情况对法国马克思学作一谱系式梳理。

本章将聚焦法国马克思学的形成与发展情况，通过对法国马克思学兴起的条件和原因、法国学者的互动和传承等方面的疏证，揭示法国马克思学发展的内在逻辑，力求在此基础上勾勒出法国马克思学的全貌。

第一节 马克思恩格斯著作在法国的发表、翻译和出版情况

马克思恩格斯著作在法国的翻译出版始于19世纪七八十年代。《资本论》第1卷法文版的出版标志着法国学界开始严肃、认真地对待马克思的作品。然而,在19世纪80年代前,马克思恩格斯著作的翻译是零散的、片段式的,这就导致马克思的思想和理论往往被简化为一些通俗证明或断言。法国共产党领导的社会出版社以及吕贝尔通过加利马尔出版社出版的马克思恩格斯著作,是相对规范、正式的学术译本。但是,这些译本也存在着诸多问题,难以真正满足研究者的需求。近年来,随着法国 GEME 工程的开展和推进,马克思恩格斯著作的翻译翻开了崭新的一页。

一、马克思恩格斯生前发表和出版的法文论著和译著

马克思恩格斯直接用法文写作发表的论著数量有限。其中,最著名的就是马克思的论战性著作《哲学的贫困》。然而,由于《哲学的贫困》发行量不大,它未能在法国引起什么大的社会反响,仅有少数几位法国学者有零散的回应。例如,路易·布

朗基就曾经用帕斯卡尔·迪普拉（P. Duprat）这一笔名在《独立评论》（*Revue indépendante*）杂志上发表过评论。事实上，蒲鲁东的追随者中也有人阅读过马克思的这一著作，但并未公开给予同情和回应。直到盖德（J. Guesde）在1880年4月7日至5月5日的《平等报》上连载刊发《哲学的贫困》后，马克思的这一著作才受到一定的关注。应《平等报》编辑部的请求，马克思还写作了《关于"哲学的贫困"》，作为该著的一个介绍发表在4月7日第12号上。1896年，贾尔与布里埃出版社（Giard et Brière）再版了《哲学的贫困》，这个版本添加了由马克思写作、恩格斯翻译并经劳拉·拉法格校阅的《论蒲鲁东》，并且将其作为引言。

除了《哲学的贫困》这一理论著作之外，马克思和恩格斯在政治实践中也经常用法语发表观点。1848年1月9日，在布鲁塞尔民主协会的公众会议上，马克思用法语做了关于自由贸易问题的演说。同年2月，这一演说的法语小册子在布鲁塞尔面世。1851年，马克思恩格斯用法文写作了《奥·布朗基祝酒词的德译文的按语》，发表在《祖国报》2月27日第58号上，后以小册子的形式在伯尔尼出版。

第一国际时期，马克思直接用法文写作了一些文件材料。《伦敦代表会议（1865年）通过的日内瓦代表大会议程》，载于1865年10月8日《民论报》第277号。《日内瓦代表大会（1866年）议程》，载于1866年在布鲁塞尔出版的小册子《国际工人协会宣言．附临时章程》；小册子中的《临时章程》由龙格翻译，并经过马克思核对。①《统计学家奥托·许布纳尔关于德国民主贫困的论述》，载于 1867 年 9 月 6 日《法兰西信使报》（Courrier français）第 81 号上。1868 年，马克思用法文点评了国际社会主义民主同盟纲领和章程，并以俄文发表于《第一国际总委员会会议记录：1868—1870》1964 年莫斯科版中。1872 年，马克思用法文写作的《国际工人协会和社会主义民主同盟》首先发表在《所谓国际内部的分裂》这一小册子上，随后刊登在 1872 年 6 月的《法兰西信使报》和 1872 年 6 月 23 日《激进党人报》第 175 号上。《给〈祖国纪事〉杂志编辑部的信》在马克思逝世后由恩格斯寄给了维·伊·查苏利奇，以俄译文形式发表在日内瓦《民意导报》1886 年第 5 期上。

马克思在第一国际时期写作的文章，很多都被译为了法文。例如，马克思用英语写作了《国际工人协会总委员会呼吁书。致会员、各所属团体和全体工人》。然而，出于政治斗争的需要，这一呼吁书在发表之前就被拉法格翻译成了法语。在马克思亲自校订之后，这一文本于 1867 年 7 月以传单形式印发。马克思用英文写作的请愿书《在曼彻斯特被囚禁的芬尼亚社社员和国际工人协会》，法文本发表于 1867 年 11 月 24 日《法兰西信使报》第 163 号上。马克思用英文写作的演讲

---

① 马克思同时用英文写作了《国际工人协会成立宣言》和《协会临时章程》，当时的蒲鲁东主义者曾将《协会临时章程》译为法文，并在法国多家报刊上发表，但译文质量不高，甚至出现了误解和曲解原文的地方。于是，龙格在 1866 年重新翻译了一个译本。

稿《1867年1月22日在伦敦纪念波兰起义大会上的演说》由拉法格交给了《社会主义者报》，该报编辑部将其译为法文并发表在1908年3月18日第18号上。《国际工人协会总委员会第四年度报告》的法文版收录于《布鲁塞尔代表大会会议记录》并刊载于1868年9月8日的《比利时人民报》特刊，以及1868年9月13日《自由报》第46号上。

应《社会主义评论》的请求，马克思用英文编写了《工人调查表》。1880年4月20日，这一杂志刊发了《工人调查表》的法文译文，这一译文与英文原稿稍有出入。同年，马克思用法文撰写了《法国工人党纲领导言（草案）》，载于1880年6月19日《先驱者》第25期。马克思恩格斯用法文宣读的《致日内瓦1830年波兰革命50周年纪念大会》，载于1880年12月4日《先驱者》第49期。马克思于1881年用法文写作的《给维·伊·查苏利奇的复信》以及四个草稿，第一次以原文发表于MEGA²/I/25。

恩格斯也有一部分用法文直接写作的文本。例如，恩格斯用法文写作的《俾斯麦先生的社会主义》分两部分发表在《平等报》1880年3月2日第7号和3月24日第10号上。1881年，恩格斯用法文发表了在燕妮·马克思墓前的讲话，载于1881年12月11日《平等报》第1号。1883年，恩格斯在马克思葬礼上的讲话，以法译文的形式载于《正义报》1883年3月20日上。此外，由于恩格斯为法国的《社会主义者报》定期撰稿，他还在该报上发表了一系列法文文章。例如，《局势》一文发表在1885年10月17日第8期；《给〈社会主义者报〉编辑部的信》发表在1885年10月31日第10期上；恩格斯应法国社会党人的请求写作的纪念巴黎公社十五周年的信件《恩格斯的信》，发表于1886年3月27日第31期上；《给巴黎国际联谊节组织委员会的信》发表于1887年2月26日第79期上；《致法国工人党全国委员会》发表于1890年12月25日第14期上；《巴黎公社二十周年给法国工人的贺信》发表在1891年3月25日第27期上；《关于布鲁塞尔代表大会和欧洲局势》发表于1891年9月12日第51期上；《巴黎公社二十一周年给法国工人的贺信》发表于1892年3月26日第79期上；《为纪念巴黎公社二十三周年致法国工人党全国委员会》发表于1894年3月25日第183期上；为庆祝1893年"五一"节给法国工人的贺信《尽管如此》发表于1893年4月23日第134期上，等等。这些法语文本在宣传马克思主义方面发挥了一些作用。但是，由于这些文本过分零散，它们一开始并没有引起法国马克思研究者的重视。尽管如此，作为历史资料，这些文本的价值不应该被忽视。在某种意义上，它们丰富了我们对马克思和恩格斯思想的理解。

在与罗曼语族的学者交流时，法语还是马克思和恩格斯最常用的语言之一。1891年，恩格斯得知梅萨翻译的《哲学的贫困》西班牙文版即将出版后，立即用法文给梅萨写信，而这一封书信也被译为西班牙文随书发表。1892年，恩格斯应法国工人党邀请，用法文写作了《德国的社会主义》，载于1892年在利尔出版的《工人党年鉴》（没有前言和结束语）上。1893年，恩格斯用法文写作了意大利文版《共产党宣言》

的序言，随书出版。

综上可见，刊印马克思恩格斯著作和文章的基本上是法国的社会主义期刊，尤其是《社会主义者报》《平等报》和《社会主义评论》。这些刊物在马克思恩格斯思想和著作传入法国的过程中发挥了桥梁作用。与此同时，法语作品还成为西班牙、葡萄牙、意大利等国学者接触和了解马克思恩格斯思想的重要中介。

除了在期刊报纸上直接用法语发表文章之外，在马克思恩格斯生前，他们的一些文本还以法文译本的形式在法国流传。例如，1850年，马克思的《论犹太人问题》法译本就出现了。它被收入在埃韦贝克（H. Ewerbeck）的著作《圣经是什么?》（Qu'est-ce que la Bible ? ）中。不过，整体而言，在马克思恩格斯生前，法国学者对这些小文章的兴趣不大，他们的兴趣主要集中在《资本论》《法兰西内战》《共产党宣言》等产生了广泛的国际影响力的文本之上。

1867年10月1日，《法兰西信使报》就节选刊登了《资本论》第1卷的序言（节选），拉法格夫妇承担了翻译工作。日后，鲁瓦（J. Roy）完整地翻译了《资本论》第1卷法文版，马克思亲自校对修改并且促成了法文版以分册的形式在巴黎出版。《资本论》法文版出版后不久，它就成为了法国马克思主义和意大利马克思主义交流互动的中介。1883年，德维尔（G. Deville）在马克思的邀请和鼓励下，翻译了《资本论》第一卷的摘要版《〈资本论〉概要》。1894年，拉法格也发表了《〈资本论〉摘要》，但影响力比德维尔的要小一些。《平等报》在 1877 年 12 月 30 日期、1878 年 1 月 20 日期和 2 月 3 日期上分别刊印了《资本论》节选。值得注意的是，《资本论》第二卷和第三卷直到 1900 年和 1901—1902 年才出版，译者是博尔夏特（J. Bourchardt）和旺德伊特（H. Vanderrydt）。由此可见，《资本论》是法国学者较早能够接触到的文本。

《法兰西内战》等与法国历史密切相关的文本也较早地被译介到法语世界。1871 年 7 月 16 日至 9 月 3 日，布鲁塞尔的《国际报》以连载的形式刊出了《法兰西内战》；1887 年 2 月 5 日《社会主义者报》也刊登了《法兰西内战》；1900 年，龙格又翻译了一个新版本，通过雅克出版社出版。此后，人道出版社（Humanité）于 1929 年、编纂局（le Bureau d'éditions）于 1933 年分别重印再版了龙格译本，编纂局还在书中增加了恩格斯在 1891 年 3 月写作的导言以及马克思恩格斯列宁研究院的一段篇幅较长的序言。值得一提的是，马克思本人在 1872 年亲自校对过第一个《法兰西内战》法文版，但是由于种种原因，当时没有出版社愿意重印这一版本。

《共产党宣言》法译文也是较早进入法国公众视野的马克思经典文本之一。第一个经证实的法文版《共产党宣言》刊登在纽约刊行的《社会主义者报》1872 年 1 月 20 日至 3 月 20 日期。[1] 在法国本土，马龙（B. Malon）将《共产党宣言》的

---

[1] 据推测，法文版的《共产党宣言》在 1848 年的比利时出版，由同盟在比利时分部的委员泰代斯科（V. Tedesco）翻译，他同马克思恩格斯相熟，也有过通信。但该译本在法国传播不广，法国马克思主义运动的主要领导人大多不知道这个版本的存在。参见 Maurice Dommanget, *L'Introduction du marxisme en France*, Paris: Editions Rencontre, 1969, pp. 66–67。

主体部分发表在自己的著作《社会主义史》(*L'Histoire du socialisme*) 1879 年第 1 版和 1882 年的第 2 版中，但当时并未引起关注。马克思的女儿劳拉·拉法格翻译的《共产党宣言》以连载的形式刊发在盖德主义的报刊《平等报》(1882) 和《社会主义者报》(1885)。恩格斯在《共产党宣言》"1890 年德文版序言"中提到了劳拉的译本，称之为"到目前为止最好的译文"。① 此外，《新纪元》(*Ere nouvelle*) 在 1895 年还将《共产党宣言》印成了一本 36 页的单行本。1901 年，索邦大学的教授安德莱 (C. Andler) 重新翻译了《共产党宣言》，在新书业出版协会出版社 (la Société nouvelle de librairie et d'édition) 以两卷本的形式出版。这一译本在内容上增加了注释评论以及相关历史信息。

在马克思筹备《路易·波拿巴的雾月十八日》德文第二版 (1869 年) 期间，恩格斯还曾建议马克思"立刻刻不容缓地用法文出版这本书"②，并且提议把《新莱茵报》上讨论法兰西阶级斗争的几篇文章一并收入法译本。③ 马克思不同意在《路易·波拿巴的雾月十八日》前刊印其他内容④，但立即着手联系法译本出版事宜。遗憾的是，19 世纪 60—70 年代间，马克思多次尝试出版法译本，都以失败告终。直到 1880 年，马克思才与福尔坦谈妥《路易·波拿巴的雾月十八日》的翻

---

① 《马克思恩格斯文集》第 2 卷，北京：人民出版社 2009 年版，第 19 页。
② 《马克思恩格斯全集》中文 1 版第 32 卷，第 258 页。
③ 《马克思恩格斯全集》中文 1 版第 32 卷，第 263 页。
④ 《马克思恩格斯全集》中文 1 版第 32 卷，第 264 页。

译事宜。然而,直到马克思去世,福尔坦都没有完成翻译任务。马克思去世后,恩格斯和劳拉都审阅过福尔坦的译本,福尔坦也多次修改译本。直到 1891 年,福尔坦的译本才正式问世。

纵观马克思著作在法国的早期翻译情况,我们不难发现,学者们的眼光主要聚焦在《资本论》《共产党宣言》《法兰西内战》等几个经典文本,《平等报》《社会主义者报》《新纪元》等期刊则为传播这些经典著作提供了平台。然而,在 19 世纪,法语读者能接触的马克思作品仍然极其有限,这会影响他们从整体上把握马克思的思想。

19 世纪末 20 世纪初,法国对恩格斯著作的翻译相对较少,主要的译者是拉法格夫妇。1880 年,应拉法格的请求,恩格斯将《反杜林论》中的三章(《引论》的第一章、第三编的第一章和第二章)改写为一部独立的通俗著作《社会主义从空想到科学的发展》。拉法格将其译为法文。由恩格斯本人校阅后,这一部分内容以《空想社会主义和科学社会主义》为题发表在《社会主义评论》1880 年第 3 至第 5 期。同年,相关单行本出版,马克思用法文为该著撰写了前言。这一译本在宣传马克思主义理论时发挥了重要作用。据凯利(M. Kelly)的考证,在法共成立之初,党内刊印的宣传手册和教育材料只有《共产党宣言》和《空想社会主义和科学社会主义》。[1]1893 年,拉韦(H. Ravé)翻译了恩格斯的《家庭、私有制和

---

[1] 参见 Michael Kelly, *Modern French Marxism*, Baltimore: Johns Hopkins University Press, 1982, p. 21。

国家的起源》;随后,《社会未来》在1895年2至3月期、《社会运动》在1900年10月期都刊登了不同的摘录。1901年,拉法格夫妇重译了恩格斯的这一著作,并以《宗教、哲学、社会主义》(Réligion, philosophie, socialisme)为书名出版。劳拉·拉法格将恩格斯的《路德维希·费尔巴哈和德国古典哲学的终结》一文译为法文,经恩格斯审阅后发表在《新纪元》1894年第4和第5期上。此外,劳拉·拉法格还将恩格斯的《论原始基督教的历史》译为法文,发表在《社会未来》1895年4月第1期和5月第2期。

相比而言,恩格斯作品的法译本更少,但在宣传马克思主义理论时,它们发挥了更大的作用,而这也说明法国公众对马克思主义的理解主要源自恩格斯的作品。当然,这一现象有其历史根源:法共的宣传和教育材料更多的是列宁和恩格斯的著作和论断,尤其是在其成立初期。在马克思恩格斯生前,法国研究者还没有严肃认真地对待马克思本人的思想。

二、恩格斯逝世后马克思恩格斯著作法文本的发表和出版

在法国,马克思恩格斯著作的翻译工作与政治实践密不可分。法国学者倾向于将马克思恩格斯及其著作和社会主义运动联系在一起,对他们的哲学理论关注较少。例如,亨利·塞(H. Sée)在《历史唯物主义与对历史的经济学解释》一书中提出:马克思主义是一种经济还原论和乌托邦理想主义的混

合,它作为社会动乱者的战争武器是有效的,但不能构成一种哲学。① 19世纪末20世纪初,法国学者最感兴趣的仍然是马克思和恩格斯的政治文本,陆续在法语期刊发表译文。

恩格斯逝世后,法国又陆续出版了马克思的一些作品。1895年,福尔坦翻译的《〈黑格尔法哲学批判〉导言》发表在《社会未来》9月期。1891年,福尔坦基于《路易·波拿巴的雾月十八日》的德文第三版将其译为法文,先是以连载的形式发表在《社会主义者报》的1月7日至11月12日期上(共分为32节),后又以单行本的形式出版。1900年,雷米(L. Rémy)重新翻译了《路易·波拿巴的雾月十八日》,并且将其与新翻译的《1848年至1850年的法兰西阶级斗争》一文编撰到了一起,合并成一册在巴黎出版。② 同年,马克思的女儿劳拉·拉法格将《揭露科隆共产党人案件》首次翻译为法文,收入在《德国的革命和反革命》法译本(1900年)。此时,马克思的女儿们都还不知道《德国的革命和反革命》是恩格斯的作品。她们把《揭露科隆共产党人案件》直接编在书中,作为单行本的第20章。这家出版社1899年还曾出版过龙格(C. Longuet)翻译的《工资、价格和利润》。1901年,普拉东(G. Platon)还曾翻译与《哥达纲领批判》有关的通信。同年,拉法格夫妇(保尔·拉法格、劳拉·拉法格)在

---

① 参见 Henri Sée, *Materialisme historique et interpretation économique de l'histoire*, Paris: Marcel Giard, 1927。
② 参见 Karl Marx, *La lutte des classes en France (1848–1850) -Le XVIII brumaire de Louis Bonaparte*, traduit de l'allemand par Léon Remy, Paris: Schleicher frères, 1990。

翻译恩格斯经典著作的过程中，还把马克思的《关于费尔巴哈的提纲》这一重要文本译介到了法语世界。

1903年，贝特（E. Berth）翻译了《论犹太人问题》的单行本。1968年，帕尔米耶（J. Palmier）又译出一个新版本，通过10/18出版社出版。1971年，罗比耶—蒙田出版社（Aubier-Montaigne）又出了一个双语版本，由西蒙（M. Simon）负责翻译工作。

第二次世界大战之前，《路德维希·费尔巴哈和德国古典哲学的终结》《反杜林论》《英国工人阶级状况》《德国农民战争》《论住宅问题》《德国维护帝国宪法的运动》等恩格斯的经典文本都已经出现了法译本，但整体质量不高。受二战影响，20世纪40年代，法国学界的翻译工作一度中断，鲜有新的学术译本问世。但是，二战后，法国学者重拾翻译工作。1950年，完整的《自然辩证法》法译本正式出版。

值得一提的是，在20世纪上半叶，法国的一些出版社已经开始尝试有计划地翻译出版学术性的马克思恩格斯著作集。1924—1954年间，受科斯特出版社（Costes）委托，雅克·莫里托（J. Molitor）等人尝试系统地编译马克思恩格斯著作，计划出版一套"马克思恩格斯著作集"。根据统计，科斯特出版社最终组织翻译了67卷的马克思恩格斯著作集。[1] 事实上，这并不是一套马克思恩格斯著作全集，而是根据主题编排的文献汇编。由于缺乏一以贯之的编辑方针，这套法文版著作集缺

---

[1] 参见 Jean Elleinstein, *Marx*, Paris: Fayard, 1981, p. 662。

乏统一的体例，既有单行本，又有文集。此外，这套译本也没能提供更多的学术信息，缺少必要的考证、注释、索引。译本与译本之间也仅在形式上具有丛书的性质，缺乏内在的联系。九卷本的《马克思恩格斯书信集》是这套"著作集"中相对成体系的一部分，但也难以令人满意。客观而言，科斯特出版社的这套译著存在诸多缺点，但它们毕竟开启了系统化编译马克思恩格斯著作的尝试。在20世纪60年代前，它们一直是最广泛地被使用的法文版马克思恩格斯著作集。

科斯特出版社与法共的社会出版社历来就是竞争对手。如果说科斯特出版社翻译出版马克思恩格斯著作是先发制人，那么社会出版社就是后来居上。秉着严谨科学的态度，社会出版社的几位负责人组织编译了马克思恩格斯著作。1920—1939年，社会出版社出版了18本马克思恩格斯著作（37个版本）。就具体的译本而言，社会出版社再版了一部分战前已有的译本，也基于劳拉·拉法格、龙格等人的翻译重新出版了部分法译本。在整个编译过程中，奥利维耶（M. Ollivier，本名叫A. Godelberg）是唯一的新译者，他翻译了《路易·波拿巴的雾月十八日》（1928）。

自从1927年起，法国的出版社调整了出版计划，优先出版列宁的著作，马克思恩格斯著作的编译工作一度停滞。与此同时，由于MEGA^{1}的流产，马克思著作的编译工作在法国也受到了很大影响。然而，社会出版社的负责人不断克服困难，一方面取得了竞争对手（例如，科斯特出版社、里德尔出版社）的支援，另一方面又积极与"哲学团体"联系，重新启

第四章 法国马克思学的形成和发展

动了马克思恩格斯著作的翻译工作。① 1933 年，时值共产国际纪念马克思逝世 50 周年，马克思恩格斯著作的法译本数量激增，编纂局和国际社会出版社先后出版和再版了《国际工人协会成立宣言》《哥达纲领批判》等文本。值得注意的是，苏联马克思恩格斯研究院曾一度介入法国的翻译和出版工作，对译本的质量提出了许多要求。例如，法国学界对《资本论》的编译工作就引起了苏联的不满，编纂局不得不暂停这一工作。②

直到人民阵线时期，苏联对法共的影响才开始逐渐瓦解。作为在法国知识分子界颇有影响力的共产主义战士，墨西纳克（L. Moussinac）和伊尔桑（R. Hilsum）认为，法共没有一套自己的《资本论》法译本是一件荒谬的事情。因此，编纂局在 1938—1939 年间编译出版了三卷本的《资本论》，其中，第一卷仍以马克思本人审订的鲁瓦译本为准。

1947 年，乔治·科尼奥（G. Cogniot）呼吁要编译一套原始的、严谨的马克思恩格斯全集。20 世纪 40 年代末以来，乔治·科尼奥招募了博蒂盖利（E. Bottigelli）、昂格朗（P. Angrand）、厄娜·科尼奥（E. Cogniot）、保罗·迈耶（P. Meier）、

---

① 参见 M. Trébitsch, "Le groupe 'Philosophies', de Max Jacob aux surréalistes (1924–1925)", Les Cahiers de l'IHTP, No. 6, 1987, pp. 29–38。
② 当时编纂局正在编译《资本论》的新版本，苏联马克思恩格斯列宁研究院于 1933 年 6 月 4 日写信给共产主义国际出版社，要求法国出版任何马克思、恩格斯、列宁的著作都需要经过该研究院的同意和核查。参见 Marie-Cécile Bouju, "Les maisons d'édition du PCF et Marx en France de 1920 à 1960: du politique au scientifique?", dans Jean-Numa Ducange et Antony Burlaud (eds.), Marx, une passion française, Paris: La Découverte, 2018, p. 126。

卡尔特列（R. Cartelle）、科恩－索拉尔（C. Cohen-Solal）等一批翻译者。十年后，这个翻译团队又增加了于松（M. Husson）、奥热（H. Auger）、内特（L. Netter）和巴迪亚（G. Badia）。与之前的翻译团队相比，乔治·科尼奥的团队更具专业性和学术性。一方面，在乔治·科尼奥的要求下，团队成员均以学术的态度对待马克思恩格斯文本（尤其带有政治意味的文本）；另一方面，所有马克思恩格斯著作均以书籍的形式出版，不再以小册子的形式出现。① 当然，这一宏大事业不可能一蹴而就。直至20世纪五六十年代，法国绝大多数的研究者在阅读马克思作品时仍然依赖之前的旧译本，仅有少数研究者使用新译本或德文原本。可喜的是，截至1993年（社会出版社在1993年宣布破产），社会出版社的马克思恩格斯著作翻译出版工作取得了一定的成果，出版了马克思恩格斯著作集共45卷52册，为法国的研究者们提供了一个质量优于科斯特版本的参考资料库，尤其是增加了人名索引和出版物主题索引，为研究者提供便利。

在法国，吕贝尔编辑的马克思著作法译本也经常被使用。在很长一段时间内，吕贝尔版译本是法语学界研究马克思时的标准本。早在1947年，吕贝尔就通过《社会主义评论》发表

---

① 当时法国的马克思恩格斯著作翻译尤其重视以小册子的形式来进行政治宣传。两次世界大战期间，社会出版社出版的37中出版物中有31种就采用了小册子的形式。参见 Marie-Cécile Bouju, "Les maisons d'édition du PCF et Marx en France de 1920 à 1960: du politique au scientifique?", dans Jean-Numa Ducange et Antony Burlaud（eds.）, *Marx, une passion française*, Paris: La Découverte, 2018, p. 129。

了题为《马克思未发表的作品：异化劳动》；1948年，吕贝尔翻译了马克思中学时代的作品《青年在选择职业时的考虑》；1956年和1960年，他还编辑出版了《卡尔·马克思著作目录》及其增补本。《卡尔·马克思著作目录》成为当时西方研究者可利用的最为完整的参考工具，获得了很高的评价。[①]

众所周知，吕贝尔没有按照时间顺序来编译马克思的著作，并且对恩格斯的工作持否定态度，而这些恰恰也是他的《马克思文集》饱受诟病的地方。吕贝尔秉持二条编译原则：其一，将马克思的经济学著作视作一系列未完成的作品。吕贝尔这样做的目的在于，让人们不要忽视马克思的前期论著而只强调《资本论》（吕贝尔对《资本论》的编译仍然建立在鲁瓦译本的基础上）。其二，区分马克思在世时的著作和逝世后的著作。

吕贝尔强调从原文出发翻译马克思的著作。因此，他大量参考了MEGA¹和MEW，还亲自到阿姆斯特丹的档案馆查阅马克思的手稿。事实上，《马克思文集》是团队合作的成果。一方面，《马克思文集》中的法译文出自不同译者之手。例如，埃夫拉尔（L. Evrard）将第一卷中马克思的英文文本译为法文，并审读了前三卷中所有的翻译。布利西内纳（S. Bricianer）和奥索尼（C. Orsoni）翻译了《1844年经济学哲学手稿》，雅各布（M. Jacob）和武特（S. Voute）负责《资本论》第三卷的翻译工作。另一方面，吕贝尔领导《马克思文集》的编辑团队，当热维尔（R. Dangeville）为吕贝尔搜集整理了

[①] 关于吕贝尔编辑的书目志及其评价，参见本书第二章第二节。

第一卷的所有资料。吕贝尔原本打算让他负责《资本论》第一卷第六章的翻译。然而,由于二人后来发生了矛盾,当热维尔通过人类出版社(Anthropos)在 1967—1968 年间抢先出版了《大纲》的法文完整版,所用题名是《政治经济学批判基础》(Fondements de la critique de l'économie politique)。从《马克思文集》第二卷开始,吕贝尔开始与雅诺威合作,后者主要承担索引编写、文本审读和翻译的修改工作。马拉夸(J. Malaquais)还统筹了第二卷的整体文风。

吕贝尔版《马克思文集》在法国马克思研究史中具有里程碑式的意义,甚至影响到了整个西方马克思学。雷蒙·阿隆、夏特莱(F. Châtelet)、巴迪亚等知名学者都对其发表过评论。可以说,吕贝尔以降,法国马克思恩格斯著作的编译工作逐渐摆脱了政治的管控,开启了独立化、学术化的编辑模式。在马克思研究史上,吕贝尔的《马克思文集》不仅是十分重要的马克思恩格斯著作法译本,也是对苏联和东德版马克思恩格斯著作集的一种另类"补充",使研究者有机会接触到区别于苏联的编辑模式。尽管吕贝尔版《马克思文集》存在不少问题,但它在法语世界的地位非常高。近年来,这一文集仍然是法国高校和科研机构中最常用的马克思恩格斯著作法译本,不少马克思研究者仍然热衷引用这一版译文。凯文·安德森(K. Anderson)甚至将吕贝尔视作 20 世纪最伟大的马克思著作编辑者之一。[①] 然而,法国学界对吕贝尔编译的《马克思文

---

① 参见 Kevin Anderson, "Maximilien Rubel, 1905 - 1996, Libertarian Marx Editor", *Capital & Class*, 62 1997, p. 164.

集》四卷本褒贬不一。雅诺威、阿本舒、利奥塔等人把吕贝尔抬得很高，认为吕贝尔通过 1600 多页的手稿、报告记录、笔记、计划、草稿展示了一个全新的马克思。与之相对，伽罗（I. Garo）、库维拉斯基（S. Kouvelakis）等人则对吕贝尔的工作提出了质疑，指认吕贝尔的工作不完整，不仅扭曲了马克思的思想原貌，而且还割裂了马克思思想的整体性。

在此，我们还有必要补充说明当热维尔的编译工作。在法国的马克思恩格斯著作翻译史中，当热维尔显得比较特殊。他并不固定地与某一家出版社合作，而是相对独立地进行马克思恩格斯著作的翻译工作。他通过 10/18 出版社出版了按主题编译的《美国内战》（1970）、《俄国》（1974）、《德国的社会民主》（1975）、《马克思主义与阿尔及利亚》（1976）、《危机》（1978）、《〈资本论〉未发表的一章》（1971）和《1857—1858 年手稿》（1972）；又通过马斯佩罗出版社（Maspero）出版了《法国工人运动》（1974）、《乌托邦主义者》（1976）、《对马尔萨斯的批判》（1978）；通过社会出版社出版了《关于自然科学通信集》（1973）和《经济科学方法论文本集》（1974）；通过人类出版社出版了两卷本的《政治经济学基础：1850—1859 年手稿》。由此可见，就翻译马克思文本而言，当热维尔在 20 世纪 70 年代做出过重要贡献。

近年来，随着法国全新的马克思恩格斯全集翻译工程（Grande édition Marx-Engels，简称 GEME）的出现，马克思恩格斯著作翻译工作的学术严谨性得到进一步加强。GEME 工程由塞夫（L. Sève）倡导，由加布里埃尔·佩里基金会赞助。

按照项目设计时的初衷，GEME 以 MEGA² 为基础，但又不是对 MEGA² 的简单翻译，而是在法国已有的马克思恩格斯著作译本的基础上对马克思恩格斯文本文献的补译、修订或重译。与 MEGA² 相比，GEME 有着自己的特点：

其一，马克思恩格斯同一著作不同版本之间的差异以附录的形式呈现（例外的是《资本论》第一卷，包含了鲁瓦的译本和德文第四版）。

其二，GEME 不再收录马克思恩格斯的笔记，而是选择重要的文本以附录形式给出。所以，GEME 只包含三个部门：（1）按时间顺序编排的马克思恩格斯著作、论文和手稿；（2）《资本论》及其相关手稿；（3）按时间顺序编排的马克思恩格斯通信集。鉴于以往的马克思恩格斯著作法译本缺乏统一的体例，GEME 尝试通过定期举办研讨会来确保翻译的统一性。近年来，研讨会围绕诸多主题展开了讨论。下表展示了 2019 年以来具有代表性的一些会议。

表 4.1　GEME 具有代表性的研讨会

时间	主题
2019 年 6 月 14 日	马克思恩格斯在《纽约每日论坛报》中发表的文章的法文翻译
2019 年 11 月 16 日	在《共产党宣言》的实验室中
2020 年 2 月 1 日	恩格斯的《德国农民战争》
2020 年 6 月 16 日	《德法年鉴》GEME 译本
2021 年 1 月 16 日	《空想社会主义和科学社会主义》GEME 新译本中的"导读"
2021 年 3 月 6 日	马克思是生态学思想家吗？
2021 年 5 月 28 日	马克思与巴黎公社

其三，GEME 工程设置了详尽的目录索引和电子版。事实上，GEME 从一开始就提出了电子版和纸质版两种形式，纸质版以电子版为基础。

GEME 工程反映了法国马克思恩格斯著作翻译的最新动态，标志着法国的马克思恩格斯著作翻译工作从零散走向了体系，从意识形态走向了科学。近年来，GEME 产出了一些编译成果。2008 年出版《哥达纲领批判》；2010 年出版《资本论》第一卷的第六章；2014 年出版《〈政治经济学批判〉导言》和《德意志意识形态》第一章、第二章（先于 MEGA²/I/5 出版）；2015 年出版青年恩格斯著作第一卷；2018 年出版青年恩格斯著作第二卷和《黑格尔法哲学批判》；2020 年出版《德法年鉴》；2021 年出版《社会主义从空想到科学的发展》。另外，GEME 工程的编译者也承担了 MEGA² 部分卷次的编译工作，包括第一部门的第 28 卷以及第四部门的第 21 卷和第 29 卷。

总而言之，马克思恩格斯直接用法语写作的文本数量较为有限。马克思恩格斯文本文献的翻译工作仍然是法国马克思学的重要前提。在马克思恩格斯思想和著作的传播过程中，法国的社会主义刊物起到了基础性作用，而法国的出版社是马克思恩格斯著作翻译的主力军。此外，GEME 工程是法国马克思学的新尝试。与之前的出版计划相比，GEME 的出版规划更为系统和科学。MEGA² 也为 GEME 工程提供了文献支撑。然而，从近年来 GEME 出版的情况来看，GEME 编者没有严格执行项目之初的方案，这有可能会使法译本再度出现混乱的局面。例如，GEME 的《德意志意识形态》在 MEGA²/I/5 正式出版之前就出版了，而这就违背了最初的编辑方案。那么，GEME 的最终命运究竟会如何呢？这个问题只能交由历史去回答了。

第二节 法语世界马克思学兴起的原因与条件

马克思在法国的接受史漫长而曲折。在法国，孔西德朗（V. Considerant）主编的期刊《和平的民主》（*Démocratie pacifique*）1843 年 11 月 11 日的注释部分首次提及马克思。19 世纪 70 年代，法国的经济学界率先关注了马克思。19 世纪 80 年代，以盖德、拉法格和德维尔为代表的法国社会主义者开始积极传播马克思的著作和学说。苏夫莱团体（Soufflet groupe）、拉伯波尔（C. Rappoport）和"哲学团体"（Philosophies）则进一步研究马克思的著作和理论。19 世纪 90 年代以来，法国、德国和意大利之间的学术互动成为法国马克思学兴起的重要原因。

一、经济学界对马克思的关注

马克思在《资本论》第二版的跋中，专门提到了德罗贝尔蒂（E. de Roberty）和布洛克（M. Block）对《资本论》第一卷的评论文章。当时,在法国学术界,只有经济学领域的研究者粗略地阅读和研究过马克思著作,而其他领域的知识分子,尤其是哲学家,几乎都对马克思不感兴趣。那么,为什么马克思的《资本论》能在法国的经济学家中引起关注呢?这种关注与法国经济学家持有的自由主义意识形态相关。一方面,当时的政治经济学作为一门独立的学科,其目的是反对任何的国家干预,继续扩散和加深自由主义。因此,经济学家们早已习惯了公开地反对社会主义。另一方面,1871年的巴黎公社运动尽管以失败告终,但国际工人协会和德国的社会主义运动依旧活跃,这就使得奉行自由主义的经济学家们焦虑异常。在某种意义上,法国内战失败的阴霾刺激了经济学家,而这也在"发现马克思"的过程中发挥了重要作用。①

一部分经济学家关注马克思在社会主义运动中的政治活动。巴黎公社运动失败后,法国国内虽然出版了六本关于国际工人协会的专著,但马克思在国际工人协会中的地位仍然鲜为人知,仅仅被看作是"德国的通讯秘书"。《争论》杂志(*Journal des débats*)的编辑维尔塔(E. Villetard)在其著作《第一国际史》的附录部分完整地刊出了《法兰西内战。国际工人协会总委员会宣言》,但丝毫不关心作为作者的马克思。②此外,匿名的小册子《第一国际的奥秘》(*Les mystères de*

---

① 参见 Jacqueline Cahen, "La réception de l'œuvre de Karl Marx par les économistes français (1871 – 1883)", *Mil neuf cent*, No. 12, 1994, pp. 21 – 23。
② 参见 Edmond Villetard, *Histoire de l'Internationale*, Paris: Garnier frères, 1872, p. 327。

l'Internationale）虽然突出了马克思的重要性，但也仅仅只是将其看作是出自俾斯麦之手。《经济学家杂志》① 和《法国经济学家》（L'Economiste français）对马克思的了解有所提高。在整个19世纪70年代刊登的文章中，这两本刊物对马克思一共提到过26次（前者提到过20次，后者提到过6次），但涉及的主题仍然与国际工人协会和德国的社会主义运动相关。例如，勒鲁瓦—博利厄（P. Leroy-Beaulieu）的文章强调马克思对中央委员的影响。② 布洛克则认为，马克思迟迟不出版《资本论》第二卷的原因就在于，国际工人协会的工作占用了马克思过多的时间。③ 由此可见，在法国经济学家的眼中，马克思首先是一个国际工人运动的领导者。

另一部分经济学家关注马克思的理论工作。布洛克说："《资本论》是一项了不起的工作。马克思先生通过这部著作跻身于最杰出的分析学家之列，我们只有一个遗憾，那就是他走错了方向。"④ 德拉弗莱（E. de Laveleye）重点批判了《资

---

① 当时法国的经济学在出版界已经形成了一个"三足鼎立"的组织结构：一个是成立于1835年的加利马尔出版社；一个是创办于1841年的《经济学家杂志》，很快成为这个组织结构的核心；一个是成立于1842年的政治经济学协会，它是知识分子、政论家、商人、工业家和政治家会面的"思想实验室"。《经济学家杂志》在法国的经济学界一直占据支配性地位，而《法国经济学家》杂志则是1873年开始发行的后起之秀。

② 参见 P. Leroy-Beaulieu, "L'Association internationale des travailleurs", L'Economiste français, 26, 11 oct. 1873, p. 705。

③ 参见 Maurice Block, "Les théoriciens du socialisme en Allemagne", Journal des économistes, 27 (79), juillet 1872, p. 7。

④ 参见 Maurice Block, "Les théoriciens du socialisme en Allemagne", Journal des économistes, 27 (79), juillet 1872, p. 7。

本论》。虽然他评价了马克思的经济学理论，但他真正感兴趣的是德国社会主义的理论特质。① 因此，德拉弗莱也同样关注马克思在政治方面的影响，他甚至是当时经济学界唯一一个提到《共产党宣言》的人。② 利穆赞（C. Limousin）是《经济学家杂志》的编辑，也是第一位以自己的方式阐释马克思政治学说的人。他说："拉萨尔的或马克思的体系关注国家对所有土地、劳动工具和资本的控制，并通过非指定的手段对其进行使用。"他还指出，与巴枯宁相反，马克思想要"保留国家"，控制并驱使国家来实施他的体系。③ 在《工人党纲领》中，利穆赞看到了盖德主义与马克思在意识形态方面的关联，认为盖德的共产主义就是马克思的共产主义。④ 博蒂（E. Petit）负责《经济学家杂志》的国际专栏，他指出马克思的理论是科学的，即意识到了政治经济学这门学科的一些原则。但是，博蒂也指出，马克思的理论在实用性上稍逊于拉萨尔的理论。因此，他强调："尽管使用了一种合理的甚至是科学的方法，但卡尔·马克思先生永远不会成为一个改革者，至多只是一个教条主义者、科学但不实际的社会主义者。"⑤

---

① 参见 E. de Laveleye, "Le socialisme contemporain en Allemagne", *Revue des deux mondes*, sept. 1876, pp. 121 – 122。
② 参见 Jacqueline Cahen, "La réception de l'œuvre de Karl Marx par les économistes français (1871 – 1883)", *Mil neuf cent*, No. 12, 1994, p. 32。
③ Ch. Limousin, "Coup d'œil historique sur l'Internationale", *Journal des économistes*, 38 (112), avril. 1875, p. 83。
④ 参见 Ch. Limousin, "L'Agitation collectiviste révolutionnaire", *Journal des économistes*, 11 (33), sept. 1880, p. 400。
⑤ Eugène Petit, "Les congrès socialistes en Allemagne", *Journal des économistes*, 47 (140), avril 1877, pp. 189 – 190。

综上所述，在法国内部，经济学家最早展开学术性的马克思研究。尽管他们的关注点不尽相同，但他们大都戴着有色眼镜来看待马克思的思想理论和政治实践。然而，随着《资本论》第一卷法文版（1872—1875）在巴黎分册陆续出版，法国学者对马克思的态度发生了一些微妙的变化。其中，1873年的《通用大辞典》(*Grand dictionnaire universel*) 对马克思的态度就耐人寻味，它不仅正面评述了马克思的生平和著作，还把《资本论》看作是"以系统的范畴构建了社会和经济学理论"①。在法国的马克思学中，这一态度转变意义重大。一方面，它意味着马克思不再仅仅以负面形象出现在法国人眼中，另一方面，它也表明法国的知识分子产生了探究马克思理论本身的意愿。1879年以降，法国的经济学界开始对马克思的经济学理论进行了一定程度的学术性研究，一些专业的经济学著作都涉及了马克思的理论。例如，巴黎法学院教授考维斯（P. Cauwès）的《政治经济学简明教程》(*Précis du cours d'économie politique*, 1897)、德拉弗莱的《政治经济学要素》(*Eléments d'économie politique*, 1882) 和《当代社会主义》(*Le socialisme contemporain*, 1883)、儒尔当（A. Jourdan）的《储蓄和资本》(*Epargne et capital*, 1879) 和《政治经济学分析教程》(*Cours analytique d'économie politique*, 1882)、马蒂诺（E-. Martineau）一本14页的研究《资本论》的小册子《国际创始人马克思的社会体系研究》(*Examen du système social de Karl*

---

① *Grand dictionnaire universel du XIXe siècle*, tome X, Paris: Slatkine, 1982, pp. 1292 – 1293.

Marx, *fondateur de l'Internationale*, 1882)、勒鲁瓦-博利厄的《集体主义：新社会主义批判研究》(*Le collectivisme: examen critique du nouveau socialism*, 1884) 等，这些著作都尝试从学理上对马克思的经济学理论作出不同的阐释。

二、社会主义者和思想团体的推动

与经济学界一些学者主要关注马克思的政治实践不同，法国部分社会主义活动者和团体对马克思的理论更感兴趣。19世纪80年代，有三位社会主义者的贡献尤为突出。第一位是盖德（J. Guesde），他在赫施（K. Hirsch）、梅萨（J. Mesa）和苏夫莱团体（Soufflet groupe）的影响下，从无政府主义转向了马克思主义。① 第二位是拉法格，作为马克思的女婿，他终身追随马克思。第三位是德维尔（G. Deville），他阐释了《资本论》第一卷，积极推进了马克思的理论在法国的传播。进入20世纪后，"哲学团体"及其创办的《马克思主义评论》(*Revue marxiste*) 成为马克思理论和著作在法国传播的重要力量，拉伯波尔（C. Rappoport）在这一过程中起到了桥梁性作用。

---

① 苏夫莱团体存续于1873—1885年间，是一个由青年学生和知识分子组成的团体，经常讨论与社会主义有关的政治话题。通过德国的赫施和西班牙的梅萨，该团体完成了马克思理论培训，并在盖德加入后，帮助他们学习马克思的理论和思想。

(一) 社会主义者宣传马克思学说的三条进路

作为法国马克思主义的早期代表,盖德将马克思主义的知识融入了他的日常行动里,不仅积极地投身于工人运动,还通过杂志期刊进一步扩大了马克思主义在法国的影响。[①] 1877年,盖德创办了法国第一个马克思主义刊物《平等报》(*L'Égalité*)。[②] 在盖德的推动下,《无产者》(*Prolétaire*)、《社会主义》(*Le socialiste*)、《人民的呼声》(*Le cri du peuple*)、《社会主义评论》(*La revue socialiste*) 等知名期刊也开始陆续传播马克思的著作和学说。

在理论方面,盖德曾经在《激进者》(*Le radical*) 杂志上发表过一系列文章,概述了剩余价值理论。与此同时,他还与拉法格合写了《工人党的纲领、历史、动机和问题》(*Le programme du parti ouvrier, son histoire, ses considérants, ses articles*)。在这篇文章中,他们阐释了法国工人党的"最低纲领",并为马克思辩护(该纲领的前言部分是由马克思口述、盖德执笔写下的)。此外,盖德还撰写了大量关于集体主义的小册子和传单,与合作主义者、改良主义者等对手进行辩论。然而,在佩罗(M. Perrot)看来,盖德在很大程度上不能算作马克思主义理论家,而只是一个活动家、组织者,因为他所关心的是马

[①] 参见 Alexandre Zévaès, *De l'introduction du marxisme en France*, Paris: M. Rivière, 1947, p. 108.

[②] 值得注意的是,正是赫施从赫希伯格(K. Hochberg)那里筹集到了 4000 法郎来资助《平等报》的筹办。

克思理论的实用性,并将马克思主义看作是促进工人运动取得进展并获得胜利的一种工具。① 佩罗的看法不无道理。盖德投身于现实的工人运动,在对马克思著作的学术性研究方面确实存在着诸多缺陷,有时甚至出现严重偏离。例如。盖德在《平等报》上刊发布朗基的文章(布朗基的文章出现了 7 次,而马克思的文章只出现了 4 次),并在 1978 年 1 月 27 日期上撰文《工资法则》(La loi des salaires)来证明和维护拉萨尔"工资铁律"的观点。

如果说盖德对待马克思的态度更像是同路人,那么拉法格就是马克思的忠实信徒。与盖德创办马克思主义刊物的方式不同,拉法格主要通过将马克思恩格斯的著作译为法文来传播马克思的理论。例如,《国际工人协会总委员会呼吁书。致会员、各所属团体和全体工人》(1867)、《资本论》第一卷序言的摘录(1867)、《反杜林论》(即《社会主义从空想到科学的发展》,1880)、《共产党宣言》(1882)、《揭露科隆共产党人案件》(1900)、《家庭、私有制和国家的起源》(法文版名为《宗教、哲学、社会主义》1901)等。

在理论阐释方面,拉法格不仅与盖德合作写作了关于"最低纲领"的文章,还举办了系统的历史唯物主义讲座(1884 年),并以此为基础出版了《卡尔·马克思的经济唯物主义》(Le matérialisme économique de Karl Marx)一书。通过对比资产阶级历史学家的唯灵论和马克思的历史唯物主义,拉法

---

① Michelle Perrot, "Les guesdistes: controverse sur l'introduction du marxisme en France", *Annales*, 22 (3), 1967, p. 707.

格分别从人的产生、经济形式的变迁、阶级和人类内部斗争，以及国家政权与解放的关系等角度出发，阐释了马克思的理论。此外，拉法格还曾在《平等报》《社会主义评论》等期刊发表过大量辩论性质的文章。然而，拉法格的阐述难以令人满意，他对马克思和马克思主义的解读过于简单、肤浅。意大利学者克罗齐就曾批判过拉法格的观点，认为拉法格把历史唯物主义当作"野蛮的多管炮"[①]。由此可见，在法国马克思学的学术史中，拉法格最主要的贡献不在于理论阐释，而是文本翻译。

与盖德和拉法格不同，德维尔是较早从学术的角度切入传播马克思主义的学者。在马克思的邀请和鼓励以及恩格斯的帮助下，德维尔完成了《〈资本论〉概要》（1883）一书，极大地促进了马克思的思想在法国的传播。在某种意义上，这一著作是法国马克思学中的一个道里程碑，一举改变了马克思著作在法国受冷遇的境况。《〈资本论〉概要》勾起了读者阅读《资本论》的兴趣。《〈资本论〉概要》甚至成为了法共党员在理论培训时必读的三部著作之一（另两部是《共产党宣言》和《法兰西内战》）。值得一提的是，《〈资本论〉概要》的影响力甚至超出了法语世界，它先后被译为西班牙语（1887年）、意大利语（1893年）和英语（1900年），考茨基甚至想将它翻译成德语。

1884年，德维尔还就马克思的《资本论》做了五场讲座，

[①] 转引自 Neil McInnes, "Les débuts du marxisme théorique en France et en Italie", *Etudes de marxologie*, juin（no. 3），1960, p. 22。

主题分别是："资本的诞生""工人阶级的形成""协作与加工""机械化与大工业"和"资本的终结",并最终以《资本的演变》(*L'évolution du capital*)为题成册出版。尽管德维尔的解读存在庸俗化的倾向①,但他的讲座和著作成功地将《资本论》展示在了法国学者的眼前,为法国学者日后的马克思研究奠定了某种基础。

事实上,盖德、拉法格和德维尔三人从三条进路出发宣传马克思的思想。盖德的杂志在工人运动中有很大的影响力,他为传播马克思的思想提供了期刊平台;拉法格与马克思关系紧密,在其妻子劳拉·拉法格的帮助下翻译了不少马克思的著作,为传播马克思的思想提供了文本基础;德维尔曾经系统地学习过马克思的理论,能用通俗易懂的语言解释马克思的学术观点(特别是《资本论》),他的解读成为法国《资本论》研究的早期样式。可以说,通过盖德的期刊杂志、拉法格法文译本和德维尔理论阐释,马克思的学说在法国得到了全方位的传播。

(二)"哲学团体"及其与苏联学界的互动

在马克思主义的法国传播史中,拉伯波尔(是法国社会党的发起人之一,后又加入法国共产党)是极其重要的人物,但他的作用一度被忽视。事实上,在法共成立之初的几年里,

---

① 例如,麦金尼斯(N. McInnes)就批判了德维尔的《资本的演变》。麦金尼斯认为,德维尔将马克思的经济学理论简化为庸俗的集体主义,而德维尔关于完善未来社会的想法也只不过是一些乌托邦式的建议。参见 Neil McInnes, "Les débuts du marxisme théorique en France et en Italie", *Etudes de marxologie*, juin(no. 3), 1960, p. 29。

正是拉伯波尔承担了宣传马克思思想的任务。通过写作小册子和为《人道报》(L'Humanité) 等刊物撰稿，拉伯波尔进行了大量的理论宣传活动。1922—1923 年间，他在法共创办的共产主义学校里讲授马克思的历史唯物主义、经济学思想。更为重要的是，通过拉伯波尔，法国学者与苏联学者之间的学术关系得以建立。

拉伯波尔与梁赞诺夫交好。正是通过这一层关系，法国和苏联学者之间的交流得以顺利展开。具体而言，这种联系是通过"哲学团体"的刊物《马克思主义评论》实现的。"哲学团体"是法国第一个严肃考察并发展马克思理论的团体。几个来自巴黎高师的青年知识分子①，在经历了战后的"精神危机"和"时代疾病"后，先是聚集在只存续了一年的先锋杂志《哲学》(Philosophies)(1924—1925) 中，后又创办了另一短暂存在的杂志《精神》(Esprit)(1926—1927)。随后，"哲学团体"的成员开始探索德国古典哲学，尤其重视谢林和黑格尔的著作，并于 1928 年秋成立了自己的出版社"评论"(Les revues)。这时，拉伯波尔来到了"哲学团体"中担任精神导师，并主持该团体创办的第三本期刊《马克思主义评论》的编辑工作。1928 年秋，梁赞诺夫从莫斯科给拉伯波尔寄来了一批文本，包括苏联近期的哲学出版物以及马克思恩格斯研究院的一些文本。不久，梁赞诺夫提供的文本就在《马克思

---

① 主要包括莫尔汗 (P. Morhange)、列斐伏尔 (H. Lefebvre)、波利策 (G. Politzer) 和居特曼 (N. Guterman)。尼赞 (P. Nizan) 是弗里德曼 (G. Friedmann) 在巴黎高师的好友，在后期加入了"哲学团体"。

主义评论》上陆续刊出，极大地影响了法国的马克思研究。例如，1929年2月，《马克思主义评论》的创刊号上刊登了第一篇重要译文——《1844年经济学哲学手稿》第三手稿的一部分，由居特曼（N. Guterman）翻译并撰写前言，另一部分发表于6月；恩格斯的《论辩证法》（De la dialectique，即《反杜林论》的前言）发表于4月；《恩格斯政治遗嘱》汇编逐期发表于5月和6月；马克思的《致拉夫罗夫的信》发表于5月。《马克思主义评论》还发表了列宁的《论战斗唯物主义的意义》一文。在这一文本中，列宁强调了黑格尔研究的意义，呼吁把黑格尔的辩证法塑造为"唯物主义之友"。这一论断深刻地影响了列斐伏尔，为他日后开创黑格尔主义的马克思主义奠定了基础。此外，《马克思主义评论》还刊登了德波林、塔尔莱、梁赞诺夫等一些苏联学者的文章。此外，对威特福格尔（K. Wittfogel）关于地缘政治文章的引用还标志着"哲学团体"与法兰克福学派的第一次接触。作为一份独立的马克思主义刊物，《马克思主义评论》在法国的辐射范围较大，刊印量已经超越千余份。

在某种意义上，梁赞诺夫提供的材料对"哲学团体"及其成员产生了重要影响。"哲学团体"从巴黎知识分子的文化温室中解放了出来，而这比法国最有经验的马克思和黑格尔评论家的研究还早六年。[①] 正是通过马克思的文本，他们直接触碰到马克思思想，意识到学术性的马克思研究的重要价值。特

---

① 参见 Fred Bud Burkhard, "The 'Revue marxiste' Affair: French Marxism and Communism in Transition Between the Wars", *Historical Reflections*, Vol. 20, No. 1, 1994, p. 145。

别值得一提的是,《1844 年经济学哲学手稿》与"哲学团体"研究谢林和黑格尔的尝试相契合,而这就使得他们立刻把握到了马克思与德国古典哲学的关联。

三、法德意互动的助力

19 世纪 90 年代,在与德国、意大利学界的互动交流中,法国学界的马克思研究步入了一个崭新的历史阶段,法国学者加快了马克思恩格斯著作的译介工作,并基于此进一步研究了马克思和恩格斯的思想。在这一过程中,索列尔发挥了重要作用,《新纪元》(*Ere nouvelle*)① 和《社会未来》(*Devenir social*)等刊物则成为重要的交流载体。

与索列尔和拉布里奥拉等罗曼语族的作家相比,考茨基和伯恩施坦等德国理论家更具研究马克思的优势。一方面,后者更容易获得马克思的文本;另一方面,他们更容易基于德国理论传统来理解和解读马克思的思想。考茨基、伯恩施坦等德国理论家不仅占有理论研究的优势,还占领了理论宣传的高地——《新时代》(*Die Neue Zeit*)成为德国工人运动的理论期刊。为了更好地宣传马克思的理论,在巴黎的第一国际理论家们借鉴了这一期刊的运行模式,尝试推出一个法文版的《新时代》。在列奥·弗兰克尔(L. Frankel)的领导下,罗马

---

① 该法文名称也可译为《新时代》。我们建议将其译作《新纪元》,以免与德国《新时代》混淆。

尼亚学生乔治·迪亚曼迪（G. Diamandy）创办《新纪元》。

1893年7月开始，《新纪元》每月都会出版百余页。事实上，在创刊之初，法国的《新纪元》比较依赖德国的《新时代》，刊发了恩格斯、考茨基、伯恩施坦和倍倍尔等德国理论家的文章。与此同时，饶勒斯、泽瓦埃斯（A. Zévaès）和德维尔等法国理论家的文章也被相继刊出，拉法格、盖德等人的旧文也被重新刊印。索列尔也为《新纪元》撰写过两篇具有重要意义的文章。其一，《新旧形而上学》（L'Ancienne et la nouvelle métaphysique）。这篇文章从《关于费尔巴哈的提纲》的思想出发，第一次尝试发展马克思的知识论和科学理论。日后，这篇文章被冠以《从亚里士多德到马克思》（D'Aristote à Marx）成册出版。其二，《异教的终结》（La fin du paganisme），后以《古代世界的毁灭》（La ruine du monde antique）为题出版。在这篇文章中，索列尔推广了马克思的文化理论，将其应用到了当时欧洲社会主义者极少关注的人类历史领域中。在法国马克思研究体系化和学术化的过程中，索列尔的这两篇原创性的文章具有重要意义。一方面，它们为法国的马克思研究提出了新视角，扩宽了法国学者马克思研究的范围；另一方面，它们成为反思历史决定论的重要文本。

作为罗曼语族中第一个马克思主义机关刊物，《新纪元》的影响力甚至超过了意大利的《社会评论》（*Critica sociale*）。[①]

[①] 《社会评论》（*Critica sociale*）也可以翻译为《社会批判》。本著作遵从《马克思恩格斯全集》中文第1版的译法，译作《社会评论》。关于该期刊更详细的介绍参见本书第六章中的相关注释。

它不仅在理论宣传上具有不可或缺的作用,还在政治实践中推动了工人运动。遗憾的是,在发行了 17 个月之后,《新纪元》被迫停刊。

几个月之后,索列尔、博内(A. Bonnet)、德维尔、拉法格等人又创办了期刊《社会未来》。1895—1898 年间,《社会未来》成为法国和意大利马克思主义研究和传播的主要平台。一开始,期刊领导人索列尔仍然参照德国的《新时代》重印一些文章。后来,期刊领导者们不满于转发旧文,开始呼吁《新纪元》原先的撰稿人和其他国家(尤其是意大利)的作者为该刊写作。与此相同,《社会未来》也陆续刊登了马克思恩格斯的一些著作,包括拉法格翻译的《论原始基督教的历史》的片段,《〈黑格尔法哲学批判〉导言》以及恩格斯关于历史唯物主义的书信。值得一提的是,《资本论》第三卷出版后,《社会未来》立即刊登了恩格斯、康拉德·施米特和拉布里奥拉等人的文章,公开回应了欧洲学界对马克思经济学理论的讨论。

如果说《新纪元》是德国和法国学界之间的桥梁,那么《社会未来》则将法国和意大利联结在了一起,为不同背景的研究者提供了一个理论交流平台。① 一方面,意大利学者的研究成果被引入法国学界。《社会未来》创刊以降,安东尼奥·拉布里奥拉、克罗齐、阿图罗·拉布里奥拉、埃诺蒂、莱尔达

---

① 《社会未来》与意大利之间的关系主要是通过索列尔搭建起来的。在转向马克思主义之前,索列尔就与意大利学界颇有渊源。索列尔首次撰写的马克思理论文章——《社会主义与革命》(Socialismo e rivoluzione, 1889)和《马克思的一些历史预言》(Alcune previsioni storiche di Marx, 1890)也发表在意大利的期刊《大众政治》(Rivista popolare di politica)。

和维尔吉利等意大利学者都曾在《社会未来》发表过与马克思研究相关的文章。另一方面,法国的《社会未来》和意大利的《社会评论》共享了部分研究话题,形成了一种联动关系。例如,1894 年 7 月至 1895 年 3 月间,《社会评论》跟随《社会未来》的讨论,发表了 14 篇关于劳动价值论的文章。1895 年,该杂志又紧跟《社会未来》讨论历史唯物主义。

19 世纪末,《社会未来》得到了意大利马克思主义者的认可,他们更愿意在法国的《社会未来》中发表自己的主要作品,而只允许意大利的《社会评论》转载它感兴趣的文章。例如,拉布里奥拉就在《社会未来》中发表了他的经典著作《纪念〈共产党宣言〉》以及关于历史唯物主义研究的一部分。这一文章后以《历史唯物主义概念研究》(*Essais sur la conception matérialiste de l'histoire*, 1897)为题名在法国出版,索列尔为其撰写了序言。克罗齐在《社会未来》(同时也在意大利)发表了三篇文章,后以《历史唯物主义和马克思主义经济学》(*Matérialisme historique et économie marxiste*, 1901)为题名出版。由此可见,拉布里奥拉、索列尔等意大利学者高度肯定了《社会未来》的期刊定位和影响力。事实上,当索列尔邀请拉布里奥拉为《社会未来》撰稿时,拉布里奥拉就迫不及待地写信给克罗齐,提到"一本真正的马克思主义杂志"终于被启动了,而克罗齐回复:"这封信标志着马克思主义理论在意大利的诞生。"①

---

① Benedetto Croce, "Come nacque e com e mori il marxismo teorico in ltalia (1895 – 1900)", *La critica*, 36, 1938, p. 35.

第三节　法国马克思学的思想传承

20世纪以降，法国马克思学经历了多个思想解读阶段，涌现了许多代表人物。事实上，这些人物的解读之间存在着直接或间接的思想传承关系。这一节旨在重构法国马克思学的理论谱系，凝练出五条风格迥异但又密切相关的解读进路，即"黑格尔主义视域下的马克思研究""结构主义视域下的马克思研究""文本文献考证传统的马克思研究""现象学视域中的马克思研究""反马克思主义的马克思研究"。在法国，"黑格尔主义视域下的马克思研究"是最先被体系化的马克思解读进路，它与其他四种解读进路之间存在着千丝万缕的联系，甚至可以被视为其他四种解读进路共同的理论源头。

一、黑格尔主义视域下的马克思研究

拉布里奥拉开启了意大利的黑格尔主义马克思主义传统，并在卢卡奇等人的著作中产生了回响[①]，它们共同影响了法国的思想界，催生了法国的黑格尔主义马克思主义以及与之关系密切的学术性马克思研究。

---

① 参见本书第六章第三节。

第四章 法国马克思学的形成和发展

20世纪20年代,列斐伏尔就开始以学术的方式对待马克思。一方面,在布勒东和梁赞诺夫的影响下,他与"哲学团体"的成员们一起直面黑格尔与马克思的关系问题;另一方面,在与居特曼合作翻译列宁的哲学笔记时,他借助列宁走近了马克思与黑格尔,较早地从黑格尔辩证法的角度出发阐释马克思的思想。① 在某种意义上,他开创了法国黑格尔主义视域下的马克思研究进路。除了辩证法,列斐伏尔还强调马克思早期著作的重要性,尤其关注"异化""实践""完整的人""社会整体"等概念。在与居特曼合作出版《马克思著作选集》(1934)时,列斐伏尔就明确地提出,巴黎时期是马克思一生中最重要且最多产的时期,马克思在此期间从一个民主左派转变为无产阶级革命者,而这一阶段的著作不仅是马克思哲学发展的一个阶段,更是马克思哲学发展的核心。进一步地,列斐伏尔将早期著作中的《1844年经济学哲学手稿》视为"马克思最重要的遗产"②。与美国的马克思学家胡克类似,列斐伏尔也把马克思打造为一个"异化理论家",并且试图用异化理论来串联马克思不同时期的思想。这样一来,列斐伏尔就将马克思"封印"在黑格尔和青年黑格尔派的哲学框架之中,马克思思想的发展过程也只能被看做是黑格尔哲学的内部发展。凯利(M. Kelly)清楚地意识到了这一点,认为列斐伏尔

---

① 在列斐伏尔看来,马克思对黑格尔的辩证法经历了一个"赞同—摒弃—重新接受"的过程。参见 Henri Lefebvre, *Dialectical Materialism*, trans. John Sturrock, London: University of Minnesota Press, 2009, p. 84。

② Henri Lefebvre, *Marx*, Paris: Gallimard, 1964, p. 19.

忽视了马克思思想中的非黑格尔因素，没能从唯物主义的视角正确地认识马克思的思想发展过程。①

与列斐伏尔一样，科尔纽也强调黑格尔在马克思思想发展中的作用。然而，与列斐伏尔主要关注马克思和黑格尔之间的思想关系不同，科尔纽更多地着力于马克思的思想来源。早在20世纪30年代，他已经提出马克思思想主要来源于德国浪漫主义的论断②，《马克思与1848年革命》（1948）和《马克思与现代思想》（1948）等作品则进一步深化了这一研究。此外，他也强调马克思思想中的黑格尔因素、青年黑格尔派（尤其是赫斯）因素。科尔纽的马克思学成果集中体现在他撰写的马克思恩格斯传中。在传记写作过程中，科尔纽参考了大量 MEGA¹ 的材料，并且积极吸收德国和苏联学者的成果，尤其是梅林的《马克思传》和古斯塔夫·迈耶尔的《恩格斯传》。科尔纽的马克思学成果产生了巨大的国际影响力，也得到了东德政府和高校的大力支持。然而，与列斐伏尔一样，他们的研究都受到法共理论家的严厉批评。不同的是，列斐伏尔坚持己见，退出法共之后就转向了西方马克思主义；科尔纽则稍做修正，将苏联马克思学研究模式与法国马克思研究模式有机地结合了起来。

科耶夫、伊波利特等人的学术活动也推动了法国马克思学

---

① 参见 Michael Kelly, *Modern French Marxism*, Baltimore: Johns Hopkins University Press, 1982, p. 37。
② 参见 August Cornu, "Karl Marx et la pensée romantique allemande", *Europe*, oct. 15, 1935, pp. 199–216。

的发展。科耶夫的黑格尔讲座和伊波利特的黑格尔研究则为法国黑格尔主义视域下的马克思研究注入了新的因素。与法国早期研究者看重《逻辑学》而排斥《精神现象学》不同,科耶夫和伊波利特继承了"哲学团体"的进路,关注《精神现象学》中关于理性的历史地位及其提供的思想资源。借助《精神现象学》的相关资源,法国学者开始以学术的方式分析马克思的思想。

作为黑格尔专家,伊波利特加大了马克思研究的力度。基于黑格尔和马克思的文本,伊波利特甚至认为,《1844年经济学哲学手稿》不仅是马克思对黑格尔《精神现象学》的述评,也是《共产党宣言》的雏形。① 在伊波利特看来,"马克思—黑格尔"的关系问题并不是一个陈旧的历史问题,而是一个历久弥新的学术话题。伊波利特的这一说法无疑为黑格尔主义视域下的马克思研究提供了某种合法性。基于此,董特(J. D'Hondt)才得以继续推进了伊波利特的研究,聚焦于黑格尔的辩证法和马克思的辩证法,强调两者的内在连续性问题。巴什拉、康吉莱姆、福柯和米歇尔·亨利等人的马克思研究也都受惠于伊波利特,并且发展了伊波利特的研究思路。

从具体研究者的学术传承和思想传承看,列斐伏尔真正地开启了黑格尔主义视域下的马克思研究,成为整个法国对马克思进行学术性研究的起点。同时,列斐伏尔对辩证法的研究,为马克思主义和存在主义的融合奠定了基础,而科耶夫、伊波

---

① 参见 Jean Hyppolite, *Études sur Marx et Hegel*, Paris: Riviere, 1965, p. 139。

利特等人则通过青年马克思的文本文献把马克思与人道主义捆绑在了一起。由此可见,"人道主义的马克思研究"、"存在主义的马克思研究"等学术进路仍然没有超出"黑格尔主义视域下的马克思研究"这一解读路径的范围,它们仅仅只是"黑格尔主义视域下的马克思研究"路径的变体。与此相反,"结构主义的马克思研究"则试图挣脱黑格尔主义的桎梏,脱离黑格尔来解释马克思的思想。

二、结构主义视域下的马克思研究

结构主义视域下的马克思研究与结构主义的马克思主义是一体两面的。阿尔都塞等理论家在阐发自己的结构主义马克思主义思想时,也曾有过一些马克思学性质的马克思研究,而这种研究是带着结构主义的有色眼镜的。

在"人道主义—结构主义"的拉锯战中,阿尔都塞旗帜鲜明地反对人道主义。与之类似,阿尔都塞在解读马克思的文本时也拒斥人道主义和存在主义的解读径路,而是从结构主义的角度出发独具匠心地"审读"马克思的著作。

《保卫马克思》和《读〈资本论〉》等著作中就有带有马克思学色彩的马克思解读。为了克服人道主义和教条主义的"错误"并阻止历史唯物主义和辩证法进一步滑向形式主义和唯心主义,阿尔都塞一方面提出马克思思想发展中存在一个"认识论断裂",另一方面则要将黑格尔从马克思思想中彻底驱逐出去。阿尔都塞对马克思的解读在法国引起了强烈的理论震动。在法国,"认识论断裂"还直接影响了雅克·比岱对《资本论》及其文本群的研究,并启发他发展出一种"认识论支撑/障碍"的解读理论。同时,"断裂说"也分别在米歇尔·亨利和董特那里引发了理论回应。前者承认马克思思想中存在"断裂",却为这种"断裂"作出了一种积极的说明,后者则断然拒绝"断裂说",主张黑格尔和马克思之间的思想连续性。

结构主义视角下的马克思解读引发了一些学者的不满。在一些学者看来,阿尔都塞的马克思解读带有浓厚的主观色彩,他们试图在理论上驳倒阿尔都塞的解读。例如,列斐伏尔还以独立理论家的身份对结构主义马克思主义的阐释进路进行了全方位的批判。当阿尔都塞用结构主义的方式阐释马克思时,列斐伏尔则声称自己并不是要换一种方式来阐释马克思,而是要恢复马克思本来的思想。[①] 阿尔都塞从意识形态的角度出发谴责法国学界,认为"回到黑格尔"是反动的、保守的。但列斐伏尔等人却表示,阿尔都塞忘记了马克思本人和列宁都曾"回到黑格尔"[②],而结构主义为了否定黑格尔的唯心主义辩证法而丢掉了辩证法本身。法共理论家加罗迪提出一种综合了存在主义的马克思主义人道主义,与阿尔都塞展开争论。吕西安·塞夫则另辟蹊径,从性格心理学的角度对阿尔都塞进行批判。在《马克思主义与性格理论》(1969)中,塞夫通过对

---

① Henri Lefebvre, *Au-delà du structuralisme*, Paris: Anthropos, 1971, p. 119.
② 参见 Henri Lefebvre, "Lettre sur Hegel", *La nouvelle critique*, 22, january 1951, pp. 99 – 104。

《德意志意识形态》和《大纲》的考察，阐述了马克思"科学的人道主义"的发展。

在塞夫的"反拨"作用下，法共中的黑格尔专家在黑格尔和马克思的关系问题上贡献了很多原创性的研究成果，黑格尔主义视域下的马克思研究开始回暖。董特和梅西埃－约萨（S. Mercier-Josa）是这一时期的典型代表。董特的核心主张是，从黑格尔的辩证法到马克思的辩证法存在着深刻的连续性，黑格尔的思想在马克思的文本中得到了同化，这两位思想家关于劳动、异化、辩证法的基本范畴的连续性，是与实证主义、结构主义和乌托邦主义相反的。梅西埃－约萨则在肯定黑格尔的思想是思辨思想终极体系的前提下，提出马克思在这一基础上超越了这一体系。

然而，人道主义和结构主义之争愈演愈烈的同时，法国学者也开始越来越偏离马克思的文本。他们不再关心马克思本人到底说了什么，而是通过裁剪马克思的思想资源来发表自己的学术观点和政治主张。这也为文本文献考证传统的马克思研究奠定了基础。吕贝尔的"马克思学"正是在这场争论中异军突起，力图摆脱政党的控制和影响，通过回到马克思的文本来进行严肃的学术研究。

三、文本文献考证传统的马克思研究

文本文献考证传统的马克思研究从根本上看是一种研究方法和原则。在立足于文本本身并回到原初语境的基础上，文本文献考证传统的马克思研究包含了马克思文献学考证、马克思思想演变考证以及马克思文本阐释（解读）考证。在法国，文本文献考证传统的马克思研究在拉法格那里就已经现出端倪，随后在科尔纽的研究工作中得到了扩展。吕贝尔的"马克思学"则成为文本文献考证传统马克思研究的高潮，并在阿本舒和"批评学派"那里得到了回应。

早在马克思著作和思想尚处于传播阶段时，拉法格就力图通过文本解读来阐释马克思的思想（尤其是唯物史观和经济思想）。马克思主义遭受误解和攻击时，拉法格总是力图通过发表文章或理论宣传的方式来澄清马克思的本意。尽管拉法格对马克思思想和理论的解读出现过不少简化和偏差，但拉法格通过翻译、讲座、发表著作和文章等形式，主观上尽量依照马克思的本意来宣传马克思的思想和理论。正是在这个意义上，我们将拉法格视作法国文本文献考证传统的马克思研究路径的先声。值得一提的是，在马克思女儿爱琳娜去世后，拉法格还与妻子劳拉一起承担了保存马克思手稿的重要任务。此外，拉法格还对马克思的唯物史观和经济学理论进行了一定程度的解读。

科尔纽的马克思学成果扩大了文本文献考证传统这一解读进路的影响力。在写作博士论文期间，科尔纽就试图从文本文献的角度出发重构青年马克思思想发展过程。在系统地写作马克思传的过程中，科尔纽愈发意识到文献资料对于马克思研究的重要性。他积极吸收德国和苏联学者的成果，充分利用MEGA材料进行研究。科尔纽的马克思学成果不仅得到了阿尔都塞、伊波利特等法国思想家们的认可，也深刻地影响到了吕贝尔、费彻尔、麦克莱伦等西方马克思学家。阿尔都塞在谈到法国马克思研究的状况时指出："我们能向国外介绍的学者，除了奥古斯特·科尔纽以外，也许别无他人。"①

吕贝尔的"马克思学"是文本文献传统马克思研究的高潮。在吕贝尔看来，"马克思学"首先是一种研究方法，其目的是对马克思进行严肃的学术研究，而对马克思文本的考证和编辑，则是实现这一目的的手段。②因此，吕贝尔编译出版了《马克思文集》，并且创办了学术期刊《马克思学研究》。在编译出版马克思著作的同时，吕贝尔也尝试面向文本解读马克思的思想。吕贝尔对马克思的阐释可以从两个方面来考察：一方面，吕贝尔从伦理学的角度对马克思思想进行阐释，强调马克思思想中的乌托邦因素，反驳了"经济决定论"以及阿尔都塞的"断裂说"；另一方面，吕贝尔从政治学角度对马克思进行解读，重点强调无产阶级自我解放的问题。在学术关系上，政治学角度是伦理学角度的理论延伸。在吕贝尔的研究过程中，梁赞诺夫、科尔纽等人对他的影响也一目了然。吕贝尔大力推崇梁赞诺夫的工作，除了为其打抱不平，更是通过发表《波拿巴主义面前的马克思》，从实质上推进了梁赞诺夫本人未能实施的研究计划。换而言之，梁赞诺夫等苏联学者的文献

---

① ［法］路易·阿尔都塞：《保卫马克思》，顾良译，商务印书馆1984年版，第7页。
② 参见 Maximilien Rubel, "Avant-propos", *Etudes de marxologie*, juin 1960, pp. 3–4。

资料也启发吕贝尔从文本考证的角度切入马克思研究。正是在这个意义上，以吕贝尔为代表的法国文本文献考证传统的马克思研究可以被视作苏联马克思学在法国的理论回响。

作为吕贝尔后学，阿本舒赞同文本文献考证的基本做法，进一步解读了马克思的思想，试图通过一种批判的政治哲学来实现乌托邦自由。在阿本舒看来，将马克思和乌托邦彻底分割开只能是一种神话；事实上，马克思对乌托邦的批判最终通过将乌托邦转化为本体论的辩证法从而挽救了乌托邦。阿本舒经常引用阿多诺的表述来说明这一点："为了实现乌托邦，马克思和恩格斯成为乌托邦的敌人。"[1] 阿本舒推崇吕贝尔的文献学进路，但这不意味着他全盘接受吕贝尔的论证思路和结论。在解读马克思的过程中，他批判地评价了吕贝尔关于马克思著作同一性的观点，推进了吕贝尔没能完成的任务，即批判阿尔都塞。吕贝尔认为，只有在马克思和马克思主义之间的差异被全部剔除后，才能发现真正的马克思；但在阿本舒看来，吕贝尔的工作尽管有着绝对的优点，却缺乏将马克思的著作统一起来的愿景。换句话说，通过批判马克思主义，吕贝尔想要不惜一切代价拯救马克思，却错过了马克思文本中固有的张力和矛盾。在阅读马克思的过程中，阿本舒发现了马克思身上存在两个相互矛盾的主题：第一个主题是"专制主义"，该术语被用来区分自由主义共产主义和第一国际的专制共产主义；第二个主题是"自由主义"，涉指将民主定义为对国家的反抗以及坚

---

[1] Theodor Adorno, *Negative Dialectics*, New York: Continuum, 1995, p. 322.

持被压迫者的自我解放。在《反国家的民主：马克思与马基雅维里时刻》中，一方面，阿本舒重新审视了"专制主义"在马克思思想中的表现，并利用法兰克福学派的批判理论对其作了一定程度的补充；另一方面，阿本舒极其重视马克思的"反叛的民主"，从更为广泛的视角讨论了民主、国家和革命之间的关系。

随着结构主义马克思主义的退潮，法国马克思主义批评学派兴起，代表人物有乔治·拉比卡、艾蒂安·巴里巴尔和雅克·比岱。与吕贝尔后学一样，批评学派也深受文本文献进路的影响。乔治·拉比卡、艾蒂安·巴里巴尔、雅克·比岱等学者还试图将马克思的文本与结构主义的方法结合起来。通过阅读和研究马克思的早期著作、无产阶级专政思想以及《资本论》文本群，他们试图对马克思思想做出阐释。拉比卡以学术的方式切入马克思思想中的核心概念，组织编撰了《马克思主义考证辞典》（1982），在思想史的背景中考察了马克思主义核心概念的来龙去脉。巴里巴尔关注马克思思想中的哲学内容。作为阿尔都塞的学生与合作者，他不仅忠实于老师提出的"认识论断裂"说，更在政治学转向后继续早期关于历史唯物主义的研究。在这个意义上，可以说巴里巴尔的研究是文献学和结构主义方法的综合。围绕历史唯物主义和无产阶级专政的内容，巴里巴尔从政治哲学的角度批判地阐释了马克思的思想。与巴里巴尔倚重马克思政治思想不同，比岱从经济思想切入马克思。受到阿尔都塞的"认识论断裂"和"马克思—黑格尔关系"问题的影响，比岱在文献学的基础上，通过对

《资本论》及其文本群的解读,构建起了自己独特的马克思阐释角度。从意识形态层面看,比岱的理论出发点不是某一种马克思主义哲学,而是对马克思历史理论的哲学考察;从学术层面看,比岱拒绝将马克思的文本看作是连贯一致的整体或纯粹的线性发展。由此可见,比岱的马克思研究从属于马克思学的研究路径。同时,比岱的研究还借鉴了诸多流派,例如,分析马克思主义、日本的宇野学派、法兰克福学派以及受解放哲学影响的拉丁美洲马克思学家恩里克·杜塞尔(Enrique Dussel)。同杜塞尔一样,比岱也将马克思的概念重建过程看作是一种知识进步。因此,他批评很多学者没能看到《资本论》第一卷的第二版比第一版更好、更严谨。[①] 基于文本,比岱将《资本论》的论述逻辑解释为三个层面的辩证法,即"元结构"层面、"结构"层面和"实践"层面。此外,比岱还提出,《资本论》第一卷中劳动价值理论和资本关系理论之间存在着一种概念的中断。

四、现象学视域中的马克思研究

现象学视域中的马克思解读路径根源于胡塞尔现象学进入法国带来的理论效应。现象学(揭示现象应然逻辑)与马克思理论(超越虚幻意识以改造世界)之间存在着某种结合的可能性。这种可能性为法国的马克思研究摆脱苏联解读模式带

---

① Jacques Bidet, *Explication et réconstruction du 'Capital'*, Paris: PUF, 2004, p.76.

来了希望。此外，受益于新出版的马克思早期著作，人们发现马克思在很多方面都预见到了现象学。

法国学者将现象学的方法与马克思研究结合起来的尝试共有两次。第一次尝试以 20 世纪 50 年代的陈德滔（Tran Duc Thao）为代表。陈德滔的《马克思主义与现象学》（1946）和《存在主义与辩证唯物主义》（1949）两篇文章是法国现象学转向的标志。如果说在《马克思主义与现象学》中还充斥着人道主义马克思主义的意味，那么《存在主义与辩证唯物主义》则明显表现出对现象学的关注以及对存在主义的批判。随后，在《现象学和辩证唯物主义》（1951）中，陈德滔尝试借助辩证唯物主义思想改造出一种非胡塞尔式的现象学。当时，这一著作在法国学术界影响不小，并且为 20 世纪 60 年代新人道主义的马克思主义和结构主义的马克思主义的出场奠定了基础。值得一提的是，《现象学和辩证唯物主义》这一专著的标题在再版时（2012 年）被修改了，编者将其改为"从胡塞尔到马克思：现象学和辩证唯物主义"。

不过，我们需要清醒地认识到，陈德滔的理论旨趣并非"回到马克思"，而在于运用马克思的思想资源来构建自己的哲学理论。这种倾向可以从他的引文方式中窥见。在《现象学和辩证唯物主义》中，他大量引用马克思的著作（尤其关注马克思政治经济学批判的相关问题），但却很少对引用的文本本身进行分析和阐释。与之类似，《语言和意识的起源研究》中也有不少来自《资本论》的段落，但陈德滔的落脚点却是自己的哲学理论。在这个意义上，陈德滔上述著作并不是马克思学性质的作品，而是带有马克思色彩的哲学分析。就性质而言，它更贴近西方马克思主义，而非西方马克思学。然而，尽管陈德滔没有系统地分析马克思的思想，但我们仍然能够在他的哲学著作中找到零散的、带有马克思学性质的研究。在1988年的专著《斯大林的哲学》中，陈德滔恢复了与马克思、黑格尔和胡塞尔的对话，尤其是通过对《大纲》的解读来阐述很多问题。他尤其反对阿尔都塞对《大纲》的解读和评价，这一点无疑是受到了吕西安·塞夫的影响。当然，塞夫对陈德滔的评价也极高，将其称作在"法国整整一代知识分子身上留下印记的越南籍哲学家"①。

20世纪70年代，法国学界再次兴起现象学与马克思研究相结合的理论尝试。米歇尔·亨利（M. Henry）是这一尝试的代表人物。如果说20世纪50年代的第一次尝试是用马克思激活现象学（马克思视域下的现象学研究），那么20世纪70年代的第二次尝试就是用现象学激活马克思（现象学视域下的马克思研究）。与陈德滔等人不同，亨利等人更加注重对马克思思想本身的解释。在《马克思》（1976）一书中，亨利重新阐释了马克思的思想发展过程，并以此来回答马克思与黑格尔的关系问题。为了致敬伊波利特，亨利甚至还撰写了《从黑格尔到马克思：关于马克思的〈黑格尔法哲学批判〉》一文，用以回应伊波利特在《黑格尔的国家观念及马克思对它的批判》中的马克思解读。

---

① 转引自 Vo Van Thang, "Tran Duc Thao and His Philosophical Work", *International Journal of Current Research in Life Science*, Vol. 07, No. 05, 2018, p. 2075。

亨利将马克思本人看作是一位研究"实践的存在"的现象学家,在《马克思》一书的前言中一语道出了自己的理论目的——"将马克思的话语还给他本人"①。亨利意识到,马克思与马克思主义之间是有区别的,"辩证唯物主义"体系是在马克思早期文本缺席的情况下被建立起来的。当《1844年经济学哲学手稿》《德意志意识形态》等手稿公开问世的时候,"辩证唯物主义"已然成为一种完成的学说。② 亨利不仅强调马克思与马克思主义之间的差别,也强调马克思与恩格斯之间的思想差异。亨利对恩格斯的批判异常严厉。在亨利看来,《路德维希·费尔巴哈和德国古典哲学的终结》与《德意志意识形态》是两个性质完全不同的文本。在《德意志意识形态》中,马克思恩格斯已经推翻了自古希腊以来主导西方思想的"存在"概念,并动摇了这种思想在其中变化发展的哲学范围。但是,恩格斯晚年却用呆板平庸的论述取代了这一重要性,退回到了费尔巴哈的唯物主义和十八世纪的唯物主义的水平。在亨利看来,《德意志意识形态》根本不是推进了费尔巴哈的唯物主义,而是完全摒弃了费尔巴哈唯物主义的基本概念。在反对恩格斯通过《共产党宣言》对马克思思想进行公式化处理时,亨利继续指出,所谓的经济生产并不是马克思意义上的真正的生产,因而并不能成为政治的和思想的历史蠹

---

① Michel Henry, *Marx*, Paris: Gallimard, 1976, p. 31.
② 参见 Michel Henry, *Karl Marx*: *A Philosophy of Human Reality*, IN: Indiana University Press, 1983, p. 3。

立其上的基础。①

由此可见,现象学方法与马克思研究的两次结合具有不同的面相。尽管陈德滔与亨利都把马克思的思想看做是哲学（而非科学），但是他们对待马克思思想的学术方式却大相径庭。陈德滔侧重用马克思文本来激活现象学,而亨利则侧重用现象学来激活马克思的文本。与前者相比,后者是更贴近西方马克思学性质的研究。事实上,亨利讨论的几大议题——马克思与马克思主义的关系、马克思与黑格尔的关系、马克思与恩格斯的关系——至今仍是西方马克思学中极其重要的核心话题。

五、反马克思主义的马克思研究

"反马克思主义的马克思研究"是五种解读路径中最特殊的一种。在历史上,它贯穿法国马克思研究学术史的始终,与马克思主义的社会政治实践密切相关,并且随着"马克思主义危机"的蔓延而达到高潮;在逻辑上,它可以与其他任何一种解读路径耦合,但又不从属于其中的任何一种路径,而是以其旗帜鲜明的意识形态成为具有其自身内在逻辑的一种研究进路。这一解读路径的内在共性表现为它们在意识形态方面的态度。

---

① 参见 Michel Henry, *Karl Marx: A Philosophy of Human Reality*, IN: Indiana University Press, 1983, p. 2。

19世纪后半叶，法国理论界中就有一部分人开始有意无意地"反对马克思"。然而，在很长一段时间内，这种反对仅仅是一种政治谋算或情绪宣泄，而非学术性的分析。20世纪30年代末至50年代，苏联的一系列政治实践影响到法国学者对马克思主义理论的判断，继而使他们放弃了马克思主义信仰。纪德（A. Gide）、库斯勒（A. Koestler）和勒福尔（C. Lefort）等人都在这一时期撰文宣布自己与马克思主义的决裂。

20世纪五六十年代，雷蒙·阿隆以反马克思主义者的形象出现。事实上，阿隆并不反对马克思的思想。他清醒地意识到，马克思本人对"人的本质"以及"未来社会"的理解都并非天真的、幼稚的。① 阿隆反对的是特定的马克思主义，而非马克思本人的思想。阿隆对马克思的阐释集中在"批判"二字上。他既不赞同将马克思阐释为人道主义者，也反对将马克思思想解释为摆脱了人道主义的结构主义，而是批判地综合萨特和阿尔都塞的解读。事实上，阿隆试图抓住马克思在《政治经济学批判》《大纲》和《资本论》等文本中勾勒出来的经济学框架，进而把握马克思的各种可能性，以及马克思所具有的"革命预言家"的特质。② 由此可见，阿隆眼中的马克思是一个充满各种可能性的马克思，而不是一个或"一以贯之"或"断裂"的思想家。

---

① 阿隆对马克思"新人"和"经济体制"的理解，参见 Raymond Aron, *Études politiques*, Paris: Gallimard, 1972, p. 90。
② 参见 Raymond Aron, *Memoirs: Fifty Years of Political Reflection*, New York and London: Holmes & Meier, 1990, p. 468。

如果说阿隆的反马克思主义并非是反对马克思本人,那么20世纪70年代的"新哲学家"则是实实在在的反马克思者。在反马克思主义浪潮中,以格鲁克斯曼(A. Glucksmann)和伯纳德-亨利·莱维(B.-H. Lévy)为代表的"新哲学家"围绕国家、历史进步论和人性等主题对马克思展开批判。"新哲学家"的"新"就在于,他们不再囿于马克思主义的框架。尽管他们的解读离经叛道,但在当时西方反马克思主义浪潮中却有着相当大的影响力。在格鲁克斯曼看来,马克思的学说不仅导致了对整体革命和最后革命的狂热,还导致了为了集体利益而施行的恐怖统治。[①] 伯纳德-亨利·莱维在《人面兽心》中回应了格鲁克斯曼的观点,谴责马克思的共产主义是一种空洞的承诺,认为马克思应当为苏联变成一部可怕的反动机器负责。

事实上,"新哲学家"的反马克思研究是一出"为反对而反对"的闹剧。一方面,它们试图通过政治实践中遇到的挫折来否定马克思思想在理论上的真理性,对马克思理论进行理论批判,另一方面,它们又试图捏造马克思思想中的"谬误"来攻击马克思主义的政治实践,对马克思主义的实践进行意识形态的批判。事实上,反马克思主义的马克思研究却带来了"适得其反"的效果。他们虽然指出了马克思理论中的一些不足,但却在整体上反证了马克思思想和马克思主义的真理性。1993年,德里达出版了《马克思的幽灵》。它具有里程碑般的

---

① 参见 André Glucksmann, "Document", *L'Express*, juillet 18–24, 1977, p.68。

意义。一方面，它回应了"新哲学家"成员伯努瓦《已故的马克思》中的相关论断，将法国的马克思研究重新带回正轨；另一方面，它也证明了法国的马克思学是在互动、交流和交锋中不断走向深处的，马克思学绝不是某一种特定的意识形态或方法，而是一个可供交流的、敞开的学术领域。

第四节　法国马克思学与其他语言世界的互动

法语世界与其他语言世界的学术互动表现在三个方面，即著作翻译出版、杂志期刊互动以及对外交流。可以说，与其他语言世界马克思研究者们的互动与论战，贯穿在法国马克思学兴起与发展的全过程之中。正是在这些互动和争论的推动下，法国马克思学得以不断向前发展。

一、马克思恩格斯著作的翻译和出版

通过马克思恩格斯著作的翻译和出版，法国学者得以与其他语言世界的学者沟通和交流。19世纪末20世纪初，翻译活动不仅成为了法国学者与其他语言世界的马克思研究者们之间的桥梁，而且影响了其他语言世界的马克思研究工作。例如，《资本论》第一卷由鲁瓦翻译且由马克思亲自校阅，这一译本

不久就作为法国马克思主义和意大利马克思主义交流的基础性桥梁；马克思专门邀请德维尔翻译《资本论》第一卷的摘要版——《〈资本论〉概要》，该书一经出版就受到极大欢迎，多次重印，并被译成了西班牙语（1887）、意大利语（1893）和英语（1900），考茨基甚至想将它翻译成德语；吕贝尔编译的《马克思文集》为法国学界提供了一个与莫斯科版本和东德版本并列的选择，也扩大了法国马克思学的国际影响力。事实上，吕贝尔的《马克思文集》本就是国际交流的产物。吕贝尔紧扣原始文献，不仅大量参考 MEGA^1 和 MEW，还充分利用了阿姆斯特丹档案馆的材料。

在法国，科斯特出版社、社会出版社以及加利马尔出版社的马克思恩格斯著作都存在或多或少的问题。MEGA^2 的再启动促使法国开始筹划新的法语版马克思恩格斯全集编译工程，即 GEME。尽管 GEME 的工作并不尽如人意，但它仍是法国学者主动向其他语言世界学者学习的有力证据。

从国际方面看，20 世纪 90 年代，法国学者格朗容克（J. Grandjonc）和马克思故居研究中心所长佩尔格（H. Pelger）组成了德法工作组，并聘请了德国著名马克思学家陶伯特作为共同编者。他们共同参与到了 MEGA^2 的编纂工作中，负责 MEGA^2/I/4、I/5、I/6 等卷次的内容，即包括《德意志意识形态》在内的 1844 年至 1848 年 2 月期间的三卷早期著作、文章和草稿。值得注意的是，吕贝尔也曾在 1991 年前后短暂地担任 MEGA^2 的顾问。进入 21 世纪以来，法国学者再度积极参与 MEGA^2 的编纂工作，目前仍在承担 MEGA^2/I/28（马克思《数学手稿》)、MEGA²/IV/21（1869 年 9 月—1870 年 12 月马克思恩格斯的摘录和笔记)、MEGA²/I/29（1881 年底—1882 年底的马克思恩格斯的摘录和笔记）等卷次的编辑。

二、杂志期刊的国际互动

除了马克思恩格斯著作法译本的翻译工作，法国创办的理论杂志也存在与其他国家互动的现象。《新纪元》《马克思主义评论》《马克思学研究》等期刊杂志是国际互动的重要载体。在交流和互动中，法国马克思学的国际影响力持续扩大。

19 世纪 90 年代，法国《新纪元》就是作为德国《新时代》的模仿品而登上历史舞台的。作为罗曼语族中第一个马克思主义机关型刊物，法国《新纪元》通过撰稿作者和讨论主题与德国的《新时代》保持着一种共生关系。在创刊之初，创办者迪亚曼迪（G. Diamandy）就坦言，《新纪元》会与德国的马克思主义者保持合作。然而，由于各种历史原因，《新纪元》发行不久就停刊了。由索列尔等人创办的《社会未来》接过了《新纪元》手上的接力棒，继续承担在法国宣传马克思主义理论的工作，并与意大利的《社会评论》建立联系，成为 19 世纪末 20 世纪初法国和意大利学者进行理论交流的平台。

20 世纪 20 年代，"哲学团体"创办的《马克思主义评论》通过梁赞诺夫获得了一批马克思恩格斯文本。这些文本的法译本为当时法国的马克思研究提供了文本资源和理论主题，并为后世的"人道主义"争论奠定了基础。《马克思主义评论》不仅刊登列宁、德波林、梁赞诺夫等苏联学者的文章，也刊登法兰克福学派的文章。可以说，《马克思主义评论》的国际化程度极高。它不仅受到苏联刊物《在马克思主义旗帜下》（*Под знаменем марксизма*）的关注，还曾经受到第三国际的赞扬。

此外，吕贝尔创办的《马克思学研究》也具有极高的国际影响力。在1959年创刊号的绪言中，吕贝尔明确了创刊目的：第一，将马克思的著作（知名的和不知名的）译为法文，从而使法国学界了解马克思的理论和思想；第二，将国外的马克思研究成果译为法文；第三，定期公开相关文献和书目。可以说，吕贝尔的创刊宣言表明，自创刊之初起，《马克思学研究》就是一本具有国际化视野的学术期刊。期刊的通讯作者包括来自德国、美国、英国、意大利、加拿大、比利时、西班牙、葡萄牙、瑞士等诸多国家的知名学者，期刊的讨论主题涉及欧洲大陆、英美国家以及俄国的马克思研究。特别值得一提的是，期刊文章基本依照原始语言发表，偶尔会译为法语。

由此可见，在法国马克思学的历史中，《新纪元》《马克思主义评论》《马克思学研究》等法国刊物在不同程度上推动了法国学者与其他语言世界学者之间的交流，它们是法语学者参与国际互动的重要平台。时至今日，这些刊物的历史影响力仍然存在。吕贝尔的《马克思学研究》中的许多文献也仍是我们介入西方马克思学的重要切入口。此外，值得一提的是，进入20世纪90年代后，《今日马克思》（*Actuel Marx*）等法国当代期刊也发挥着重要的作用，成为法国马克思学家参与学术交流和讨论的重要媒介。

三、对外交流和影响

20世纪六七十年代是法国马克思学的黄金阶段。在这一时期，德国历史主义和法国结构主义之间的交锋成为马克思研究史中最著名的论战之一。

在解读《资本论》时，德语世界的学者与法国学者之间产生了理论分歧。历史主义的方法论来源于卢卡奇等西方马克思主义思想家，它所面对的历史问题是寻找革命主体；而结构主义的方法论则是来源于20世纪的现代科学方法论，它反对的恰恰是主体所具有的意识形态性。自阿尔都塞的学生巴里巴尔发表《历史唯物主义的五个研究》（1974）和《论无产阶级专政》（1976）以来，这一争论再度引发讨论。事实上，巴里巴尔的《论无产阶级专政》与阿尔都塞在法共的第二十二次会议（1976年）上提交的文章一样，都是为无产阶级专政概念辩护的檄文。但问题在于，阿尔都塞和巴里巴尔的理论是以马克思列宁主义为基础的，这就使得他们的立场在谈到解放时显得非常强大，但在解释现代日常生活中权力和压迫等关系时，又显得很薄弱。

20世纪90年代以来，雅克·比岱和泰克西埃（J. Texier）联合创办的《今日马克思》独树一帜，迅速成为法国学者讨论马克思思想和马克思主义理论时最重要的理论期刊之一。

1995年，《今日马克思》还依托巴黎第十大学举办了第一届国际马克思大会（Congrès Marx International），并构建起一个国际性的学术网络。《今日马克思》的"交锋"系列还出版了不少典经著作。例如，雷诺（E. Renault）的《马克思与哲学》(2014)、巴里巴尔的《平等的主张》(2010)、热拉尔·迪梅尼（G. Duménil）和多米尼克·莱维（D. Lévy）组织编写的《资本主义金融》(2006)等。尤其要提到的是，大会还专门设立了"MEGA/GEME"研讨主题，邀请伽罗、迪康热、黑克尔、竹永进等学者介绍MEGA^{2}的编辑成果。我们可以说，《今日马克思》和"国际马克思大会"已经成为极其重要的交流平台，并将法国的结构主义马克思主义传播到拉丁美洲。

法国学者还在一定程度上影响了葡萄牙语、西班牙语的马克思学。以葡萄牙为例，法国对葡萄牙马克思学的影响常常受到忽视。事实上，葡萄牙学者正是通过法国学者才接触到了社会主义思想，尤其是蒲鲁东的著作。葡萄牙的社会主义领袖尤其关注法国政治家的活动和著作，例如，盖德、拉法格、马龙等。相应地，他们的马克思研究成果也就进入了葡萄牙研究者的视野。《哲学的贫困》法文本也是葡萄牙学者理解马克思思想的重要切入口。此外，葡萄牙学者在阅读马克思的经济学著作时也非常依赖法译本。例如，《政治经济学批判》法译本、鲁瓦版《资本论》等。特别值得一提的是，葡萄牙语版的《资本论》是根据德维尔的《〈资本论〉概要》翻译的，而拉法格的《〈资本论〉摘要》也是葡萄牙学者概括总结《资本论》内容时的必读书目。

第五节　总体评价

19世纪70年代以降，马克思的思想和学说在法国有了一定的影响力。然而，直至第二国际时期，法国理论家们对马克思的理解仍然极其有限。自法国共产党成立后，法国对马克思的研究才开始专门化。在两次世界大战之间，独立研究者和思想团体对马克思的研究虽有深入，但仍然很难称得上是严肃的学术研究。20世纪30年代前，法国的马克思研究远远落后于德国和意大利。

与其他语言世界的马克思学不同，法国的马克思研究者更倾向于借助不同思潮产生的理论和概念来解读马克思的思想。从思想谱系和学术传承来看，法国的马克思研究表现为五种解读进路：其一，**黑格尔主义视域下的马克思研究**。这一研究进路发轫于列斐伏尔，但它起初只是在法共内部得以讨论。以科耶夫和伊波利特的黑格尔研究为中介，这一解读进路逐渐从法共内部扩大到了整个法国思想界，并为存在主义马克思主义的出现奠定了基础。人道主义的马克思研究作为黑格尔主义马克思主义的变形，虽然对存在主义进行了批判，但其自身也落入僵化的窠臼。其二，**结构主义的马克思研究**。这一进路可以被视作"黑格尔主义视域下的马克思研究"的一种理论延伸，但其本质是与之针锋相对的理论反戈。结构主义的解读进路在法国风靡一时,并且促成了西方马克思主义学术史中极其重要的争论,即人道主义与结构主义之争。结构主义的马克思研究不仅在法国引发了大规模的理论震动,也在其他语言世界产生了理论回响。然而,随着新文本文献的公开,结构主义的解读进路遇到了不少理论难题,开始走向衰落。其三,**文本文献传统的马克思研究**。这一研究进路早在第一国际时期就已初现端倪,并通过法共的马克思研究者得到扩大。吕贝尔等人将文本文献传统的马克思研究推向高潮,并将其确立为法国马克思学的基础性方法和原则。其四,**现象学视域中的马克思研究**。以科耶夫等人的理论成果为中介,法国学者将胡塞尔的现象学引入到了马克思研究中,并且产生了巨大的思想史效应,形成了区别于其他解读进路的"现象学视域中的马克思研究"。这一解读进路与"黑格尔主义""结构主义"两大解读进路都保持着若即若离的理论关系。一方面,"现象学视域中的马克思研究"反对黑格尔主义中的神秘要素,返回到了以辩证唯物主义为指导的客观科学中,并为结构主义的"科学马克思主义"奠定了基础;另一方面,随着马克思研究的进一步推进,这一解读进路中的学者又开始反对结构主义的解读,返回到了现象学的主体性范畴之中,开始与"黑格尔主义视域下的马克思研究"趋近,但在理论上却有保持着独立的态度。其五,**反马克思主义的马克思研究**。反马克思主义自马克思理论诞生之日起就一直存在,而"马克思主义危机"的蔓延成为法国反马克思主义的马克思研究的主要诱因。需要强调的是,这五种马克思解读进路在时间上不存在严格的先后继承关系,而是时而并行、时而交叉。从五种研究进路之间的逻辑关系看,黑格尔主义视域下的马克思研究作为法国马克思研究的最初形态,与另外四种进路体现着一种"源与流"的关系。

正是基于这一多元研究思路以及频繁的国际互动,在第二次世界大战后,法国一度成为西方马克思学的中心。尽管20世纪60年代末70年代初以来,西方马克思学的重心从欧陆转向了英美,但法国马克思学仍以其独特的魅力吸引着全世界的研究者们,仍是西方马克思学理论版图中极其重要的一支。

第五章　英语世界马克思学的形成和发展

19世纪末20世纪初，在欧洲大陆之外的区域已经陆续出现译介和研究马克思著作和思想的专门性著作、文章。英国、美国、加拿大等英语母语国家也涌现了一批用英语介绍和研究马克思的作品。20世纪40年代以来，用英语研究马克思思想和著作的作品数量迅速增加。这类英语作品构成了庞大的"英语马克思学文本世界"。英语世界研究者也开始逐渐引领西方马克思学的话题。

这类用英语书写和讨论马克思生平、著作和思想的研究就是英语世界马克思学。英语世界的主体是英国、美国，同时也包括其他使用英语作为官方语言的国家。概而言之，"英语世界"不完全是一个地域概念，它在更完整的意义上是一个母语概念。在这个意义上，英译著、非英语母语者用英语撰写的马克思学研究成果不属于英语世界马克思学，但也不可以忽视这些成果对英语学者的影响。

第一节　马克思恩格斯著作在英语世界的发表、翻译和出版情况

马克思恩格斯为后人留下了丰硕的文献遗产。据考证，在这些原始文献（包括著作、论文、笔记、摘录、书信、散文、诗歌等）中，有65%的文献是马克思恩格斯用德语写作的，有30%的文献是用英语写作的，另外5%的文献则涉及希腊语、拉丁语、法语、意大利语等其他欧洲语言。① 就比例而言，马克思恩格斯的英语著作并不少。然而，稍加留意就会发现，在解释马克思思想时，这些以英语呈现的原始文献发挥着极其有限的作用。一方面，这些文献零散地刊登在各大期刊、周报以及辞书中，且许多文献没有署名。因此，英语世界读者很难准确地掌握马克思恩格斯英语发表的情况，更难以通过零散地阅读勾勒出完整的马克思思想世界。另一方面，这些英文作品多为时事评论类文章。与经典著作相比，它们在解释马克思思想时仅仅发挥着次要作用。

马克思恩格斯著作在英语世界的发表、翻译和出版经历了几个阶段。马克思恩格斯生前用英语原文发表了部分文章，也

---

① 参见韦建桦：《用生命擎起思想的火炬——马克思主义经典著作编译事业百年回顾》，载《马克思主义与现实》2010年第6期。

审阅和校订了部分英译本。恩格斯逝世后，马克思女儿爱琳娜又用英语整理和出版了部分著作。然而，截至 20 世纪初，英语世界读者依然只能见到极其有限的马克思恩格斯著作。20 世纪 20 年代晚期以来，在英语世界学者和苏联马克思恩格斯列宁研究院的努力下，英语世界开始陆续出现马克思主义经典著作的单行本、选集以及专题文集。20 世纪 70 年代以来，随着《马克思恩格斯全集》英文版（简称 MECW）编译工作的全面展开，马克思恩格斯的著作才第一次较为完整地呈现在英语世界读者面前。

一、马克思恩格斯生前发表和出版的英文论著

马克思和恩格斯在生前都用英语直接发表过若干著作。青年恩格斯从 1843 年 10 月开始为英国周刊《新道德世界》供稿。1843 年 11 月至 1844 年 2 月间，恩格斯在《新道德世界》一共发表了四篇文章：《大陆上社会改革的进展》（共两部分，1843 年 11 月 4 日和 18 日）、《〈泰晤士报〉论德国共产主义》（1844 年 1 月 30 日）、《法国共产主义》（1844 年 2 月 3 日）和《大陆上的运动》（1844 年 2 月 3 日）。其中，发表于《新道德世界》第 19 号、第 21 号的《大陆上社会改革的进展》一文不仅关注英法的社会主义，还描写了德国和瑞士的社会改革进展。文章一经发表就产生了一定的影响，英国读者对魏特林的共产主义产生了极大的兴趣。英国宪章派报纸《北极星报》随即以摘要的形式转载了这一文章。之后，恩格斯还为

《新道德世界》撰写了《共产主义在德国的进展》的一组文章，分三次载于1844年12月13日、1845年3月8日和1845年5月10日《新道德世界》第25号、第37号、第46号。

1844年4月，恩格斯特意向《北极星报》编辑乔·朱·哈尼写信，表示自己愿意为报刊撰写欧陆社会运动的报道。由于恩格斯的思路恰好符合哈尼的办刊宗旨，他成为了《北极星报》的正式通讯员。恩格斯为《北极星报》提供的文章编辑部均注明"本报通讯员来稿"。1844年5月至6月，恩格斯的稿件分别刊登在"国外运动"和"国外情报"两个栏目，MEGA^2/I/3收入了10篇可以确定恩格斯作者身份的通讯报道[1]，即《普鲁士局势》（1844年5月4日）、《德国消息》（1844年5月18日）、《一个叛徒的命运》（1844年5月18日）、《啤酒骚乱》（1844年5月25日）、《普鲁士的牧师专制》（1844年5月25日）、《圣彼得堡消息》（1844年5月25日）、《法国消息》（1844年6月15日）、《瓦莱内战》（1844年6月15日）、《普鲁士消息。离婚法和西里西亚骚乱》（1844年6月29日）、《西里西亚骚乱的详情》（1844年6月29日）。恩格斯与《北极星报》的第一次合作仅持续了两个月。1844年6月之后的很长一段时间内，《北极星报》都没有再发表过恩格斯的稿件。1845年9月—1849年底，恩格斯再度为宪章派报纸《北极星报》撰稿20多篇，例如，《基佐的穷途末日》（1847年7月3日第506号）、《普鲁士银行问题》

---

[1] 参见MEGA^2/I/3, S. 709。

(1846年7月4日第451号)、《普鲁士宪法》(1847年7月3日第506号)、《布鲁塞尔自由贸易大会》(1847年10月9日第520号)、《德国社会民主党人和〈泰晤士报〉》(1849年12月1日第632号)等。

19世纪50年代,马克思恩格斯继续为英国宪章派报纸撰稿。1849年,恩格斯受乔·朱·哈尼之邀,向英国宪章派杂志《不列颠和外国政治、历史和文学民主评论》(简称《民主评论》)撰写了《德国来信》和《法国来信》两组文章,介绍欧陆发生的事件的性质。其中,《德国来信》共4篇,于1850年1月、2月、3月和8月间陆续发表在《民主评论》;《法国来信》共8篇,分期发表在1850年1—8月的《民主评论》上。恩格斯的这两组文章在英国宪章派期刊上引发了较大的影响。《北极星报》多次刊登对恩格斯文章的评论,并且强调这些书信的重要性。此外,恩格斯还在《民主评论》署名发表了《十小时工作日问题》(1850年2月)、《革命的两年》(1850年4—6月)等文章。马克思恩格斯部分致英文期刊编辑的信件也散见于各大期刊杂志。例如,《给〈泰晤士报〉编辑的信》(载于1850年5月28日《泰晤士报》)、《普鲁士流亡者》(载于1850年6月15日《太阳报》)、《伦敦的普鲁士密探》(载于1850年6月15日《旁观者》)。①

---

① 《普鲁士流亡者》《伦敦的普鲁士密探》两篇文章在英国引起了重视,被多次转载。《给〈地球〉报编辑的信》在马克思恩格斯生前没有发表。1934年第一次以俄文发表在俄文版《马克思恩格斯全集》第25卷第82—84页。值得一提的是,虽然三篇文章在文字上看似出自马克思,但由于马克思当时不能用英语写作,三篇文章均出自恩格斯之手。

1851—1852年,马克思和恩格斯参与英国宪章派机关报《寄语人民》的编辑工作。1851年6月14日,《寄语人民》第7期发表马克思的署名文章《1848年11月4日通过的法兰西共和国宪法》。然而,根据MEGA编辑考证,马克思此时尚未熟练掌握英文写作,这一文章很可能是恩格斯翻译出来的。① 1852年,恩格斯也在《寄语人民》匿名刊载了《去年十二月法国无产者相对消极的真正原因》,分析波拿巴建立专制体制后法国工人阶级对政变的态度。②《寄语人民》停办后,厄内斯特·琼斯立即着手创办宪章派机关报《人民报》。1852—1856年间,马克思又在《人民报》上刊登了几十篇文章,其内容涉及英国经济、政治、工人运动、克里木战争以及拿破仑三世。其中,马克思抨击英国首相反动政策的文章《帕麦斯顿勋爵》分8篇载于1853年10月22日和29日,11月5日、12日和19日,12月10日、17日和24日的《人民报》。1853—1854年间,这组文章还曾以单行本形式印刷成小册子在伦敦出版。

19世纪五六十年代,马克思和恩格斯为了稿酬坚持用英语为《纽约每日论坛报》等期刊杂志供稿。1851年7月,《纽约每日论坛报》编辑查理·德纳向马克思抛出橄榄枝,邀请

---

① 参见《马克思恩格斯全集》中文2版第10卷,第827页注释353。
② 恩格斯这篇文章的三部分分别发表于1852年的2月21日、3月27日和4月10日。从文章结构来看,恩格斯还准备继续续写。1852年4月24日,《寄语人民》停刊,恩格斯这一系列文章就此中断。目前,尚不清楚恩格斯是否完成了后续写作工作。参见《马克思恩格斯全集》中文2版第11卷,第837页注释163。

马克思为自己的期刊撰稿。然而，由于马克思忙于经济学研究，而且英文写作水平尚且难以达到在英文期刊发表文章的程度，他写信邀请恩格斯替他写作了一组关于1848年以来德国革命的文章。① 恩格斯以马克思的名义拟写了一组题为《德国的革命和反革命》的文章，分19期刊登在1851年10月25日至1852年10月23日的《纽约每日论坛报》"德国"栏目。

根据考证，《选举。——托利党和辉格党》是马克思本人为《纽约每日论坛报》写的第一篇文章。然而，由于马克思此时还难以用英语直接写作，所以他于1852年8月2日将这一文章的德语文稿寄给恩格斯。② 恩格斯在德译英的过程中将其拆分为两篇文章（《选举。——托利党和辉格党》和《宪章派》），分别发表在1852年8月21日《纽约每日论坛报》第3540号和1852年8月25日《纽约每日论坛报》第3543号。此后，马克思的一些德语文章也由恩格斯翻译为英语后刊登在这一期刊。例如，《选举中的舞弊》（1852年9月4日）、《选举的结果》（1852年9月11日）、《贫困和自由贸易。——日益迫近的商业危机》（1852年11月1日）、《商业繁荣的政治后果》（1852年11月2日）等。恩格斯本人也以马克思的名义在《纽约每日论坛报》刊登了《最近的科隆案件》（1852年12月22日）。此外，威廉·皮佩尔（W. Pieper）等人也为

---

① 参见《马克思恩格斯文集》第10卷，人民出版社2009年版，第91页。
② 马克思的德语底稿写于1852年7月25日—8月2日之间，目前存档在莫斯科。MEGA²/I/11 首次刊出这一原始手稿片段，参见 MEGA²/I/11, S. 315 - 317。

马克思稿件提供过翻译。① 根据 MEGA²/I/11 编者的说法,马克思写作《答科苏特的"秘书"》(写作于 1852 年 12 月 14 日,刊登于 1853 年 1 月 4 日)一文时依然不具备用英语写作的能力,尽管目前尚不清楚这一文章是何人翻译的。② 此后,马克思陆续发表的几篇文章也依靠恩格斯或威廉·皮佩尔翻译。根据马克思致恩格斯信件(1853 年 1 月 29 日)的说法,马克思在 1853 年 1 月 28 日才第一次尝试直接用英语写作。③ 由此可见,《死刑。——科布顿先生的小册子。——英格兰银行的措施》是马克思自己用英文为《纽约每日论坛报》撰写的第一篇文章。④ 1853 年 1 月之后,马克思尝试直接用英语写作,不再依赖恩格斯或威廉·皮佩尔的翻译。此后,马克思恩格斯发表文章的数量开始猛增⑤,截至 1863 年 3 月,马克思恩格斯向《纽约每日论坛报》供稿 500 多篇,其中 465 篇(组)稿件见刊。查理·德纳离开《纽约每日论坛报》编辑部后,马克思与恩格斯不再向编辑部供稿。1863 年 3 月 10 日,马克思在这一期刊发表了最后一篇报道《墨西哥的混乱》。1871 年

---

① 参见《马克思恩格斯全集》中文 2 版第 11 卷,第 866 页注释 327、第 868 页注释 338。
② 参见 MEGA²/I/11, S. 1053。
③ 参见 MEGA²/I/12, S. 669。
④ 参见 MEGA²/I/12, S. 733。
⑤ 1852 年,马克思恩格斯只发表了 15 篇文章(9 篇在《纽约半周论坛报》,5 篇在《纽约每周论坛报》),而 1853 年马克思恩格斯发表的通讯文章已经高达 75 篇(14 篇作为编辑部社论刊发,46 篇刊登在《纽约半周论坛报》,25 篇刊登在《纽约每周论坛报》,其中有 13 篇是两个期刊共同刊登的)。参见 MEGA²/I/12, S. 669。

第五章 英语世界马克思学的形成和发展

7月,巴黎公社失败后查理·德纳再次邀请马克思撰写文章介绍国际工人协会。由于查理·德纳在收到马克思信件的同时听闻马克思去世了,于是他在1871年9月9日的《太阳报》(纽约)全文刊登了马克思的信件,并且配上了悼词。①

在马克思恩格斯向《纽约每日论坛报》定期供稿期间,他们还在其他英美期刊、杂志、辞书发表英语文章。例如,《普特南氏月刊》就通过《纽约每日论坛报》编辑查理·德纳向马克思约稿。恩格斯应马克思的请求写作了《欧洲军队》,文章匿名刊登在《普特南氏月刊》1855年8月第32期、9月第33期和12月36期。② 再如,1857年7月至1860年11月期间,马克思和恩格斯还曾用英语为《美国新百科全书》第1—5卷、第7卷、第9卷、第12卷撰写了几十条与军事和军事史相关的条目。③ 这一时期,《观察家》《自由新闻》《晨报》《设菲尔德自由新闻报》《旁观者》等期刊上也零散地刊登了马克思恩格斯少量英文文章。值得一提的是,1863年恩格斯还将1860—1861年间发表在《郎卡郡和柴郡志愿兵杂志》的一些文章编辑成册,以单行本的形式在伦敦和曼彻斯特出版了《志愿兵读物》。

结束《纽约每日论坛报》供稿生涯之后,马克思和恩格

---

① 参见 MEGA²/I/22, S. 1095。
② 参见《马克思恩格斯全集》中文2版第14卷,第696页。
③ 《美国新百科全书》由《纽约每日论坛报》编辑部一些资产阶级进步新闻工作者和出版者查理·德纳和乔·里普利编辑,纽约丹·阿普耳顿公司出版。1858年至1863年间共出版16卷。1857年4月6日查理·德纳写信邀请马克思为辞书撰稿。后来,恩格斯承担了大部分的条目写作任务。由于这部辞书的词条是不署名的,学界对于马克思和恩格斯写作了多少条目仍有争议。荷兰阿姆斯特丹国际社会史研究所收入了67个词条。

斯依然活跃在英美期刊杂志上。伦敦、纽约、芝加哥的一些报刊上仍然刊出了马克思恩格斯的文章。例如，恩格斯1870年7月29至1871年2月18日间在伦敦晚报《派尔—麦尔新闻》匿名刊发了59篇"军事短评"，其中40篇《战争短评》加了编号。此外，《蜂房报》《共和国》《每日新闻》《外交评论》《伦敦晚报》《国际信使》《国际先驱报》《劳动旗帜报》《曼切斯特卫报》《国民改革者》《纽约先驱报》《辨士蜂房》《舆论季刊》《雷诺新闻》《世俗记事和自由思想进步年鉴》《泰晤士报》《郎卡郡和柴郡志愿兵杂志》《白厅评论》《伍德赫尔和克拉夫林周刊》《工人报》等期刊都留下了马克思恩格斯的文字。马克思逝世之后，恩格斯在繁忙的整理工作之余仍然向伦敦的《公共福利》《每日纪事报》《工人领袖》《劳动旗帜》等期刊杂志寄送了一部分英文稿件。

由此可见，马克思和恩格斯的绝大多数英语著作都是以零散的形式发表在英美期刊上的。英语世界读者难以通过阅读这些零散的文章把握马克思的思想世界。此外，第一国际的公文大多以总委员会的名义发表，这些公文基本都由马克思恩格斯执笔写作。它们在英国伦敦出版后会被迅速翻译成国际各支部的文字。尽管这些文字的影响力有限，但马克思恩格斯毕竟获得了表达自己政治观点的机会。

除了期刊论文和第一国际的公文，马克思恩格斯生前还在国际工人协会的出版物上发表了15种著作。[①] 1864年11月，

---

① 参见列文：《马克思恩格斯著作的发表和出版》，周维译，生活·读书·新知三联书店1976年版，第47页。

伦敦出版包含《国际工人协会成立宣言》和《协会临时章程》的小册子。① 1870年，关于普法战争的两篇宣言也首先以英文传单的形式刊印。第一篇宣言首先刊登在《派尔—麦尔新闻》（1870年7月28日第1702号）。几天后，总委员会又以传单形式刊印了1000份宣言。这篇宣言销量很好，供不应求，因此总委员会8月2日再增印了1000份。9月中旬，第二篇宣言完成后印刷了1000份。9月底，两篇宣言又合并印刷了一次。1871年6月13日前后，马克思用英语在伦敦出版了《法兰西内战》，对巴黎公社的意义做了天才的分析。然而，《法兰西内战》作为国际工人协会总委员会的正式文件以英文在伦敦出版时没有标注具体的作者。这一文本一经发表就产生了爆炸性的影响。第一版印刷的1000册书籍在两天之内就销售一空。② 凡尔赛报纸不断辱骂马克思，而英国政府报刊《观察家报》甚至宣称要起诉文章作者。迫于舆论压力，马克思恩格斯在《总委员会关于侯里欧课的信的声明》中宣布，马克思博士起草了《法兰西内战》一文。③ 第一版出版两个星期后，马克思就修订出版了第二版，改动了几处正文的同时为《附

---

① 小册子原名《1864年9月28日在伦敦朗—爱克街马丁堂举行的公开大会上成立的国际工人协会的宣言和临时章程》。协会成立宣言最初发表在1864年11月5日《蜂房报》第160号。1864年11月，宣言和章程以英文原文共同印制成册。参见《马克思恩格斯全集》中文2版第21卷，第15、596页。
② 参见列文：《马克思恩格斯著作的发表和出版》，周维译，生活·读书·新知三联书店1976年版，第52页。
③ 这一声明由恩格斯执笔写作，署名为"国际工人协会总委员会书记约翰·黑尔斯"，参见《马克思恩格斯全集》中文1版第17卷，第398—399页。关于这一声明的写作背景以及马克思身份信息，参见MEGA²/I/22, S. 1045, 798.

录》增加了第二部分。同年,伦敦和美国都出版了《法兰西内战》的第三版。事实上,《法兰西内战》一文发表后,马克思的思想才开始被重视,但英国公众直接将马克思与暴力指挥者联系了起来。①

二、马克思恩格斯生前英文译本的发表情况

马克思恩格斯经典著作的英文翻译工作在马克思和恩格斯生前就展开了。马克思和恩格斯对市面上出现的一些英译文进行了点评、修订和校对。恩格斯有效地推动了马克思经典著作的英文翻译工作。在恩格斯的审定和督促下,19世纪末英语学界出现了几个高质量的英译本。例如,赛米尔·穆尔和爱德华·艾威林版《资本论》第1卷、赛米尔·穆尔版《共产党宣言》、凯利-威士涅威茨基版《关于自由贸易问题的演说》等。

《资本论》第1卷是解读马克思思想最重要的文本之一。《资本论》第1卷出版(1867年9月)之后,英语学界立即动手翻译,然而他们当中没有人把它进行到底。② 马克思还

---

① 参见 Kirk Willis, "The Introduction and Critical Reception of Marxist Thought in Britain: 1850 – 1900", *The Historical Journal*, Vol. 20, No. 2, 1977, p. 426。
② 参见列文:《马克思恩格斯著作的发表和出版》,周维译,生活·读书·新知三联书店1976年版,第109—110页。1876年左右,有人准备在美国翻译出版《资本论》第1卷。马克思还曾向弗·阿·左尔格寄送《为〈资本论〉第1卷美国版所作的修改意见》。然而,出于各种原因,《资本论》美国版没有顺利出版。左尔格听闻恩格斯在校对英译文后,又把马克思的这一手稿寄还给了恩格斯。参见《马克思恩格斯全集》中文2版第44卷,第900页注释45。

明确拒绝把《资本论》英文翻译任务交给阿道夫·杜埃(A. Douai)。①

因此,直到1883年马克思逝世,他也没能看到《资本论》第1卷完整的英文译本。在英语世界,美国左翼学者首先开始尝试翻译《资本论》第1卷。1872年,纽约国际支部翻译并刊发了标题为《工人对正常工作日的意见》的英文节选。②之后,《社会主义者》周刊和《劳动旗帜》均以连载的方式刊出了《资本论》第1卷的部分内容英译文。③1883年4月和6月,英国期刊《今日》也依照《资本论》法文版刊出了部分内容。在海德门(H. M. Hydnman)接管期刊后,他又尝试参照《资本论》德文版翻译第一卷前十章的内容,并且将英译文连载在1885年10月至1898年5月的《今日》杂志上。④

英语世界第一个完整的《资本论》第1卷译本由赛米尔·穆尔、爱德华·艾威林合作完成。马克思逝世后,恩格斯

---

① 参见《马克思恩格斯全集》中文1版第34卷,第317页。
② 参见 Philip S. Foner, "Marx's 'Capital' in the United States", *Science & Society*, Vol. 31, No. 4, 1967, p. 461。
③ 《社会主义者》周刊连载13期,刊出了《资本论》第1卷各章的概要和马克思的部分论述。《劳工旗帜》在1877年12月30日至1878年3月10日之间连载10期马克思的《资本论》节选。根据菲利普·丰纳(P. Foner)的说法,《社会主义者》上节选版的译者很可能是阿道夫·杜埃(A. Douai),而《劳工旗帜》上节选版的译者是美国社会主义者先驱约瑟夫·魏德曼(J. Weydemeyer)的儿子奥托·魏德曼(O. Weydemeyer)。参见 Philip S. Foner, "Marx's 'Capital' in the United States", *Science & Society*, Vol. 31, No. 4, 1967, pp. 462 – 464。
④ 参见 Kirk Willis, "The Introduction and Critical Reception of Marxist Thought in Britain: 1850 – 1900", *The Historical Journal*, Vol. 20, No. 2, 1977, p. 420。

作为遗嘱执行者愈发意识到出版英译本的重要性。在与赛米尔·穆尔先生沟通的过程中，赛米尔·穆尔同意接受英译本的翻译任务，并且以《资本论》第 1 卷德文第三版为底本。之后，在艾威林和马克思小女儿的共同努力之下，《资本论》第 1 卷英译本于 1887 年初分两册在伦敦出版。恩格斯审校了这一译本并为其写作了英文版序言。在序言中，恩格斯还透露了翻译出版《资本论》第 2 卷和第 3 卷的英译本的计划。然而，英语世界直到 1909 年才正式翻译出版了《资本论》第 2 卷和第 3 卷，恩格斯生前没能看到这两卷《资本论》的英译本。

1848 年 2 月底，马克思恩格斯在伦敦出版了第一个德文单行本《共产党宣言》。这一文本作为正式文件在出版时没有标注起草者信息。1848—1850 年间的各个版本都没有署名。1850 年，英国宪章派机关报《红色共产党人》刊登了海伦·麦克法林女士翻译的首个英文译本，编辑乔·哈尼在序言中首次指出了《共产党宣言》的作者。1872 年，有人根据德义本译出了另一个英文本，并且发表在《伍德赫尔和克拉夫林周刊》。此后，英语世界至少又出现了两个不同的英文译本。然而，恩格斯对这些英译本都不满意。1888 年，恩格斯委托赛米尔·穆尔先生重译《共产党宣言》，之后恩格斯审定并写作了序言。①

1848 年 1 月 9 日，马克思在布鲁塞尔民主协会的公众会议上用法语发表了关于自由贸易的演说。1848 年 2 月，这一

---

① 参见《马克思恩格斯文集》第 2 卷，人民出版社 2009 年版，第 15 页。

演说的法语小册子在布鲁塞尔出版。1888年,凯利-威士涅威茨基将其从《哲学的贫困》附录中摘录出来,以单行本的形式在波士顿(事实上是伦敦)出版了《关于自由贸易问题的演说》的第一个英译本。恩格斯还为这一英文册子写了一个序言。①

1847年12月,马克思在布鲁塞尔德意志工人协会发表了几次与政治经济学有关的演讲。这些演讲内容以"雇佣劳动与资本"为题连载在1849年4月5—8日和11日的《新莱茵报》。1880年,这一系列演讲以单行本的形式在布雷斯劳出版。马克思逝世后,恩格斯1884年在瑞士再版了这一单行本,并且为其写作了一个简短的前言。1885年,乔伊因斯(J. L. Joynes)在伦敦出版了英译本。② 之后,乔伊因斯的译本也在美国多次出版。尽管这一译本没有包含恩格斯的"序言",但仍在很大程度上成为英语世界《雇佣劳动与资本》的标准本。这一状况直到1921年哈丽特·洛斯罗普(H. Lothrop)含有恩格斯序言的英译本出现才得以改变。

然而,并非所有著作的英译文都能够妥帖地表达马克思恩格斯的思想。有一些著作的英译文比较糟糕。例如,威廉·皮佩尔翻译的《路易·波拿巴的雾月十八日》的英译文就难以

---

① 恩格斯的序言首先用德语发表在《新时代》杂志1888年7月第7期,之后用英语发表在纽约的《劳动旗帜》和1888年9月《关于自由贸易问题的演说》单行本上。参见《马克思恩格斯全集》中文1版第21卷,第688页注释410页。

② 参见 Karl Marx, *Wage-labour and Profit*, trans. by J. L. Joynes, London: Modern Press, 1885。

令人满意。在恩格斯看来,"皮佩尔更习惯于直接用英文写,而不习惯于翻译"①。

恩格斯生前,他的一些著作也陆续被翻译到英语世界。1887年,凯利-威士涅威茨基在纽约翻译出版了恩格斯的《英国工人阶级状况》,并且收入了恩格斯1886年的附录和1887年的序言。之后,她又在伦敦出版了《英国工人阶级状况》,收入了恩格斯1892年版的序言。1892年,马克思的女儿爱琳娜将《社会主义从空想到科学的发展》翻译成英文,恩格斯为其写作长篇导言。

三、恩格斯逝世后马克思恩格斯著作英文本的发表和出版

恩格斯逝世前曾立遗嘱将马克思的手稿、书信移交给马克思女儿爱琳娜,把自己的手稿、书信以及著作权转交给德国社会民主党。恩格斯逝世后,马克思恩格斯手稿转入马克思的女儿爱琳娜和德国社会民主党成员手中。爱琳娜、梅林、伯恩施坦、倍倍尔等人开启了马克思逝世后的第一波著作出版高潮。其中,马克思女儿爱琳娜对英文著作(含译文)出版贡献最大。

1896年,马克思女儿爱琳娜以单行本的形式在伦敦再版了恩格斯的文章《德国的革命和反革命》(1851—1852年曾在

---

① 《马克思恩格斯全集》中文1版第28卷,第137—138页。

《纽约每日论坛报》上发表)①。1897年，爱琳娜以《东方问题》为名，再版了马克思在《纽约每日论坛报》论述克里木战争的文章，但错误地收入了部分并非出自马克思之手的文章。1899年，她又将期刊文章集合出版了《帕麦斯顿勋爵的生平事迹》。

值得一提的是，1865年6月20日和27日马克思针对约翰·韦斯顿的发言用英语作了两次报告。1898年，爱琳娜依据马克思的手稿整理出版了《工资、价格和利润》。这是马克思这一手稿首次公开亮相。爱琳娜还依据手稿内容补全了手稿中的引言和前6节缺失的标题。

20世纪初，美国的出版社委托欧内斯特·乌恩特曼翻译《资本论》第2卷和第3卷。1909年，这两卷《资本论》才第一次以英语形式出现在英语世界。与此同时，《哲学的贫困》②《政治经济学批判》《路易·波拿巴的雾月十八日》《家庭、私有制和国家的起源》及《共产主义原理》等著作较好的英译本也逐渐进入英语世界公众视野之中。1926年，斯滕宁（H. J. Stenning）编译出版了一个马克思的《著作选》（Selected Essays），首次将《论犹太人问题》《〈黑格尔法哲学批判〉导言》等文本翻译为英文。

1933年是马克思逝世50周年。英语世界出现了一大批马

---

① 在马克思恩格斯通信公布之前，《德国的革命和反革命》一直都被误认为是马克思的著作。爱琳娜在编辑《革命和反革命或1848年的德国》时也犯了这个错误，将这组文章视作马克思的作品。她还给每一篇文章加了小标题。
② 1900年，《哲学的贫困》的第一个英文译本在伦敦二十世纪出版社出版，哈利·奎尔奇（H. Quelch）是译者。此后，这一文本被反复多次出版。

克思恩格斯著作以及《马克思恩格斯通信集1846—1895》。1935年苏联编辑的两卷本《马克思恩格斯选集》（简称MESW）对英语世界影响很大。1948年，苏联又向英语世界输出了新版两卷本，这一版选集按马克思恩格斯写作顺序排列文章，并且收入了马克思恩格斯部分书信。

英语世界的学者高度关注苏联马克思学的成果。1924年梁赞诺夫用俄文发表了马克思恩格斯的《I.费尔巴哈》，1926年美国纽约的期刊《马克思主义者》就发表了这一从俄文转译过来的英文译本，其标题改作《马克思恩格斯的德意志意识形态（历史唯物主义）》。与此同时，苏联官方也有意识地将马克思恩格斯的著作翻译成其他语言。例如，1956年莫斯科外语出版社出版了首个《神圣家族》的英译本，译者是查理德·狄克逊（R. Dixon）。

20世纪20至40年代间（主要是30年代），美国纽约国际出版社和英国伦敦劳伦斯－威沙特出版社合作推出了"马克思主义文库"（Marxist Library）译文系列，出版了30多册马克思主义（马克思、恩格斯、列宁、斯大林）或与马克思主义（梁赞诺夫、巴枯宁等）密切相关的经典著作英文译本。其中，与马克思恩格斯直接相关的有：《空想社会主义和科学社会主义》（1935）、《德意志意识形态》（第1部分和第3部分，1933）、《法兰西内战》（1933）、《哥达纲领批判》（1933）、《西班牙革命》（1939）、《德国的革命与反革命》（1933）、《路德维希·费尔巴哈和德国古典哲学的终结》（1935）、《马克思致库格曼博士通信集》（1934）、《反杜林论》(1935)、《家庭、私有制和国家的起源》(1934)、《论住宅问题》(1935)、《1848年至1850年的法兰西阶级斗争》(1934)、《哲学的贫困》(1936)、《自然辩证法》(1940)、《马克思恩格斯通信集选编》(1942)、《德国农民战争》(1926)、《路易·波拿巴的雾月十八日》(1935)、《"雇佣劳动和资本"与"工资、价值与利润"》(1935)。值得一提的是，这一版的《德意志意识形态》译本中还首次收入了基于马克思原始版《关于费尔巴哈提纲》的英译文（而非恩格斯修改版，恩格斯修改版1903年就以附录的形式刊载在恩格斯《路德维希·费尔巴哈和德国古典哲学的终结》的英译本中）。

这一系列文库中也有专题性的集子。例如，1937年出版的《美国的内战》主要集合了马克思《纽约每日论坛报》和《维也纳新闻报》的相关文章以及马克思恩格斯相关通信。事实上，英语世界学者围绕某一特定话题编辑出版了一批具有特色的专题集。例如，《马克思恩格斯论印度》(1933)、《妇女问题》(1951)、《爱尔兰和爱尔兰问题》(1971)、《马克思论中国》(1951)等。

1946年，马克思的博士论文也终于被翻译成了英文，库尔特·默茨（K. K. Merz）在墨尔本印刷出版了英译本，莫斯科藏有打印的副本。

在英语世界的马克思著作翻译史中，需要特别强调《1844年经济学哲学手稿》和《大纲》翻译对英语世界马克思学的意义。1932年，《1844年经济学哲学手稿》德文原文公开问世，而这激起了西方学者的兴趣。英语世界学者在参与欧陆讨论的同时也积极将其翻译到英语世界。米利根（M. Milligan）翻译的《1844年经济学哲学手稿》英文本具有较大的影响力。博托莫尔版译文也可以在《马克思关于人的概念》（弗洛姆著）和《马克思早期著作》（博托莫尔主编）中找到。伊斯顿和古达特的《青年马克思哲学和社会问题著作选》、罗伯特·塔克的《马克思恩格斯读本》也都收入了《1844年经济学哲学手稿》。这股"手稿热"让更多的英语读者开始关注青年马克思的思想。

1964年，《大纲》的英文节选本《资本主义生产以前的各种形式》开始在英语世界广泛传播。1968年，美国青年学者马丁·尼古劳斯（M. Nicolaus）在《新左派评论》发表了《未知的马克思》，强调了翻译英文全译本的必要性。在尼古劳斯的努力下，《大纲》英文全译本在1973年才得以问世。

20世纪六七十年代，英语世界出版了一些高质量的马克思恩格斯著作选。例如，博托莫尔翻译并编辑的《马克思早期著作》、大卫·科特（D. Caute）选编注释的《马克思的基本著作》、麦克莱伦翻译的《马克思早期文选》、伊斯顿（D. Easton）和古达特（K. H. Guddat）编译的《青年马克思论哲学和社会著作》等选集相继问世，迅速地改变了英语世界马克思恩格斯文本状况。麦克莱伦的《马克思早期文选》一书首次刊出了《马克思致卢格》（1842年11月30）等文献的英译文，而伊斯顿和古达特的《青年马克思论哲学和社会著作》则首次将《评普鲁士最近的书报检查令》翻译为英文，并且选译了《穆勒评注》和《黑格尔法哲学批判》手稿中的部分内容①。20世纪七八十年代,塔克的《马克思恩格斯读本》(1978)、麦克莱伦的《卡尔·马克思著作选集》(1977)和尤金·卡门卡《袖珍卡尔·马克思文集》(1983)也有极大的影响力。此外,苏联的莫斯科进步出版社编译了《〈新莱茵报〉文章1848—1849》英文本(1972),文章大多选自MEW第5卷和第6卷,不少文章都是首次被翻译成英文。

1975—2005年间,英语世界出版了50卷的英文版《马克思恩格斯全集》(简称MECW)。这一著作集是英语世界最全的马克思恩格斯文献,也成为意大利文等版本马克思恩格斯全集的重要参考对象。《马克思恩格斯全集》英文版分四个部分:(1)第1—3卷刊载早期著作(1835—1844);(2)第4—28卷刊载一般著作(1844—1895);(3)第29—37卷刊载经济著作(1857—1894);(4)第38—50卷刊载书信(1844—1895)。

英文版《马克思恩格斯全集》对于英语世界马克思学具有重要的意义。几乎每一卷都载有首次用英文发表的材料。例如,第10卷中,马克思恩格斯合写的评卡莱尔"当代评论"的文章就是首次以英文亮相。第13卷中,有40多篇英文文章是自最初刊载于《纽约每日论坛报》之后首次收入全集,而另外16篇文章则完全是首次以英文形式刊出。第14卷中,马克思《卡尔斯的陷落》第一次用英文发表。第38卷所收239

---

① 1970年,《黑格尔法哲学批判》手稿完整的英文单行本在英国剑桥出版。约瑟夫·奥马利(J. O'Malley)和安妮特·乔林(A. Jolin)合作完成了编译工作。

封书信均按日期顺序排列,其中 172 封首次以英译文形式问世。第 39 卷包括 1852 年到 1855 年期间的书信,293 封书信中有 250 份是首次翻译成英文。① 值得一提的是,MECW 具有独立于俄文版和德文版的编辑价值。例如,MECW 第 18 卷收入了马克思恩格斯为《美国新百科全书》撰写的词条,其中有 10 个词条未被《马克思恩格斯全集》俄文第 2 版和 MEW 收入。②

第二节 英语世界马克思学兴起的历史条件

与欧陆马克思学相比,英语世界的马克思学从一开始就显现出有别于其他语言世界的独特性。20 世纪上半叶是英语世界马克思学孕育、萌芽和兴起的阶段,也是其马克思学演变发展过程中最重要的阶段之一。因此,从历史语境和社会语境出发,分析英语世界对马克思著作和思想的态度的变化,有助于理解英语世界马克思研究者为什么能够在 20 世纪中叶进入系

---

① 参见 Cecil L. Eubanks, *Karl Marx and Friedrich Engels: An Analytical Bibliography*, New York: Garland Publishing, 2015, p. xi。
② 即阿克(Acre)、阿克提翁(Actium)、阿兰群岛(Aland Islands)、阿耳登霍芬(Aldenhoven)、亚历山大里亚(Alessandria)、阿尔梅达(Almeida)、小炮(Amusette)、安特卫普(Antwerp)、阿尔贝雷(Arbela)、炮击(Cannonade)。参见 Hal Draper, *The Marx-Engels Register*, New York: Schocken Books, 1985, p. 179。

统化的研究。

英语世界马克思学兴起的背景非常复杂,既有英语世界内部的需求和探索,又存在国际力量的介入和推动。就内部而言,英文版马克思恩格斯经典著作的翻译和传播无疑为马克思学的兴起奠定了文本基础。许多英语世界研究者第一次通过母语了解到马克思经典著作的原貌,这激发了英语世界研究者进入文本探索和求证马克思主义"真理"的兴趣。英语世界对黑格尔研究兴趣的回归,突破了英语世界(特别是英国)经验论的传统,为19世纪德国观念论研究争取到了一席之地,也在一定程度上矫正了英美学界对待德国观念论的态度,使得马克思哲学这一与黑格尔哲学高度捆绑的研究对象被重视。特别是1932年卢卡奇《历史与阶级意识》一书的出版,使得马克思主义中的"黑格尔因素"成为一个研究热点,有效地改善了英语世界马克思学的理论环境,奠定了有效的"观念基础"。在20世纪上半叶,左翼政党和期刊也在一定程度上为英语世界马克思学的兴起提供稳定的"社会基础"。就国际角度而言,两次世界大战后,各个语言世界之间的国际交流日趋频繁,这为英语世界马克思学兴起提供了一个"互动基础"。英语世界的学者得以通过访学、外交、邮件等方式与德国、苏联的学者和机构交流,甚至有机会直接接触到马克思恩格斯以及当代研究者的一手文献资料。这无疑加深了他们对苏联、共产主义以及马克思思想的理解,使得英语世界在20世纪30年代后能逐渐输出有别于"正统马克思主义"理解的马克思学著作。

一、文本基础：英文版马克思著作的翻译和传播

虽然英国是马克思的第二故乡，马克思也担任过英美一些期刊的编辑或通讯员，但截至 20 世纪早期，马克思的许多经典著作还都没有英译本。英语世界的读者仅能读到非常有限的几部马克思主义经典著作。英国马克思学家麦克莱伦就曾提及，他在 1964 年收集博士学位论文的材料时可使用的英文版马克思著作极其有限。[①] 这种"窘迫"的文本状况在一定程度上造成了一些阅读障碍，影响了英语世界读者对马克思主义思想的理解。

20 世纪初，市面上可以见到的正式出版的英文版马克思恩格斯经典著作的数量极其有限。据苏联学者列文（Л. А. Левин）的考证，《资本论》第 1 卷（1887）、《共产党宣言》（1888）、《社会主义从空想到科学的发展》（1892）、《英国工人阶级状况》（1892）、《关于自由贸易问题的演说》（1889）五个文本在恩格斯去世前就有较好的英译本。[②] 其中，马克思在英语世界中最具影响力的两个文本是《共产党宣言》和《资本论》第 1 卷。

19 世纪五六十年代，马克思在《寄语人民》《人民报》

[①] 参见麦克莱伦：《历史与现在：马克思和马克思主义》，载《世界哲学》2005 年第 1 期。

[②] 参见列文：《马克思恩格斯著作的发表和出版》，周维译，生活·读书·新知三联书店 1976 年版，第 109—113 页。

等报刊发表的基本都是经济和政治类文章，而在《纽约每日论坛报》刊登的500多篇文章绝大多数都是关于战争的。这些文章虽然都用英语直接刊发，但并不能引起英语世界读者对马克思的兴趣和关注。20世纪初，英语世界的读者对马克思的理解还停留在"革命家"和"经济学家"上。

尽管恩格斯曾用至少九个不同的笔名发表评论以期提高人们对马克思著作的关注，但马克思在英语世界仍然被忽视。事实上，在英语世界，人们对马克思的认识远远落后于欧陆国家（主要指德国、法国）。通过对比马克思恩格斯经典著作在德、英、法、俄、日、汉语等六大语言世界正式出版的时间，不难发现这样一个事实，即截至20世纪30年代，马克思恩格斯著作英文翻译几乎是六大语言中进展最慢的。一方面，这体现了英语世界对马克思思想和著作的漠视。文本缺失的境况使得英语世界研究者很难全面地理解马克思的思想，特别是马克思的哲学观点。比起欧洲大陆，尤其是德语世界，英语世界对马克思的解读滞后了近一代人的时间。这种滞后在很大程度上缘于译文的缺失。译文缺失不得不被视为英语世界马克思学研究晚于德语世界和法语世界的原因之一。另一方面，出版时间的对比也间接地道出了英语世界马克思学从20世纪30年代后（特别是20世纪70年代后）开始兴起和发展的一个重要原因，即英文译本的出现和传播。

值得一提的是，法语曾在马克思恩格斯经典著作传播中享有别样的地位。1871年，巴黎的一位出版商在请求马克思授予《资本论》法语出版权时就直言不讳地说，法译本将成为英国、意大利、西班牙等国"翻译这部著作的蓝本"①。然而，20世纪中叶，在译介马克思恩格斯著作时发生了一次版本的"颠倒"。1962年，第一个完整的法文本《1844年经济学哲学手稿》由埃米尔·博蒂盖利（É. Bottigelli）翻译并出版。② 这一法文版虽然以1932年问世的 MEGA¹ 的德语原文为基础底本，但在翻译的过程中大量地参考了1956年出版的俄译本和1959年出版的英译本。

这次的版本"颠倒"不完全是一个偶然。20世纪30年代以来，随着"手稿热"逐渐升温，英语世界逐渐意识到马克思文本的重要性，加快了英文版马克思主义经典著作的译介工作。大量英译本的出现和传播在一定意义上使英语世界的读者能非常方便地阅读马克思、恩格斯的著作，能从母语角度整体把握马克思的著作和思想。1924年以来，美国共产党通过纽约的国际出版社有计划地出版马克思恩格斯著作，而纽约的国际出版社则从一开始就和莫斯科的马克思恩格斯研究院建立了

---

① 参见列文：《马克思恩格斯著作的发表和出版》，周维译，生活·读书·新知三联书店1976年版，第67页。
② 博蒂盖利的法文版是完整的，即包含了 MEGA¹/I/3《1844年经济学哲学手稿》的全部3个笔记本。事实上，20世纪20年代时，《巴黎手稿》的一小部分被"哲学团体"的成员列斐伏尔和居特曼发表在《马克思主义评论》（Revue marxiste）第1期。1934年巴黎出版的《马克思文选》也转载了一小部分。1937年，朱尔·莫里托（J. Molitor）的法译本相对完整，但是这一法译本选择的底本（Landshut-Mayer版）有许多错误，不仅丢失了第I手稿，打乱了第II手稿和第III手稿的顺序，还将没有马克思任何评论的《精神现象学》最后一章的大纲作为第IV手稿编译进文本。这些成果在20世纪四五十年代被完全忽视，直到20世纪60年代，完整版才在法国出版。由于博蒂盖利的法文版译本存在很多错误，现在法国学界更常用菲施巴赫（F. Fischbach）的译本。

密切的联系。1926年国际出版社在伦敦和纽约两地出版了一个名叫《著作选》的小册子，收入了包括马克思《德法年鉴》上的两篇文章在内的七篇著作。同年，纽约的先锋出版社出版了《马克思基本著作》。这两个小册子可以视为英语世界第一次相对集中地编译马克思著作的成果。《论文选》和《马克思基本著作》虽然收入的文章有限，却也极大程度地降低了英语世界读者阅读马克思著作的门槛。此后，《马克思早期著作》《马克思的基本著作》《马克思早期文选》等选集相继问世，迅速地改变了英语世界文本缺乏的窘迫境况。

20世纪70年代以来，《马克思恩格斯全集》英文版（简称 MECW）有序展开，青年马克思的许多著作和书信第一次以母语形式展现在英语读者面前。这对于"考据稍弱、问题见长"的英语世界研究者们而言无异于降低了研究的"准入门槛"，而英译本的翻译和传播无疑为英语世界马克思学奠定了"文本基础"。

二、观念基础：英语世界对黑格尔态度的变化

19世纪末以来，"马克思—黑格尔关系"问题就一直被反复讨论。英国学者伊恩·弗雷泽（I. Fraser）和托尼·伯恩（T. Burn）曾对现有的"马克思—黑格尔关系"的观点做过一次历史考察，指出恩格斯《路德维希·费尔巴哈和德国古典哲学的终结》一文对后世理解"马克思—黑格尔关系"埋下

了决定性的伏笔。① 这种肇始于恩格斯，经第二国际发展，列宁强化的"颠倒说"被正统马克思主义者们普遍接受，从而产生了广泛的影响。不可否认，这种视马克思通过一种更为唯物主义和辩证的方式以揭示黑格尔观念论的思路看似强调了两者的不同，但实际上却将两者更为有效地"绑定"在一起。英语世界对黑格尔哲学的态度变化也在一定程度上影响着人们对马克思以及马克思主义的兴趣。就这一角度而言，英语世界马克思学在20世纪上半叶的兴起和发展与英语世界对黑格尔兴趣的回归密切相关。

英语世界（特别是英国）具有悠久的经验主义传统。苏格兰学者斯特林（J. H. Stirling）打破这一传统，将德国观念论译介入英语世界，从而开启了英语世界研究德国观念论的先河。此后，格林（T. H. Green）、布拉德雷（F. H. Bradley）、鲍桑葵（B. Bosanquet）、麦克塔吉塔（J. M. E. McTaggart）等英国新黑格尔主义学者都替"绝对理念"辩护，它们逐渐在反经验主义的斗争中获得胜利。格林与当时久负盛名的经验主义哲学家穆勒（J. S. Mill）的一系列论战，使得观念论在英国占有一席之地，也使得黑格尔观念论研究在英国风靡一时。

受到格林、麦克塔吉塔等"新黑格尔主义"学者的影响，伯特兰·罗素、摩尔（G. E. Moore）等学者在年轻时也成了观

---

① 参见 Tony Burn and Ian Fraser（eds.），*The Hegel-Marx Connection*, London: MaCmillan, 2000, pp. 1 – 33。

念论的支持者。① 但是，出于对"新黑格尔主义"的反叛，他们将数理方法作为工具应用于哲学研究，从而催生了发源于英语世界的独具特色的分析哲学。分析哲学特有的精确性和清晰性使分析哲学研究者拒斥黑格尔带有神秘主义色彩的形而上学。然而，不少学者在研究中都发现分析哲学与黑格尔哲学有着千丝万缕的联系，在分析哲学的发展史中更是出现了一次从拒斥黑格尔到回归黑格尔的"黑格尔转向"。② 汤姆·洛克莫尔（T. Rockmore）更是大胆地指出，伯特兰·罗素、摩尔这些分析哲学创始者在反对黑格尔而曲解黑格尔之初就已经返回到了黑格尔的哲学。③

与英国不同，美国的黑格尔主义不是本土自发的"引进"，而是由外向内的"植入"。19 世纪早期，美国知识分子有两种可供选择的哲学，即英国的经验主义和苏格兰的直觉主义。然而，由于英国的经验主义存在唯物主义倾向，美国部分学者放弃了这一哲学方案。19 世纪中叶，苏格兰的直觉主义也因为难以应对达尔文的挑战而开始衰落。1848 年革命后，大量移民进入美国，美国知识分子接触到德国的教育形式，主动向带有自由倾向的德国观念论（特别是黑格尔哲学）靠近。美国的黑格尔主义滥觞于 19 世纪 60 年代德国移民区的非学术

---

① 参见 Bertrand Russel, *My Philosophical Development*, New York: Simon and Schuster, 1959, p. 42。
② 参见李红：《分析哲学中的"黑格尔转向"——以布兰顿推理主义语义学为个案》，载《哲学动态》2013 年第 2 期。
③ 参见 Tom Rockmore, "Analytic Philosophy and the Hegelian Turn", *The Review of Metaphysics*, 55 (2) 2001, p. 340。

性运动。美国最早的黑格尔主义者是位于俄亥俄州辛辛那提的黑格尔派。另一活跃区域位于密苏里州东部的圣路易斯，在哈里斯（W. T. Harris）和布罗克迈耶尔（H. C. Brokmeyer）的领导下发展出圣路易斯黑格尔派。这一学派用黑格尔主义解释南北战争的悲剧必然性，认为南方代表的是黑格尔哲学中抽象的权利，北方代表的是抽象的道德。① 圣路易斯学派和辛辛那提学派之后，黑格尔主义在美国得以继续存在，并与美国本土的实用主义结合。可以说，圣路易斯的黑格尔派比任何其他流派对约翰·杜威早期文本的影响都要大，而且杜威成熟时期的理论中也有黑格尔主义的痕迹。19世纪末20世纪初，约西亚·罗伊斯（J. Royce）等美国观念论代表人物也尝试将黑格尔的绝对唯心主义和人格主义、实用主义相结合。②

1932年，卢卡奇《历史与阶级意识》的出版直接引发了"马克思—黑格尔关系"问题的再思考。有别于恩格斯、普列汉诺夫、列宁的正统叙述模式，卢卡奇、柯尔施、葛兰西等西方马克思主义者在当代复兴了马克思主义中的"黑格尔因素"，强调黑格尔辩证法与马克思的联系，把黑格尔因素视为马克思主义的隐形逻辑。20世纪30年代以来，欧陆学者的这种倾向也影响到了英语世界的读者，也有一些英语世界研究者对马克思和黑格尔的关系进行了系统研究。

---

① 参见汤姆·罗克摩尔：《黑格尔：之前和之后》，柯小刚译，北京大学出版社2005年版，第251页。
② 参见Josiah Royce, *Lectures on Modern Idealism*, New Haven: Yale University Press, 1964。

总之，19 世纪末以来，英国打破经验主义传统，接受德国观念论，美国也在经验主义和直觉主义失灵的情况下选择了德国观念论。在英语世界中，新黑格尔主义得到了很好的发展。对黑格尔兴趣的提升在一定程度上促进了英语世界对马克思的关注，特别是 20 世纪 30 年代人本主义马克思主义的兴起推动了对"马克思—黑格尔关系"的再思考。它们在很大程度上改变了英语世界马克思研究的理论环境，奠定了一种突破经验主义的"观念基础"。

三、社会基础：英国共产党和左翼期刊的推动

前两部分试图从"文本基础"和"观念基础"两个角度论证英语世界马克思学兴起的原因。如果说文献和观念的变化还停留在理论层面，那么工人运动和英国共产党的成立则是政治实践层面的内容。事实上，工人运动和英语世界的马克思主义政党又反过来推动了英语世界马克思学的兴起。

同绝大多数欧洲国家的共产党一样，英国共产党也是在十月革命之后迅速建立的。① 1920 年，在苏俄和第三国际的协助下，英国社会党、社会主义工人党、南威尔士社会主义协会等规模较小的马克思主义党派联合成立了英国共产党。英国共产党曾是英国最大的共产主义党派，但直到 1991 年党内领导层

---

① 在没有特别说明的情况下，后文中出现的"英国共产党"特指 1920—1991 年间的大不列颠共产党（CPGB），不包括沿袭其衣钵的不列颠共产党（Communist Party of Britain，简称 CPB）等其他政党。

宣布解散这一政党时，它都没能成为过具有绝对话语权的大党。然而，这并不能改变英国共产党为国际共产主义实践以及马克思主义扎根英国做出重要贡献的事实。

在建立之初，英国共产党在很大程度上接受苏联（俄）和第三国际的指导。此外，由于英国共产党在人员构成上的特殊性（以产业工人为主体），英国共产党在初期难以有自己的理论声音，在理论和实践上都"以苏为师""以苏为纲"。党内的很多部门也都不间断地执行莫斯科方面的指示，似乎成为了没有能动性的"莫斯科奴隶"。[1] 英国历史学家安德鲁·索普（A. Thorpe）更为极端地指责莫斯科方面支持英国共产党旨在建立一个"苏维埃英国"（Soviet Britain）。[2] 20 世纪二三十年代，作为"学徒"的英国共产党虽然在马克思主义理论方面缺乏创新，但却为学习马克思主义——特别是经过苏（俄）联强化的正统马克思主义——提供了较为稳定的机制。这也为英语世界学者了解正统马克思主义的内容提供了机会，为日后英语世界学者深入研究马克思经典文本埋下了伏笔。

20 世纪 30 年代，共产主义对民众的吸引力都非常大。受到国际局势和共产主义理论魅力的双重影响，部分不满于自由资本主义的英国知识分子转投英国共产党的怀抱。至此，英国共产党内的人员结构有了较明显的改变，以党派成员为主体对

---

[1] 参见 Henry Pelling, "The Early History of the Communist Party of Great Britain, 1920-9", *Transactions of the Royal Historical Society*, Vol. 8, 1958, p. 52。
[2] 参见 Andrew Thorpe, *The British Communist Party and Moscow 1920-43*, Manchester: Manchester University Press, 2000。

马克思主义进行研究和创新得以可能。① 20世纪30年代，以马克思列宁主义为指导思想的"红色科学运动"使左翼知识分子接受辩证法与历史唯物主义，使得马克思主义真正地扎根英国，进而形成所谓的"盎格鲁的马克思主义"。② 20世纪30年代中期到40年代中期是英国的"红色十年"，英国的传统知识分子对共产主义进行了传播，在党内外广泛的学习和讨论马克思主义的经典文本。这一时期的知识分子不仅仅来自人文学科，也来自于自然科学和社会科学等诸多领域。这使得马克思主义得以在英国学术界（包括自然科学领域）落地生根。

1936年英国共产党在伦敦建立"劳伦斯—威沙特出版社"，为英语世界研究成果的出版提供了平台和机制保障。此后，莫斯科、伦敦、纽约三家出版社开始长期合作。与此同时，由英国共产党领导人瑞加尼·帕姆·杜德（R. P. Dutt）编辑的《劳工月报》（*Labour Monthly*）也成了交流马克思主义的重要平台。一方面，俄语世界和德语世界中研究马克思生平、著作、思想的文章被引入英语世界③；另一方面，英语世界研究者也通过期刊论文和著作出版输出了

---

① 英国共产党考德威尔（C. Caudwell）、多布（M. H. Dobb）等理论家结合英国本土实际对马克思主义理论中的物质生产、唯物史观、经济思想进行了再思考，产出了一些具有独创性价值的成果。不过，从传播效果角度而言，这些著作没有及时地产生影响，考德威尔的几部作品都是在其去世后出版的。在《资本主义发展研究》（1946年）出版之前，多布的影响也仅仅只局限在与他对接联系的激进学生当中。
② 参见 E. A. Roberts, *The Anglo-Marxist: A Study in Ideology and Culture*, New York: Rowman & Littlefield Publishers Inc., 1997, p. xiii。
③ 例如，梁赞诺夫《马克思论中国》《马克思与布朗基的关系》等两篇文章就发表于《劳工月刊》。

一些原创性思想——主要集中讨论传记写作、唯物主义与辩证法、政治与阶级理论、思想来源等话题。此外,《新共和》《科学与社会》《美国经济评论》《英国评论》等英美期刊也刊登了不少以马克思生平、著作、思想为研究对象的文章,这些期刊在20世纪上半叶英语世界马克思学兴起过程中起到了不可小觑的作用。例如,美国马克思学代表人物埃德蒙·威尔逊(E. Wilson)讨论马克思的11篇重要文章全部发表在20世纪30年代的《新共和》上。"马克思—恩格斯关系""乌托邦学说""人道主义"等马克思学核心话题在这一时期的威尔逊文本中都能找到若隐若现的影子。

第二次世界大战结束后,英国共产党历史学家小组取代红色科学家团体的地位,在培育英国马克思主义理论的过程中作出了极大的贡献。不得不说,英国共产党成立之后极大地推动了马克思主义在英国的普及程度,为其在英语世界落地生根并结出本土成果提供了必要的机制保障和出口平台。

四、互动基础:日渐密切的国际交流

就全球史观的角度而言,20世纪上半叶爆发的两次世界大战都在一定意义上促进了国际间交流。悉尼·胡克(S. Hook)旅欧访苏的经历、以赛亚·伯林流离转徙的童年生活以及二战时驻美驻苏的经历都不失为影响其思想发展的重要因素,而爱德华·卡尔(E. H. Carr)等人与苏联、东德的频繁书信交流则开拓了英语世界马克思学研究的视野,为20世纪上半叶英语世界马克思学的兴起奠定了"互动基础"。

悉尼·胡克是英语世界马克思学孕育阶段最重要的代表人物之一，也是最早在美国的大学中开设马克思主义课程的学者。美国历史学家狄金斯（J. P. Diggins）称其为"美国最原初的马克思主义思想家"①，而胡克1933年出版的《对卡尔·马克思的理解》一书也一度被视作英语世界对马克思哲学最好的阐述。莱昂内尔·阿贝尔（L. Abel）更是将胡克调和"马克思主义与工具主义"以及"历史唯物主义与自由"之间的尝试类比阿奎那在神学上调和亚里士多德主义和基督教神学的努力，赞其为"工具主义的圣托马斯·阿奎那"②。

20世纪早期，胡克之所以能在英语世界的马克思研究者中脱颖而出，不仅仅因为他出众的哲学基础和对马克思主义理论高昂的兴趣，也应该归功于胡克1928—1929年之间的旅欧、访苏经历。在德国柏林大学、慕尼黑大学进行学术交流时，他接触到了柯尔施和卢卡奇的理论，部分吸收了他们对马克思的理解。胡克后来在1933年出版的《对卡尔·马克思的理解》一书"序言"的末尾单独向卢卡奇和柯尔施致敬，认为《历史与阶级意识》有效地联结了马克思和德国古典哲学传统，突出强调了马克思思想中的辩证法要素，而《马克思主义与

---

① J. P. Diggins, *The Rise and Fall of the American Left*, New York: W. W. Norton, 1992, p. 152.
② E. S. Shapiro, *Letters of Sidney Hook: Democracy, Communism and the Cold War*, London and New York: Routledge, 2015, p. 6.

哲学》证实了马克思思想的"历史轴心的假设"①。旅德期间，胡克还接受梁赞诺夫的邀请前往莫斯科的马克思恩格斯研究院停留了两个多月，主要从事原始文档的检查以及当代文化研究。胡克也因此成为最早一批进入德国、苏联学习马克思主义的英美学者。在旅欧访苏期间，胡克还收集了大量与马克思以及青年黑格尔派有关的资料。② 这段特殊的经历使得胡克对马克思主义哲学能够展开更为深入的研究。基于一手文献，胡克还产生了有别于苏联马克思主义的马克思学解读。

胡克对苏联和共产主义的理解存在一个由"崇拜"到"厌恶"的过程。在现存可考的通信中，胡克在 1929 年 6 月 24 日从莫斯科寄出的一张明信片上第一次描述苏联的共产主义。此时，他还对人类社会的统一报以高度的热情。胡克毫不吝啬地使用"奇异"、"华丽"这样的词语赞美红旗飘扬的莫斯科，并且有针对性地指出莫斯科的一砖一瓦都代表着一种"新精神"。1929—1930 年间，胡克带着"宗教朝圣"的心态在苏联学习，认为苏联是唯一拒绝资本主义利润争夺且致力于社会主义信仰的社会。③ 可以确定的是，直到 1931 年胡克依

---

① 参见胡克:《对卡尔·马克思的理解》，徐崇温译，重庆出版社 1989 年版，第 6—7 页。
② 胡克 1931 年 8 月致威尔·赫伯格（W. Herberg）的信件中有所提及。参见 E. S. Shapiro, *Letters of Sidney Hook: Democracy, Communism and the Cold War*, London and New York: Routledge, 2015, p. 24。
③ Sidney Hook, *Out of Step: An Unquiet Life in the 20th Century*, New York: Harper & Row Publishers, 1987, pp. 123 – 124.

然致力于区分"马克思"和"马克思主义"这两个概念。① 然而，之后的短短几年内，胡克对苏联和共产主义的观点发生了变化，他一跃成为了美国左翼和反苏知识分子的领导者之一。根据胡克的回忆，20世纪30年代苏联的"肃反运动"（特别是1936—1937年的"莫斯科审判"）使得他认清了激进主义邪恶的嘴脸，加剧了对共产主义和苏联的厌恶，也不再幻想在美国建立社会主义，懒于澄清"马克思"与"马克思主义"的区别。

与胡克单纯的访问交流不同，20世纪30年代英语世界涌现的另一位马克思学代表人物以赛亚·伯林与俄国的关系更具复杂性。以赛亚·伯林是一位俄裔英籍犹太人，接受了英语和俄语双语教学。1917年，伯林先后目睹了二月革命和十月革命，对暴力革命留下了最原初的印象，以至于伯林成年后拒绝一切形式的暴力。可以说，伯林对马克思主义最初的感性理解很有可能直接源于儿时目睹和经历的政治革命，而非任何经典理论。1921年，伯林举家定居英国。在英国求学期间，他依然心系故土，阅读了苏联以及流亡国外的俄国人的书籍和报刊。20世纪30年代初，伯林与同事通信时也提到德波林的《辩证唯物主义哲学入门》与英国出版的经济、哲学著作风格迥异，指出德波林的这部著作"冗长、枯燥、缺乏睿智"，不适合苏联之外的人阅读。此外，在他母亲和施马尔亚·列文的推荐下，伯林尝试阅读马沙利克的《社会问题：马克思主义

---

① 参见 E. S. Shapiro, *Letters of Sidney Hook: Democracy, Communism and the Cold War*, London and New York: Routledge, 2015, pp. 23 – 25。

的哲学和社会基础》①。

伯林在写作马克思传期间阅读了苏联学者的研究成果。1936年9月，伯林就已经阅读了尼古拉埃夫斯基和曼森-黑尔芬合写的马克思传。伯林认为这本书虽"死气沉沉，毫无生气"，但算不上一本坏书，只不过没有比爱华德·卡尔那肤浅傲慢的《卡尔·马克思：狂热研究》强多少，也不及梅林《马克思传》。伯林认为，梅林毫不费力地就能回斥那些攻击马克思的无知之流。②

伯林二战期间驻美驻苏的经历也在很大程度上影响着英语世界马克思学的发展。1941年，身处美国的伯林给父亲寄出了一张明信片，请求父亲转述布莱克韦尔，给自己寄六本自己写的《卡尔·马克思》③。这六本书具体被如何使用我们尚不清楚，但根据伯林在美国的交际网络来看，我们有理由相信，伯林就自己对马克思的理解与威尔逊、奎因等美国学者有过交流。根据麦克莱伦的回忆，以赛亚·伯林指导其博士论文写作时力荐胡克的著作，这也间接表明了，伯林对美国学界马克思学研究的熟悉程度。

书信和资料交流是国际交流日益密切的另一个表现。爱德华·卡尔就曾将在英国外交部查阅到的普鲁士政府要求驱赶马

---

① 参见《以赛亚·伯林书信集，1928—1946》，陈小慰、叶长缨译，译林出版社2012年版，第359、34、153页。
② 参见《以赛亚·伯林书信集，1928—1946》，陈小慰、叶长缨译，译林出版社2012年版，第237—241页。
③ 参见《以赛亚·伯林书信集，1928—1946》，陈小慰、叶长缨译，译林出版社2012年版，第437页。

克思的材料运用到《卡尔·马克思：狂热研究》的写作中①，并且将这部分材料的副本寄送给了苏联学者。尼古拉埃夫斯基和曼森-黑尔芬在传记写作时就引用了这一来自英语世界的历史档案。

截至20世纪三四十年代，英语世界马克思学已经初具雏形，胡克、伯林、威尔逊等学者的著作也在英语世界内外产生了一定的影响。20世纪30年代，《1844年经济学哲学手稿》的问世也极大地激发了西方学术界对马克思早期思想的兴趣。20世纪五六十年代的一系列历史事件则进一步激发了英语世界学者对马克思学的兴趣。

第三节 英语世界马克思思想解读的几个阶段

英语世界马克思研究的进度与马克思恩格斯著作英译本的翻译情况密切相关。尽管马克思在英国生活工作了30多年，但在很长一段时间内英语读者能够接触到的马克思恩格斯的文本极其有限。《资本论》以及马克思本人在英美期刊报纸上发表的文章是最早一批能被英语世界读者直接接触到的文本。"经济学家"也是马克思在英语世界中最早被认知的身份之

---

① 参见 E. H. Carr, *Karl Marx: A Study of Fanaticism*, London: J. M. Dent & Sons LTD, 1934, pp. 105–107。

一。英语世界的马克思思想解读肇始于以《资本论》为中心的经济学解读。《1844 年经济学哲学手稿》等马克思早期著作被译介到英语世界之后，英语世界马克思学的重心从经济学转向哲学。

一、以《资本论》为中心的经济解读阶段

19 世纪末 20 世纪初，英语世界研究者围绕《资本论》展开了第一阶段的经济解读。"马克思经济思想来源以及与现代经济学的关系""资本主义经济危机理论""劳动价值论与剩余价值学说"是这一时期的核心话题。

首先，英语世界学者关注马克思与古典经济学、凯恩斯经济学的关系。绝大多数研究者都承认马克思继承了李嘉图的劳动价值论。例如，斯巴哥将马克思归属于李嘉图学派，并认为马克思最显著的贡献就在于发展了该学派的劳动价值论；多布也承认马克思对资本主义生产的分析是从古典经济学家留下的地方开始的。然而，也应该注意到英语世界中的两种极端观点：一些批判者否定了马克思的原创性，认为马克思是古典经济学（特别是李嘉图）的"盲目的追随者"，而另一些批判者则认为，马克思既不真正了解李嘉图，也不了解这一学派。[①]

在马克思与凯恩斯的关系方面，主流观点侧重说明马克思

[①] 参见 L. B. Boudin, *The Theoretical System of Karl Marx*, Chicago: Charles H. Kerr & Company, 1920, pp. 51 – 52。

与凯恩斯经济思想之间的不可调和性,但也有一些学者强调马克思与凯恩斯的相似之处,试图"弥合"两者之间的理论鸿沟。在对比凯恩斯《就业、利息和货币通论》和马克思《资本论》后,约翰·达雷尔(J. Darrell)、约翰·斯特雷奇(J. Strachey)、约翰·威尔逊(J. D. Wilson)、沃德(E. E. Ward)等学者相继撰文,指出两者在分析"利润率下降"的原因时都不约而同地指向了"资本积累"。沃德还细致地分析了马克思和凯恩斯研究经济制度和资本主义的方法,认为"动态分析"和"病理学分析"被两者普遍采用。① 在20世纪30年代的这场讨论中,研究者还没有击中马克思和凯恩斯经济学思想的本质,缺乏对凯恩斯理论时效性的分析,也缺乏系统和明确的批判。20世纪40年代中后期,这一情况得到了改善。②

其次,经济大萧条为研究马克思的经济危机理论提供了契机。凡勃伦(T. Veblen)、布丁(L. B. Boudin)、鲁比诺(I. M. Rubinow)等是为数不多在大萧条之前就相对深入地研究过马克思经济学理论的研究者。他们着重讨论商品交换、生产过剩等话题,对马克思危机理论的解读却极其有限。20世纪20年代,经济现实使英美研究者不得不拾起被一度忽视的马克思危机理论。英语世界学者一方面对比李嘉图、马克思和凯恩斯的危机理论之异同,另一方面开始运用数理分析、实证模型等

---

① 参见 E. E. Ward, "Marx and Keynes's General Theory", *The Economic Record*, Vol. 15, No. 3, 1939, pp. 152 – 167。
② 参见 M. C. 霍华德, J. E. 金:《马克思主义经济学史: 1929—1990》, 顾海良等译, 中央编译出版社 2003 年版, 第 96 页。

方式介入"危机理论"的研究，期望从中求得一剂根治经济萧条的"良方"。1942年，斯威齐对当时纷繁的理论进行了一次大综合。斯威齐从马克思关于危机的原著出发对商品生产和危机、萨伊定律、利润率等内容进行讨论后，将危机归纳为"利润率下降趋势相联系的危机"和"实现的危机"两类，并紧密结合马克思原著更细一步讨论了四种理论。他主张用"第二种理论"（投资机会减少）解释短期的"经济波动"，而用"第四种理论"（消费不足）解释长期的"经济停滞"。然而，英国学者多布却对斯威齐"消费不足"的分析表达了质疑。罗宾逊则尝试从凯恩斯主义出发改造马克思的危机理论。

再次，英语学者围绕劳动价值论展开了激烈的讨论。在奥地利经济学家庞巴维克正面批判马克思价值和剩余价值学说后，欧美理论界在19世纪末20世纪初围绕马克思的劳动价值论展开了大论战。在20世纪30年代之前，德语世界和俄语世界占据着马克思"价值理论"研究的绝对霸主地位。这一时期，英语学者针对德语和俄语世界的研究做出过一些零散的回应，例如，霍勒斯·约瑟夫（H. W. B. Joseph）顺着庞巴维克的逻辑，从道德批判的角度否定"劳动价值论"对"价格"形成的解释。[①] 凡勃伦则反对庞巴维克的阐述，在分析马克思的经济思想时就提出，马克思的批判者们（主要指庞巴维克）

[①] 参见 H. W. B. Joseph, *The Labour Theory of Value in Karl Marx*, New York: Oxford University Press, 1923。

常常混淆马克思的"价值"与"交换价值"概念①;布丁对庞巴维克等批判者的批判思路和马克思理论进行了还原,认为批判者们抓着"价格"与"价值"间细微差异不放。② 鲁比诺在批判西姆科赫维奇(V. G. Simkhovitch)时提出了一个颇有新意的观点,即马克思的价值理论是一个表达无产阶级强烈的阶级意识的社会学理论,而非经济学理论——因为它在解释现代生产和商业潮流中毫无价值。③ 不容否认,20世纪30年代之前,绝大多数英语世界研究者对马克思经济学思想的理论认识和研究都还不太深入,仍然停留在译介或简单诠释马克思主义基本原理的阶段。无论是马克思传记还是马克思思想研究,涉及马克思价值与剩余价值的讨论都非常有限。

20世纪30年代后,英语世界开始严肃对待马克思的劳动价值论。这种转变有两方面的原因:其一,受纳粹主义和斯大林主义的影响,欧陆暂时失去了严肃讨论马克思学说的可能性,马克思研究的重心被迫从欧陆转向英美;其二,在"边际主义"和"新思潮"的双重夹击下,巩固以劳动价值论为基础的马克思经济学成为研究的内在需求。

在英国,多布首先为劳动价值论正名,并且从形式和内容两个方面论证了劳动价值论是政治经济学体系中唯一的"充

---

① 参见 T. Veblen, "The Socialist Economics of Karl Marx and His Followers", *The Quarterly Journal of Economics*, Vol. 20, No. 4, 1906, p. 587。
② 参见 L. B. Boudin, *The Theoretical System of Karl Marx*, Chicago: Charles H. Kerr & Company, 1920, p. 118。
③ 参见 I. M. Rubinow, *Was Marx Wrong?*, New York: The Co-Operative Press, 1914, p. 17。

分的价值理论"。与多布的认识不同,罗宾逊(J. Robinson)对马克思的理论基础大加鞭笞,将马克思的"劳动价值论"比作一文不值却颇得人心的"符咒",把马克思的错误都归因于"价值计算"。① 在美国,斯威齐对马克思的经济学基本原理也给予了特别的关注,从马克思主义的立场出发来解释马克思的"劳动价值论"和"剩余价值学说"。同时,他也注重欧陆学界的前沿问题,例如"利润率下滑""价值转换为价格""崩溃争论"。他对"价值转换为价格"问题的补充性修正也引起了罗宾逊、多布等英语世界学者的兴趣。毫不夸张地说,斯威齐将"转形问题"(特别是博特凯维茨的方法)引入英语世界,引发了20世纪中后期聚讼纷纷的转形问题大讨论,在这场大讨论中不同立场的研究者互动频繁且均有理论输出。

二、以《1844 年经济学哲学手稿》为中心的人道主义和结构主义解读阶段

在苏联和德国文献学家的努力下,马克思早期手稿陆续问世。1927 年,梁赞诺夫以俄文刊出了《1844 年经济学哲学手稿》的一部分(即笔记本 III),并将其视作《神圣家族》的预备材料。1932 年,《1844 年经济学哲学手稿》首次以德语原文公开出版。在 MEGA¹/I/3 出版前,德国学者朗茨胡特和迈耶尔抢先刊出这一手稿,朗茨胡特在"导言"中初步表达

---

① 参见 J. Robinson, *An Essay on Marxian Economics*, London: The Macmillan Press, 1966, pp. 10 – 22。

了"两个马克思"的观点,即强调马克思在早年手稿中的观点与《共产党宣言》中的观点不一致。① 因此,这一文献迅速引起了各大语言世界马克思研究者的兴趣。亨·德曼(H. de Man)在《新发现的马克思》一文中进一步明确了早期"人道主义的马克思主义"与"历史唯物主义"之间相对立,宣称存在着两个"马克思主义"。② 围绕马克思早期手稿,欧陆研究者首先从人道主义路径解读马克思,给予青年马克思极高的哲学评价,甚至认为马克思的思想制高点就停留在1844年。而结构主义马克思主义者则强调马克思思想存在着"断裂",试图将"青年马克思"与"晚年马克思"对立起来。

随着马克思早期手稿以及"两个马克思"的争论被陆续译介到英语世界,英语学者迅速加入到这场讨论中。20世纪30至60年代,英语世界马克思学逐渐从马克思恩格斯晚年著作转向马克思的早期著作(特别是《1844年经济学哲学手稿》)。

在英语世界中,胡克和亚当斯(H. P. Adams)最早开始研究青年马克思。如果说胡克的《从黑格尔到马克思》(1936)还只是从辩证法这一角度切入青年马克思的话,那么亚当斯的《早期著作中的卡尔·马克思》(1940)则完全应当

---

① 参见 S. Landshut und J. P. Mayer, "Einleitung", in Karl Marx, *Der historische Materialismus: Die Frühschriften*, Bd. 1, Leipzig: A. Kröner, 1932, S. XI – XLI。值得一提的是,这一导言虽然以两位编者的名字共同署名,但其实是朗茨胡特写的。1932年,朗茨胡特以小册子的形式另行出版了相同的内容。

② 参见 H. de Man, „Der neu entdeckte Marx", *Der Kampf*, Jg. 25, 1932, S. 224, 275f。

被视为英语世界第一本全面系统地考察青年马克思的著作。此后一段时间内,英语世界马克思学研究者热衷于将目光投向青年马克思。由于青年马克思在《1844 年经济学哲学手稿》中特别关注"人",一部分西方学者尝试揭示马克思思想中的人道主义因素。

与欧陆学者相比,英美学者较晚加入到马克思主义与人道主义关系的讨论当中。20 世纪五六十年代,在欧洲大陆,人道主义马克思主义已经开始退潮,意大利和法国开始出现科学主义马克思主义思潮。然而,英美学者这时才刚刚起步讨论马克思思想中的人道主义因素。杜娜叶夫斯卡娅(R. Dunayevskaya)和弗洛姆两位来自欧陆的学者向英语世界学者提供了从人道主义视角解读马克思思想的范例。《马克思主义与自由》(1958)和《马克思关于人的概念》(1961)两部著作不同程度上确证了马克思主义的实质就是人道主义。弗洛姆把欧陆关于"两个马克思"的争论引入了英语世界,而杜娜叶夫斯卡娅则在美国确立了人道主义马克思主义的解读路径。塔克《卡尔·马克思的哲学与神话》(1961)、奥尔曼的《异化:马克思关于资本主义社会中的人的概念》(1971)等著作都继承了这种人道主义的解读方式。汤普森(E. P. Thompson)、查尔斯·泰勒(C. Taylor)和麦金泰尔(A. MacIntyre)也在《大学与左派评论》(*Universities & Left Review*)和《新理性人》(*The New Reasoner*)中开启了"马克思主义人道主义"的争论。针对人道主义解释马克思思想的理论倾向,里德、伯纳尔、克卢格曼、康福思、刘易斯、莫顿等英国正统马克思主义者就乌托邦社会主义史、个性和人道主义、异化等问题对"新左派"思想家展开了批判。①

20世纪60年代，阿尔都塞先后出版了三本与马克思主义相关的著作，即《保卫马克思》《读〈资本论〉》以及《列宁和哲学》。他试图用结构主义的解读方式遏制西方学界人道主义马克思主义解读的潮流。尽管英美学者有时"对外国进口货稍有顾虑"②，但法国结构主义马克思主义解读路径在英美学界也颇有市场。美国学者唐纳德·霍奇斯（D. C. Hodges）就深受阿尔都塞的影响，将马克思视为经济学家、历史学家和政治学家，却唯独不是哲学家。在霍奇斯看来，人道主义意味着不科学，而把不科学的人道主义强加给马克思意味着一种妥协。也就是说，人道主义解读路径抹杀了马克思主义与人道主义之间的本质区别，会使马克思主义融合在抽象的人道主义思想中。③

1970—1973年，英国共产党机关刊物《今日马克思主义》开设专栏讨论法国的结构主义解读方式。英国共产党哲学家刘易斯在《今日马克思主义》发表了多篇文章，全面批判阿尔都塞《保卫马克思》和《读〈资本论〉》中的"断裂说"和马克思主义"理论上反人道主义"观点，并且尝试重新厘清马克思

---

① 参见梅斯里夫钦科主编：《当代国外马克思列宁主义哲学》，社会科学文献出版社1986年版，第360—361页。
② Grahame Lock, "Louis Althusser: Philosophy and Leninism", *Marxism Today*, Vol. 16, No. 6, June 1972, p. 180.
③ 参见 Donald Clark Hodges, "Marx's Contribution to Humanism", *Science & Society*, Vol. 29, No. 2, Spring 1965, pp. 173 – 191。

与黑格尔之间的关系。刘易斯明确反对阿尔都塞的断裂说，强调《德意志意识形态》非但没有抛弃《1844年经济学哲学手稿》中的早期观点，反而是继承和发展了《1844年经济学哲学手稿》中提出的观点。① 与此同时，刘易斯强调只有从人道主义出发才能理解资本主义制度下的经济状况和社会状况。针对刘易斯基于人道主义的批判，阿尔都塞也及时撰文回应，为结构主义观点辩护。② 康福思（M. Cornforth）、格雷（G. Gray）、格兰特（D. D. Grant）、里格利（J. Wrigley）、韦顿（M. Whitten）和加拿大共产党重要理论家戈德斯蒂克（D. Goldstick）也加入到刘易斯与阿尔都塞的争论中。康福思、格雷等人支持刘易斯对阿尔都塞"断裂说"的批判，即反对阿尔都塞将"青年马克思"与"老年马克思"对立起来。③ 康福思进一步强调，把科学作为意识形态的反题对立起来的做法是完全错误的。

尽管英语世界学者普遍反对"断裂说"，但刘易斯与康福思等人之间也存在着根本性的分歧。刘易斯基于马克思不同时期的文本批判"断裂说"，强调马克思思想中连续的黑格尔主

---

① 参见 John Lewis, "The Althusser Case (Part 1)", *Marxism Today*, Vol. 16, No. 1, January 1972, pp. 23 – 28。
② 参见 Louis Althusser, "Reply to John Lewis (Self-Criticism), Part I", *Marxism Today*, Vol. 16, No. 10, October 1972, pp. 310 – 318; Louis Althusser, "Reply to John Lewis (Self-Criticism), Part II", *Marxism Today*, Vol. 16, No. 11, November 1972, pp. 343 – 349。
③ 参见 Maurice Cornforth, "Some Comments on Louis Althusser's Reply to John Lewis", *Marxism Today*, Vol. 17, No. 5, May 1973, pp. 139 – 147; Gordon Gray, "Althusser Debate", *Marxism Today*, Vol. 17, No. 7, July 1973, pp. 220 – 221。

义。然而，康福思等人批判断裂说则旨在破除结构主义将历史理解为无主体的过程，将马克思的辩证法一以贯之地用以分析自然现象和社会现象。正是基于此，康福思、格雷、格兰特、高尔斯蒂克批判了刘易斯对马克思早期著作采取了非辩证的态度，他们认为刘易斯抹杀了马克思思想发展的阶段性。

20世纪60年代以来，英语世界研究者围绕人道主义和结构主义展开了持续的论争。越来越多的研究者倾向于从内在一致性角度理解马克思前后期思想。塔克在研究马克思思想时表示，马克思早期的哲学手稿和后期的《资本论》之间存在着一种潜在的连续性。① 塔克不仅明确反对阿尔都塞这种两个马克思的分割，而且他反对过分强调阶段，指责马尔库塞等人将马克思早期著作仅仅视为马克思成熟理论初级阶段的做法。在塔克看来，"异化"是始终贯穿马克思写作的一条主线。麦克莱伦、奥尔曼等学者也从马克思的早期著作中挖掘出马克思晚期作品中的论题。奥尔曼甚至认为，马克思思想在1844年之后就没有特别大的改变，《资本论》中存在着大量马克思早期的思想和概念。② 在论战中，英语世界研究者逐渐走入马克思思想内部，提出区别于欧陆马克思学的话题，并且开始主动运用带有英语世界特色的方式阐释马克思的思想。

---

① 参见塔克：《卡尔·马克思的哲学与神话》，刘钰森、陈开华译，天津人民出版社2018年版，第10页。
② 参见奥尔曼：《马克思的异化理论》，王贵贤译，北京师范大学出版社2018年版，"第一版序言"第6—7页。

三、分析马克思主义与政治哲学转向

20世纪50年代以来，新黑格尔主义在西方学界的影响式微。西方学者把黑格尔打入了"冷宫"的同时，西方马克思主义和西方马克思学研究者们也表现出一种"把黑格尔从马克思中清除出去"的思想倾向。阿尔都塞的结构主义解读路径在一定程度上影响了英语世界的研究者，但相比于法语世界和西班牙语世界，结构主义马克思解读路径没有在英语世界形成大气候。在英语世界，对黑格尔的拒斥更为明显地体现为分析马克思主义转向。分析马克思主义特有的精确性和清晰性使分析马克思主义研究者更为激烈地拒绝黑格尔带有神秘主义色彩的形而上学。对他们而言，如果要用分析哲学的立场去解读马克思的思想，就必须清除马克思思想中的黑格尔因素。

在英语世界，1968—1978年是分析马克思主义的时代。[①]分析的马克思主义极具英美特色。20世纪以降，分析哲学成为英美哲学的显学，它所提倡的严密精确的分析方法，为马克思研究提供了可供结合的方法。在此之前，马克思哲学的研究中心主要在欧洲大陆。欧陆流行的唯理论哲学传统使得欧陆学者大多运用抽象晦涩的语言来解读马克思的著作。这种晦暗不明是分析哲学传统所不能容忍的，于是一批精通分析哲学的马克思主义者决定用他们掌握的分析哲学方法来重建马克思主

---

① 参见 Andrew Levine, *A Future for Marxism?*, London: Puto Press, 2003, p. 122。

义，力求在解读马克思思想时保持精确性和严谨性。因此，分析的马克思主义的实质是英美分析哲学传统与马克思学的结合。

根据分析马克思主义代表人物罗默的说法，柯亨（G. A. Cohen）的《卡尔·马克思的历史理论：一个辩护》和乔恩·埃尔斯特（J. Elster）的《逻辑与社会》这两本书的出版标志着分析马克思主义学派的诞生。① 简单说来，分析马克思主义的分析方法就是概念清晰、表达精确、论证严谨的方法。分析马克思主义以其分析哲学的方法在西方马克思学中独树一帜。在其方法论的观照下，分析马克思主义从马克思的经济思想入手，并很快就滑向政治哲学。20世纪七八十年代，分析马克思主义的话题主要集中在政治哲学领域。

众所周知，罗尔斯《正义论》问世以来，西方学界对政治哲学产生了前所未有的兴趣。随着政治哲学研究热度的升温，一部分西方学者对马克思理论中的"正义"问题也展开了由浅入深的讨论。20世纪70年代以来，"马克思与正义"的关系问题成为西方学者最热衷的话题之一。艾伦·伍德和胡萨米的争论奠定了这场讨论的学术性基调，并且引发了更大规模的学术争论。在这场大讨论中，学者们争论的焦点集中在马克思是否认为资本主义生产方式是不正义的。20世纪80年代以来，西方学者基于不同的立场进一步对马克思的"正义"概念进行了考察，对马克思是否认为资本主义是正义的、共产

---

① 参见 John E. Roemer, *Foundations of Analytical Marxism*, Aldershot: Edward Elgar Publishing, 1994, p. ix。

主义社会是否是正义社会以及正义的限度理论等展开了激烈的论战。

以塔克和伍德为代表的学者明确地反对"正义批判说",即认为马克思反对用正义原则谴责资本主义。胡萨米、乔恩·埃尔斯特、霍尔斯特姆（N. Holmstrom）为代表的学者在论战中则表达了与伍德针锋相对的观点,强调马克思毫无疑问是从正义的角度谴责资本主义的。与此同时,布坎南（A. E. Buchanan）、杰拉斯（N. Geras）、加里·扬（G. Young）、赖利（P. Riley）等学者则尝试从第三条路径判断马克思的正义观。布坎南已经涉及马克思消灭法权的问题；杰拉斯试图论证马克思在正义问题上的态度缺乏内在一致性；赖利则基于法律与正义概念之间的关系强调马克思是从非法律意义的正义概念上批判资本主义社会。

塔克、伍德、布伦克特分别从改良主义、生产方式、意识形态三个角度否证了马克思对资本主义的正义批判,而胡萨米则从阶级立场的角度肯定了马克思对资本主义进行了正义谴责。然而,随着讨论不断深入,西方学者们之间的观点也难以用"赞成"或"反对"这样的二元思维来划分。卢克斯（S. Lukes）在回顾这场争论时,将西方学者的观点概括为四种视角。[①] 后两种视角带有明显的调和性,是从二元论战中生发出来的观点。

事实上,早在20世纪上半叶,西方学者在马克思学说的

[①] 参见卢克斯：《马克思主义与道德》,袁世锭译,高等教育出版社2009年版,第58—72页。

道德因素这一问题上就产生过态度迥异的两种观点。以考茨基、梅林、普列汉诺夫为代表的学者认为马克思主义学说已经超越了伦理学,马克思在本质上拒绝从道德原则出发推导社会主义。考茨基就曾明确地声称马克思的唯物史观第一次完完全全地弃绝了虚幻的道德理念。普列汉诺夫也认为,完全没有必要把道德因素引入必然会胜利的运动之中。因此,在这部分学者看来,马克思的理论中不存在"道德"问题,社会主义也无须建立在道德哲学之上。究其根本,这种把伦理道德因素排除在外的根本原因在于,这些学者僵化地理解唯物史观,即从经济决定论出发强调社会发展的必然性,从而剥夺了"正义"的解释空间。然而,也正是基于马克思主义没有道德哲学基础这一判断,伯恩施坦、福尔伦德(K. Vorländer)等人试图用康德的伦理学来"补充"马克思主义,进而发展一种"伦理的社会主义"。20世纪30年代以来,特别是《1844年经济学哲学手稿》公开问世以来,一部分学者找到了马克思理论中的道德伦理因素。在他们看来,马克思主义没有忽视从道德角度讨论社会正义的必要性,但是他们也没能对马克思主义的道德原则本身做出更为系统的说明。

随着马克思与正义相关讨论的深入,马克思与道德哲学之间复杂的关系再度进入英语世界研究者的视野之中。尽管马克思有无道德哲学这一问题尚未形成普遍一致的答案(也不可能会出现一个能够被西方学界普遍接受的答案),但20世纪70年代的学者们已经不再仅仅满足于判断马克思有没有道德哲学这一问题,他们更深入地思考马克思学说中的道德哲学到底是什么？在部分学者看来，布坎南进一步否定了马克思曾经对资本主义社会进行过正义批判。美国学者阿兰·桑德洛（A. M. Shandro）就将布坎南的努力概括为马克思主义反法权（anti-juridical）的解释。① 虽然，阿兰·桑德洛反驳了这种"反法权"，但布坎南和阿兰·桑德洛的这种尝试较之伍德都向前走了一大步。他们已经开始尝试解释马克思的道德哲学的具体内涵和理论指向。

由此可见，随着分析马克思主义的理论研究的不断深入，英语世界马克思学的话题从一开始的"剥削"，过渡到"正义"，最后过渡到"道德"。尤其在布坎南那里，他已经开始从黑格尔的市民社会和权利理论出发探讨马克思的正义理论来源。分析马克思主义的这种理论解读的趋势，也预示了黑格尔主义的马克思解读传统的回归。

四、回归黑格尔主义解读马克思

20 世纪 80 年代以来，黑格尔主义重新成为英语世界马克思学的主旋律。黑格尔主义成为英语世界研究者在解释马克思思想时不得不面对的东西。此前，英语世界的学者关注青年马克思与《精神现象学》之间的联系。但 20 世纪 80 年代以来，学者却更加关注《逻辑学》与《资本论》之间的联系，着重

---

① 参见 Alan Shandro, "A Marxist Theory of Justice?", *Canadian Journal of Political Science*, Vol. 22, No. 1, 1989, pp. 27–48。

分析马克思与黑格尔在辩证方法上的异同。因此,马克思和黑格尔的关系问题又一次回到西方马克思学和西方马克思主义研究者们的书桌前。然而,在这一次的复兴运动中,研究者们不再单纯强调黑格尔对马克思的影响,而是运用诸如后现代主义的理论透视马克思与黑格尔的关系问题。例如,英国马克思学家卡弗就对"马克思—黑格尔"的叙事结构本身提出怀疑,从而提出从马克思来理解黑格尔而不是从黑格尔理解马克思。因此,有学者大胆地提出"黑格尔是一个马克思主义者"这样不同于传统看法的观点。[①] 另一方面,马丁·尼古劳斯(M. Nicolaus)翻译的《大纲》全译本在英语世界出版后激活了英语世界学者对马克思历史唯物主义和方法论的研究。特别是对马克思辩证方法的分析使得研究者开始重新思考马克思与黑格尔之间的联系。在这一理论背景下,英语世界的学者回归黑格尔主义解读马克思的思想。

首先,英语世界的研究者重新解释马克思与黑格尔之间的关系。早在20世纪70年代初,英语世界的研究者就意识到通过《大纲》分析"马克思—黑格尔"关系的必要性。刘易斯在反驳阿尔都塞的结构主义观点时明确指出,马克思成熟时期的著作中存在着黑格尔的观点,《大纲》完完全全就是带有黑格尔哲学色彩的作品。[②] 美国学者古尔德(C. Gould)则承接

[①] 参见鲁克俭:《国外马克思学研究的热点问题》,中央编译出版社2006年版,第34页。
[②] 参见 John Lewis, "The Althusse Case (Part 2)", *Marxism Today*, Vol. 16, No. 2, February 1972, pp. 43–48。

了卢卡奇的思想传统①,在《大纲》研究的基础上,她将马克思的思想与亚里士多德、康德以及黑格尔的主题联系起来考察,创造性地重构了马克思的哲学,强调马克思与黑格尔传统之间的联系。美国学者德雷珀(H. Draper)在五卷本的《马克思的革命理论》中直面了马克思与黑格尔的关系问题,较好地澄清了关于马克思与黑格尔的一些误读,重塑了马克思的国家理论。加拿大学者麦克格雷格(D. MacGregor)在20世纪90年代连续出版三本谈论马克思与黑格尔关系的专著,即《黑格尔和马克思的共产主义理想》(1990)、《黑格尔、马克思和英语国家》(1992)、《共产主义垮台之后的黑格尔和马克思》(1998)。麦克格雷格立足于新发现的黑格尔文本(即1817—1818年海德堡演讲)分析马克思与黑格尔之间的差异,强调马克思对黑格尔的批判往往是建立在他对黑格尔的误解之上的。沃伦·布雷克曼(W. Breckman)的《马克思、青年黑格尔主义者和激进社会理论的起源》(1999)则从政治神学切入分析马克思与青年黑格尔派之间的关系。1997年,卡弗参加了一场关于马克思与黑格尔关系的研讨会,发表了题为"黑格尔与马克思:反思这一叙事"报告。在会议报告中,卡弗既不强调马克思对黑格尔的影响,也不强调黑格尔对马克思的影响,而是从后现代主义出发解构马克思与黑格尔的关系。卡弗解构马克思与黑格尔的关系旨在为解读马克思文本提供独

---

① 在分析和重构马克思的社会本体论时,古尔德有意回避了卢卡奇,但是从古尔德提供的参考书目来看,她至少参考了《历史与阶级意识》《作为社会实践模式的劳动》《思想和行为的本体论基础》《马克思的本体论》等著作。

立的空间，而不是让马克思置身于黑格尔的阴影之下。

其次，借助黑格尔的哲学解读马克思的辩证方法。德里克·塞耶（D. Sayer）的《马克思的方法》（1979）[①] 较早注意到《大纲》对于理解马克思辩证方法的重要性。罗斯林·博洛（R. Bologh）也注意到《大纲》与马克思方法之间的联系，她紧贴文本创造性地把现象学和结构社会学结合起来，解释了马克思的辩证方法。[②]

英语世界的学者围绕"辩证法"衍生出多种解读路径。以巴斯卡（R. Bhaskar）为代表的分层实在论辩证法，以克里斯多夫·阿瑟（C. J. Arthur）、托尼·史密斯（T. Smith）弗雷德·莫斯利（F. Moseley）为代表的体系辩证法，以奥尔曼（B. Ollman）为代表的内在关系辩证法等是解读马克思辩证法过程中产生的最新的派别。它们从不同的角度重新阐述了马克思辩证法的内涵与价值。

巴斯卡的哲学可以分为"批判实在论""分层实在论"和"自由辩证法"三个阶段。其中，分层实在论辩证法，最具代表性。批判实在论的理论重心在科学哲学，分层实在论侧重于社会科学哲学，自由辩证法则阐释了一种"解释哲学"。

体系辩证法（又称"新辩证法学派"）着重探讨马克思的《资本论》与黑格尔《逻辑学》在方法上的联系。阿瑟区分了

[①] 参见 Derek Sayer, *Marx's Method: Ideology, Science and Critique in Capital*, Sussex: Harvester Press, 1979。

[②] 参见 Roslyn Wallach Bologh, *Dialectical Phenomenology: Marx's Method*, London: Routledge & Kegan Paul, 1979。

马克思《逻辑学》中的两种辩证法，即"历史辩证法"和"体系辩证法"，前者强调世界历史内在的发展逻辑，而后者不依赖历史顺序，仅仅是一种概念逻辑。基于此，阿瑟认为马克思在《资本论》第1卷中运用了黑格尔《逻辑学》中的概念逻辑，马克思的"商品""货币""资本总公式"可以直接对应黑格尔的"存在论""本质论"和"概念论"。莫斯利则侧重从《逻辑学》的"概念论"部分解释马克思的辩证法，强调黑格尔逻辑学中的"普遍性"与"特殊性"对应着马克思《资本论》中的"资本一般"和"竞争"。意大利哲学家罗伯特·芬奇（R. Fineschi）和莫斯利一样，都把"概念论"与马克思的《资本论》联系起来。不过，芬奇强调，除了"普遍性"和"特殊性"之外，"个别性"也完全包含在马克思对资本的分析之中。①

以奥尔曼为代表的学者对体系辩证法的非批判性进行了批判，在奥尔曼等人看来，马克思的辩证法不仅仅是一种构建体系的方式，更是一种能够揭示生产方式内在矛盾及其辩证运动总体性的内在逻辑，即一种内在关系哲学。奥尔曼写作博士论文期间就开始关注马克思的辩证法了，他通过重构马克思的辩证法来理解马克思对人的本质和异化的论述，其成果以《异化：马克思关于资本主义社会中的人的理论》为题于20世纪70年代公开出版。在他看来，内在关系哲学是马克思从黑格尔那里直接继承下来的哲学遗产，马克思的辩证法在关系中反

---

① 参见 Fred Moseley and Tony Smith (eds.), *Marx's Capital and Hegel's Logic: A Reexamination*, Leiden: Brill, 2014, p. 117, 141。

映世界的永恒运动。在《辩证法的舞蹈——马克思方法的步骤》一书中,奥尔曼重申内在关系哲学在"马克思哲学"中的核心地位,他强调辩证法是马克思用来观察世界、研究世界以及介绍世界的方法,"内在关系哲学"和"抽象过程"在其中发挥着重要的作用。奥尔曼将"内在关系"和"抽象过程"看做马克思辩证法赖以前行的"两条腿"。① 马克思辩证法中的抽象方法又被奥尔曼进一步凝练为三种密切联系却又不尽相同的方面,即范围、概括层次和角度。由此可见,奥尔曼从内在关系哲学的角度重提马克思的辩证法,这一做法虽然在一定程度上反击了分析学派对马克思主义辩证法理论的挑战,但是在本质上却退回到了传统形而上学的道路上——"内在关系"和"抽象过程"的综合不过是在本体论和认识论上重构一种形而上学的哲学。

除了马克思与黑格尔的关系问题,英语世界研究者还围绕马克思文本展开了丰富多彩的讨论,并且深刻地影响到了其他语言世界。例如,詹姆斯·奥康纳(J. R. O'Connor)、约翰·福斯特(J. B. Foster)、保罗·伯克特(P. Burkett)、彼得·胡迪斯(P. Hudis)等英语世界学者基于马克思文本深入探讨生态自然问题;卡弗、莱文等学者围绕马克思恩格斯的文本细致比较了两者思想的差异;麦克莱伦、乔治·拉雷恩(J. Larrain)、斯图亚特·霍尔(S. Hall)、比克胡·帕雷克(B. Parekh)、弗里德里克·詹姆逊(F. Jameson)、克里斯托弗·

---

① 参见 Bertell Ollman, *Dance of the Dialectic: Step in Marx's Method*, Urbana and Chicago: University of Illinois Press, 2003, p.51。

派因斯（C. L. Pines）等英美学者则就马克思的意识形态概念展开了持续的讨论。时至今日，英语世界已经凭借其敏锐的问题意识成为西方马克思学的领头羊。英语世界马克思学在保持先进性和独立性的同时，也更加积极主动地与其他语言世界交流，广泛吸取其他语言世界的研究成果。

第四节　英语世界马克思学的传承与互动

通过英语世界内部的学术传承和语言世界之间的学术交流，英语世界马克思学完成了自身的学术积累，并且开始引领西方马克思学的研究方向。在漫长的学术积累中，英语世界马克思学逐渐走向系统化和科学化。

一、英语世界马克思学的学术传承

19世纪末20世纪初，英语世界学者就通过《资本论》《共产党宣言》等经典文本开始接触马克思的思想。英美共产党内部首先展开了关于马克思思想的解读。尽管这些解读的科普性大于学术性，但英语学者对马克思的政治经济学思想的关注却为其日后的马克思研究奠定了基础，也使"劳动价值论"和"剩余价值"成为英语世界马克思研究中反复出现的两个话题。英国学者多布和美国学者弗雷德·泰勒（F. M. Taylor）等人之间展开的"社会主义经济计算问题"争论、肇始于20世纪40年代末50年代初的"转形问题"以及著名的"多布—斯威齐之争"都根植于英语世界最初的经济学研究。

受苏联教科书的影响，英语世界马克思主义者在哲学方法论上特别强调马克思的辩证唯物主义。20世纪30年代末，胡克在英语世界首先开启了对正统马克思主义解读的反攻。告别马克思主义者这一身份之后，胡克开始系统地攻击正统马克思主义者的解读，也成功激活了英语世界学者对马克思的"辩证法"以及马克思与黑格尔关系的思考。20世纪三四十年代，英语世界学者围绕胡克的解读展开了积极的讨论，极大地深化了英语学者对马克思与黑格尔关系的认识。在某种意义上，之后英语世界对"马克思—黑格尔关系"的解读都绕不开胡克的马克思学，而对辩证唯物主义的赞成或反对也都无法回避胡克的研究。

自杜娜叶夫斯卡娅把青年马克思的著作介绍到美国学界后，英语世界开始进一步探讨黑格尔对马克思的影响，并且围绕《1844年经济学哲学手稿》这一新文献展开了丰富的讨论。至此，英语世界开启了人道主义的解读路径。在青年马克思讨论如火如荼之际，部分"成熟马克思"的热衷者则继续围绕《资本论》《共产党宣言》等文本撰写关于剩余价值、历史唯物主义、革命政策的研究。与欧陆火热的结构主义研究不同，英美学者尽管很早就知道阿尔都塞学派，但却很少直接使用结构主义的方法来"拯救"马克思。尽管丹尼尔·贝尔

（D. Bell）、亚当·乌拉姆（A. Ulam）等学者在解读1848年之后的著作时意外地与阿尔都塞产生了共鸣①，但他们的研究方法仍然不是结构主义的。事实上，尽管阿尔都塞的理论在英国青年学生中影响力很大，但法国的结构主义解读方式对英语世界马克思学的冲击却极其有限。一方面，英美国家极具特色的分析马克思主义在争论中迅速出场，英语世界马克思学继而转向以剥削和正义为核心的分析马克思主义研究；另一方面，美国人类学家劳伦斯·克拉德（L. Krader）在20世纪70年代初用英语整理出版了晚年马克思"人类学笔记"，并且作了长篇介绍，这使得英语世界研究者较早地意识到人类学问题是贯穿马克思一生的话题，在马克思思想发展过程中并不存在阿尔都塞所谓的"断裂"。

在克拉德的影响下，诺曼·莱文等学者迅速展开了马克思人类学思想研究。1973年，莱文就在《共产主义比较研究》杂志第6卷发表了《马克思与恩格斯思想中的人类学》一文。不过，莱文的旨趣在于通过分析马克思恩格斯观点的差异而突出他的"马恩对立论"。两年后，莱文在《悲剧性的骗局》（*The Tragic Deception*）一书中系统地阐发了他关于马克思与恩格斯思想关系根本对立的论断，将马克思和恩格斯的思想分别纳入到对立的"马克思主义"和"恩格斯主义"两大体系之中。莱文之所以产生"马恩对立论"，源自于西方学界的学术积累和学术传承。在文献资源方面，新材料（《1844年经济学

---

① 参见 Daniel Bell, *The End of Ideology*, Cambridge：Harvard University Press, 1960；Adam Ulam, *The Unfinished Revolution*, New York：Random, 1960。

哲学手稿》和马克思晚年人类学笔记）让莱文发现了一个强调人道主义的马克思；在学术传承上，莱文无疑受到了卢卡奇、科尔施、胡克、吕贝尔等人以及第二国际理论家的影响。此外，特别值得一提的是，莱文写作《可悲的骗局》时大量参考了伯林的马克思传，他对马克思的心理学分析也得到了这一传记的支持，而伯林对马克思的心理学分析恰恰是直接从爱德华·卡尔的狂热症分析中继承下来的。事实上，在英语世界中，美国学者胡克早在20世纪三四十年代就讨论过马克思和恩格斯的差异，李希特海姆（G. Lichtheim）和霍奇斯（D. C. Hodges）也曾在20世纪60年代基于马克思和恩格斯的差异讨论过马克思主义，但直到莱文提出极端的"马恩二分论"，英语学者的观点才真正在国际范围内掀起轩然大波，并且使得"马克思—恩格斯问题"演变为西方马克思学最火热的话题之一。

在西方马克思学内部，许多严谨的马克思学家立即针锋相对地反驳了莱文的观点。就英语世界而言，古尔德纳（A. W. Gouldner）[1]、亨勒（J. D. Hunley）[2]、里格比（S. H. Rigby）[3]为代表的学者从学理上反驳了莱文，强调马克思与恩格斯思想的内在一致性。在论战的过程中，以卡弗为代表的学者则逐渐

---

[1] 参见 Alvin W. Gouldner, *The Two Marxisms*, New York: Seabury Press, 1980, pp. 250 – 286。

[2] 参见亨勒：《马克思和恩格斯思想上的一致性》，载《马克思主义与现实》2009年第3期。

[3] 参见 S. H. Rigby, *Engels and the Formation of Marxism: History, Dialectics and Revolution*, Manchester: Manchester University Press, 1992。

放弃了严格的"对立论",转向了温和的"对立论"(即"马恩差异论")。亨德森(W. O. Henderson)、史蒂文·马库斯(S. Marcus)等恩格斯专家更是通过大量文献事实积极回应"马克思—恩格斯问题",为恩格斯辩护。20 世纪 80 年代后,"马恩差异论"也成了英语学界的主流观点,莱文等学者虽然仍坚持"马恩对立论",但其研究重心却转向了马克思与黑格尔关系研究,特别是马克思与黑格尔的辩证法之间的关系。[①]近年来,莱文从哲学方法上挖掘《1857—1858 年经济学手稿》《1861—1863 年经济学手稿》和《资本论》第一卷中的黑格尔因素。根据他在北师大讲座(2016 年 3 月)时的说法,他目前在写作一部新的专著——《黑格尔:〈资本论〉第一卷的作者》。

事实上,莱文的这种研究路径也与英语世界的马克思学的学术积累与传承密切相关。英语世界马克思学兴起之初,英语学者就高度重视马克思与黑格尔的关系。"马克思与黑格尔的关系"问题也是萦绕英语世界马克思学的核心问题之一,而这一问题指向的其实是对马克思思想的整体把握问题。科学主义与人道主义之争在英语世界演变为在方法上"清除黑格尔"还是"捍卫黑格尔"之争。基于"人道主义"把握马克思的学者大多会强调马克思的异化、辩证法与黑格尔的关联,而基于"科学主义"把握马克思的学者则要求清除马克思思想中

[①] 《辩证法内部对话》(1984)、《不同的路径:马克思主义与恩格斯主义中的黑格尔》(2006)、《马克思与黑格尔的对话》(2012) 等著作就是这方面的成果。

带有黑格尔色彩的神秘因素。

在《1844年经济学哲学手稿》被译介到英语世界之前，胡克等马克思学家就高度重视马克思与黑格尔在辩证法方面的联系，强调马克思思想中的黑格尔因素。然而，从经济学角度出发研究马克思《资本论》的学者则倾向于相信马克思去除了黑格尔辩证法中的神秘外壳。《1844年经济学哲学手稿》被译介到英语世界后，英语世界研究者高度重视马克思的"异化"概念，而这也使得更多的学者不得不承认马克思与黑格尔之间密切的联系，从"人道主义"立场出发解读马克思文本成为英语世界马克思学的主流。当一些学者尝试以"两个马克思"的对立来解构人道主义解读时，美国学者塔克（R. C. Tucker）却在《卡尔·马克思的哲学与神话》（1961年）中运用心理分析的方法宣称，老年马克思仅仅只是青年马克思的一种变形，强调"异化"概念在马克思思想发展过程中的微妙作用。值得一提的是，塔克的心理分析法得益于伯林的马克思传，而他对马克思思想的整体把握（特别是对黑格尔与马克思关系的解读）却受益于胡克。① 有趣之处在于，塔克的解读方式引起了英语世界内部的诸多争议，而胡克恰恰是最早站出来批判和反对塔克的学者之一。② 如果说胡克的批

---

① 塔克对马克思的理解一方面与他的外交经历有关，另一方也与胡克的马克思解读直接相关。根据周凡考证，塔克在《卡尔·马克思的哲学与神话》中三次援引了胡克的《从黑格尔到马克思》，而且第一次引用时就涉及"神话"的相关论述。参见周凡：《神话、哲学与正义之蚀》（上），载《学术交流》2018年第9期。
② 胡克对塔克的批判参见书评 Sidney Hook, "Robert C. Tucker, Philosophy and Myth in Karl Marx", *Slavic Review*, 21（3）, 1962, pp. 552–553。

判不关乎哲学方法,那么后来分析马克思主义者对塔克的批判却首先是从方法入手的。分析马克思主义特有的精确性和清晰性使分析马克思主义研究者更为激烈地拒绝黑格尔哲学中带有神秘主义色彩的形而上学。对他们来说,当用分析哲学的立场去对待马克思主义的时候,黑格尔是不需要在马克思主义中存在的。① 此外,由于塔克反对将马克思视作"社会正义的倡导者",并且认为在马克思那里"雇佣劳动不包含任何的不正义"。② 他的著作一经发表就在"人道主义"解读如日中天的英语世界中掀起了巨澜,开启了英美学术界关于"马克思与正义"的持久论战(参见本章第三节第三部分),并且深刻地影响到了其他语言世界。

正当那些试图清除马克思思想中黑格尔痕迹的分析马克思主义马克思学家们高歌猛进之际,麦克莱伦在20世纪70年代却意外地发现,"异化"概念也是《大纲》中的基本概念,甚至在《资本论》中也不断出现。③ 麦克莱伦更进一步指出了,《1844年经济学哲学手稿》和《资本论》第1卷中的"商品拜物教性质"部分在总体上是连续的。这一发现不仅再次重创了阿尔都塞的"断裂说",也使得英语世界的学者开始重新关注马克思思想中的黑格尔因素,特别是《大纲》与《资本

---

① 参见鲁克俭:《国外马克思学研究的热点问题》,中央编译出版社2006年版,第31—33页。
② 参见塔克:《卡尔·马克思的哲学与神话》,刘钰森、陈开华译,天津人民出版社2018年版,第9—10页。
③ 参见 David McLellan, *The Thought of Karl Marx*, 2nd ed, London: Macmillan, 1980, pp. 120-121。

论》中的黑格尔因素。麦克莱伦本人更是在1971年就出版了一个摘录集《马克思的〈大纲〉》。在麦克莱伦的积极推动下，尼古劳斯1973年翻译了第一个《大纲》英文全译本，并且在"前言"中广泛地论述了马克思与黑格尔之间的关系。不过，这位青年学者的评论立即引起了普殊同（M. Postone）和兰尼克（H. Reinicke）的反对，他们公开批判尼古劳斯对黑格尔的理解是"肤浅"的。[1] 尽管麦克莱伦很早就解读出了成熟时期马克思作品中的黑格尔因素，但英语世界对《大纲》的接受却经历了一个过程。直到罗斯多尔斯基的著作《马克思〈资本论〉的形成》一书被翻译到英语世界（1977年），英语世界研究者才开始真正重视马克思《资本论》手稿群，并且开始从黑格尔主义的角度解释马克思的成熟作品。尽管梅费姆（J. Mepham）等人仍然将《大纲》视作马克思摆脱黑格尔主义的努力[2]，但从20世纪80年代开始英语世界重新兴起了黑格尔主义的马克思主义解读路径，而对马克思研究的重点也随之落在了历史唯物主义及其方法论的研究。

由此可见，在英语世界内部，塔克、麦克莱伦、莱文等"捍卫黑格尔"的马克思学解释传统可以追溯到胡克20世纪三四十年代的研究。尽管这一传统在20世纪六七十年代一度陷入低谷，但随着《大纲》和马克思晚年人类学笔记等新文

---

[1] 参见 Moishe Postone & Helmut Reinicke, "On Nicolaus' 'Introduction' to the Grundrisse", *Telos*, 22 (Winter 1974 – 1975), pp. 130 – 148。

[2] 参见 John Mepham, "The Grundrisse: Method or Metaphysics", *Economy and Society*, Vol. 7 No. 4, 1978, pp. 430 – 444。

献的翻译和出版，这一传统再度从"分析马克思主义"和"结构主义"的围攻中脱身而出，成为20世纪80年代以来英语世界马克思学最主要的解释方式之一。诺曼·莱文、汤姆·洛克莫尔、肖恩·塞耶斯、阿瑟、安德鲁·奇蒂、托尼·史密斯等人近年来的作品都试图从黑格尔主义（德国古典哲学）角度解释马克思的思想。[1]

在英语世界马克思学形成和发展的过程中，英语世界以高校为中心先后形成了多个具有强烈师承关系的学术团体。例如，以牛津大学为中心的马克思学团体就非常强调在政治思想史和社会历史语境中还原马克思的思想。20世纪六七十年代，英国牛津大学就是英语世界的马克思学重镇。在这一段时间内，以赛亚·伯林出版了《卡尔·马克思》第3版（1963年）和第4版（1978年），而伯特尔·奥尔曼（1967年）、麦克莱伦（1968年）、卡弗（1974年）等英语世界知名马克思学家也在牛津大学相继完成了与马克思相关的博士论文。特别值得一提的是，在伯林指导麦克莱伦写作的过程中，伯林高度重视胡克的《从黑格尔到马克思》，希望麦克莱伦基于胡克的研究路径分析马克思何以能够从黑格尔学派中解放出来。然而，受到塔克《卡尔·马克思的哲学与神话》和卡门卡《马克思主义伦理学基础》两部著作的影响，麦克莱伦改变了研究重心，试图厘清马克思思想与其所处时代的内在关联。[2] 在某种意义

---

[1] 参见鲁克俭：《建构中国马克思学》，中央编译出版社2018年版，第72—87页。
[2] 参见麦克莱伦：《历史与现在：马克思和马克思主义》，载《世界哲学》2005年第1期。

上，麦克莱伦的这种尝试延续了伯林的马克思传的写作思路，它最生动地回应了伯林马克思传的副标题"生平与环境"。近年来，牛津大学的大卫·利奥波德（D. Leopold）的研究成果也引起了国内外学者的关注。在马克思研究中，利奥波德兼顾了牛津的政治思想史传统（伯林、麦克莱伦、卡弗）和分析马克思主义的方法（柯亨），将牛津学派的两大传统有机结合在一起，形成了独具特色的研究风格。

另一则案例是以加拿大约克大学为中心的"政治马克思主义"。20世纪70年代以来，约克大学的马克思研究团体也日趋壮大，逐渐形成了具有特色的"政治马克思主义"马克思解读传统。罗伯特·布伦纳（R. P. Brenner）、埃伦·伍德（E. M. Wood）、尼尔·伍德（N. Wood）、乔治·科米奈尔（G. C. Comninel）等人都是最早一批着手思考"政治马克思主义"核心问题的学者。① 尽管"政治马克思主义"在整体上倾向于"六经注我"式的西方马克思主义研究，但其理论流派内部也有"我注六经"式的马克思学研究，例如，1978年冬季学期，埃伦·伍德就曾带领学生专门研读了《大纲》与《资本论》。值得注意的是，自从意大利马克思学家默斯托（M. Musto）2016年入职约克大学之后，约克大学的马克思学研究进入到一个新的阶段。其一，默斯托引入了国际马克思学研究的新成果和新方法；其二，他在约克大学组织和策划了多

---

① 关于政治马克思主义的代际划分及其学术关系，参见张福公：《"政治马克思主义"的历史与理论"重建"——访乔治·科米奈尔教授》，载《国外理论动态》2019年第2期。

场国际马克思研讨会;其三,作为桥梁和纽带促进了英美马克思研究与欧陆马克思研究的交流与互动,特别是让更多的意大利学者参与到国际马克思学讨论之中。

二、英语世界与其他语言世界之间的学术互动

前一部分主要论述了英语世界内部的传承,而这一部分将着重讨论英语世界与其他语言世界之间的交流与互动。总的来说,英语世界研究者通过著作翻译与编辑、交流访学、话题论战和国际会议四种形式的学术互动增强了英语世界马克思学的国际化水平,并使之在20世纪70年代之后成为西方马克思学的领头羊。

第一,著作翻译与编辑。首先,翻译和编辑马克思恩格斯著作是英语世界与其他语言世界交流互动的最初形式。在翻译马克思恩格斯著作的过程中,其他语言世界的马克思研究情况也被陆续介绍到了英美学界。例如,弗洛姆《马克思关于人的概念》就与博托莫尔的《1844年经济学哲学手稿》译文一同展现在英语世界研究者面前,弗洛姆也借此契机将欧陆关于"两个马克思"的争论引入了英语世界。卡弗在翻译编辑《德意志意识形态》"费尔巴哈章"的过程中,也向英语世界的读者介绍了广松版《德意志意识形态》的独特价值。其次,翻译欧陆马克思学研究著作是英语世界吸收其他语言世界成果的重要方式。梅林的《马克思传》、阿尔都塞的《读〈资本论〉》、罗斯多尔斯基的《马克思〈资本论〉的形成》、泽勒

尼的《马克思的科学逻辑和〈资本论〉》都对英语世界的学者产生了重要影响。值得一提的是，博睿（Brill）出版社的"历史唯物主义系列丛书"翻译了诸多英语世界之外的马克思研究成果。2002年至今已经出版了200多部，其中不少都是典型的马克思学著作，例如法国学者迈克尔·勒维（M. Löwy）的《青年马克思的革命理论》、法国马克思学家雅克·比岱的《探索马克思的〈资本论〉》、意大利学者卢卡·巴索（L. Basso）的《马克思与独特性：从早期著作到〈大纲〉》、意大利学者罗伯特·菲内利（R. Finelli）的《失败的弑父：黑格尔与青年马克思》等。再次，承担MEGA²相关卷次的编辑工作以及《马克思主义历史考证大辞典》（HKWM）的词条写作任务是英语世界学者积极推动马克思学国际化的重要表现。美国学者凯文·安德森（K. Anderson）领导的编辑团队是MEGA²编辑团队中的重要一支。安德森的团队与俄罗斯瓦西娜（L. Vasina）团队、德国罗扬（J. Rojahn）的团队合作编辑MEGA²/IV/27卷，即"马克思恩格斯1879—1881年的摘录与笔记"。与此同时，佩里·安德森、罗伯特·科恩（R. Cohen）、伊格尔顿、詹姆逊等英语世界研究者都是豪格HKWM工程的委员会成员，并且积极带领其他英语学者参与到了具体词条的编写工作中。

第二，访学是英语世界研究者与其他语言世界学者进行深入交流的有效形式。20世纪上半叶，英美学者在绝大多数情况下是以"学生"的形象出现在欧陆马克思学家面前的。在很长一段时间内，英美学者都是通过在欧陆国家学习和工作来追踪欧陆前沿理论和热门话题的。例如，20 世纪 20 年代胡克在德国接触到了卢卡奇和科尔施的理论，在苏联观摩并参与了马克思恩格斯文献的编辑工作。除了英语世界学者主动向欧陆学者请教和学习之外，英语世界马克思学也存在着"逆向交流"，即欧陆学者主动前往英语国家的案例。受到二战的影响，霍克海默、阿多诺、马尔库塞、弗洛姆等德国学者在英国和美国开始了流亡生涯，他们在一定程度上向英语世界输入了欧陆马克思学研究成果。经历了近半个世纪的学习和酝酿，英语学者对欧陆马克思学有了基本的了解。此后，英语学者仍然频繁地前往西欧国家和苏联学习，但他们的学术独立性已经相对成熟，他们与欧陆学者之间的交流更像是一种友好合作。例如，麦克莱伦 1964 年带着博士论文选题在法兰克福大学停留了六个月，得到了费彻尔、阿多诺和哈贝马斯等人的指导；劳伦斯·克拉德在与科尔施的交谈过程中萌发了整理出版马克思人类学和民族学笔记的计划①；20 世纪 70 年代诺曼·莱文也在美国学术基金会的资助下多次造访阿姆斯特丹的国际社会史研究所。汤姆·洛克莫尔在攻读博士学位期间也曾前往德国柏林自由大学交流。在美国范德堡大学获得博士学位之后，他又游走于美国（耶鲁、范德堡、福坦莫、米德尔敦）、加拿大（拉瓦尔）、德国（海德堡、图宾根）、法国（尼斯）之间，最终在法国普瓦捷大学通过了教授资格论文（1993 年），并获得了美国杜肯大学的教授席位。特别值得一提的是，汤姆·洛

---

① 参见 Lawrence Krader, *The Ethnological Notebooks of Karl Marx*, Assen: Van Gorcum, 1972, p. ix。

克莫尔的双重国籍（美国和法国）身份为其游走于英语世界与法语世界提供了得天独厚的条件。

第三，论战是英语学者了解、批判和学习欧陆马克思学成果的重要途径。英语世界学者保持对欧陆学者的关注。英语世界的许多研究成果都是为了直接回应欧陆学者的"新发现"。英国哲学家刘易斯（J. Lewis）与阿尔都塞之间的论战是非常经典的案例。1969—1970年，阿尔都塞的《保卫马克思》和《读〈资本论〉》先后出版英文译本。在英语世界左派思想界中，阿尔都塞获得了很高的声望，但也有不少哲学家反对阿尔都塞对马克思思想的"肢解"。1970年，格拉姆·洛克（G. Lock）受邀前往伦敦马克思故居讲授阿尔都塞的相关著作。刘易斯听完后立即表达了不同的意见，并且打算以论战的方式批判阿尔都塞的反人道主义和断裂说。1972年1—2月，刘易斯分两期在《今日马克思主义》发表了宣战文《阿尔都塞的问题》（The Althusser Case），认为阿尔都塞既不懂马克思的哲学，也不懂马克思思想形成史。在期刊主编克鲁格曼（J. Klugmann）的联系下，阿尔都塞专门撰写了回应文《答约翰·刘易斯》，于同年10月和11月刊发在同一刊物上。刘易斯和阿尔都塞的论战在英语世界引起了很大的反应，支持刘易斯的学者和支持阿尔都塞的学者之间展开了新一轮的论战。随着论战的推进，英语世界中阿尔都塞的支持者很快与分析马克思主义者合流，尽管他们的论证方式大相径庭，但在"消除黑格尔"这一关键问题上却高度一致。在经济学领域也有不少互动的案例。20世纪初期，霍勒斯·约瑟夫、托斯丹·凡勃伦等英语世界的学者就针对德语和俄语世界的马克思价值理论研究成果作出过一些零散的回应。之后,英语世界的学者开始对价值形式和转形问题产生了浓厚的兴趣。20世纪70年代,安德鲁·布朗(A. Brown)和阿尔弗雷多·萨德-费洛(A. Saad-Filho)专注于价值形式的辩论,而英语世界这一阶段的讨论受到了德国"新马克思阅读"运动的影响,特别是汉斯-乔治·巴克豪斯(Hans-Georg Backhaus)的相关论述。值得一提的是,"新马克思阅读"运动还影响了英语世界的新辩证法学派①,而且它们都是苏联马克思学(鲁宾、伊里因科夫)在西方世界的理论回响。

第四,国际会议是英语世界与其他语言世界学者交流的重要窗口和平台。美国印第安纳州圣母大学1966年4月举办的"马克思与西方世界"国际代表大会具有划时代的意义。一方面,这是最早将东西方马克思学家聚在一起的研讨会之一,是西方世界第一次严肃讨论马克思思想的国际会议;② 另一方面,20世纪中叶最杰出的马克思学家几乎悉数出席了这一会议。吕贝尔、费彻尔、塔克、马尔库塞、卡莱尔·科西克、彼得洛维奇(G. Petrović)等最著名的马克思学家都在会议上发表了主题讲话。英国马克思学家李希特海姆和苏联马克思学家伊里因科夫因事因病缺席了会议,但会议论文集仍然收录了他

---

① 参见 Alex Levant and Vesa Oittinen, *Dialectics of the Ideal*, Leiden: Brill, 2014, pp. 172 – 174。
② 参见 Nicholas Lobkowicz, *Marx and the Western World*, Notre Dame: University of Notre Dame Press, 1967, p. xii。

们的发言稿。纵观西方马克思学的发展轨迹，不妨将这次会议视作西方马克思学研究重心开始从欧陆转向英美的标志。这次国际研讨会结束后，英语世界就开始陆续出版《马克思恩格斯全集》英文版。英语世界独具特色的分析马克思主义马克思学也蓄势待发。20世纪70年代以降，英语世界学者又多次组织各类马克思研究会议，极大地促进了英语世界研究者与其他语言世界研究者之间的交流。事实上，我们熟悉的"九月小组"最初指向的就是常规化的国际马克思研讨会。此外，"马克思理论国际会议"（ISMT）也是20世纪90年代以来较为重要的国际交流活动。在美国经济学家弗雷德·莫斯利（F. Moseley）的推动下，这一国际会议已经持续了20多年。迄今为止，已经用英语、意大利语或西班牙出版了近十部研究著作，其中《马克思〈资本论〉中的方法》（1993）、《对马克思方法的新研究》（1997）、《资本的流通》（1998）、《资本的构成》（2001/2004）、《马克思货币理论》（2005）、《重读马克思：历史考证版之后的新视野》（2008）等都具有重要的阅读价值，它们是英语世界学者与其他语言世界学者互动交流的重要见证。

第五节　总体评价

与欧洲大陆的马克思学相比，英语世界马克思学从一开始就显现出有别于其他语言世界的独特性。英语世界马克思学兴起的背景非常复杂,既有来自英语世界内部的需求和探索,又存在国际力量的介入和推动。20世纪上半叶,英文版马克思恩格斯经典著作的翻译和传播无疑为马克思学的兴起铺平了"文本基础"。英语世界对黑格尔哲学的态度转变,打破了英语世界经验论的传统,为研究德国观念论和马克思思想提供了"观念基础"。左翼政党和期刊使得马克思主义在各个领域落地生根,为马克思学研究提供了"社会基础"。此外,英语世界的学者通过访学、外交、邮件等方式与德国、苏联的学者和机构开展了频繁的交流,这为英语世界马克思学兴起提供了一个"互动基础"。

英语世界马克思学与马克思恩格斯著作英译本翻译进展紧密相连。在马克思恩格斯的经典著作陆续被译介到英语世界后,英语世界马克思学才缓缓拉开序幕。19世纪末20世纪初,英语世界就零散地产出过一些具有马克思学性质的学术研究成果。起初,在奥地利经济学派和俄国经济学研究成果的影响下,英语世界研究者围绕《资本论》对马克思的经济思想进行了解读。劳动价值论、剩余价值学说是这一时期的主要话题。20世纪三四十年代以来,随着马克思早期手稿和著作在英语世界的出版,英语世界学者迅速地加入到欧陆关于人道主义马克思主义的讨论当中。

然而,在整个20世纪上半叶,英语世界马克思学在文本考证和思想解读方面都滞后于德语、法语世界。20世纪70年代,英语世界马克思学火热升温(特别是思想解读方面),西方马克思学重心从欧陆转向英美。英语世界研究者凭借他们敏锐的问题意识和严谨的分析方法成为西方马克思学中极具特色的一支。在话题上，英语世界也开始逐渐引领西方马克思学研究。20世纪80年代以来，英语世界马克思学呈现多元化发展趋势，马克思与黑格尔的关系再度成为英语世界的学者最关心的话题之一。在互动和传承中，英语世界马克思学走向了研究的深处。

随着 MEGA^2 及新文献陆续公开问世，英语世界研究者积极调整原有的解读结论，试图更加客观真实地还原马克思的思想面貌。时至今日，马克思思想不仅是英语世界学者难以忽视的思想资源，也已成为英语世界研究者们极其重要的研究对象之一。

第六章　意大利马克思学的形成和发展

就意大利的马克思研究而言，国内学界往往从意大利马克思主义的视角入手，研究重点是葛兰西和德拉-沃尔佩学派。近年来，国内学者也开始关注拉布里奥拉等意大利的第二国际理论家和以奈格里为代表的意大利工人主义。然而，以往的研究都没有很好地说明意大利马克思学的来龙去脉。事实上，意大利的马克思学始于对马克思恩格斯著作的翻译和传播。在译介马克思恩格斯作品的同时，意大利学界对马克思的文本展开了丰富的思想解读，并且逐渐形成了特点鲜明的意大利马克思学。这一章以马克思学为视角，重点对马克思著作在意大利的翻译出版情况、意大利学者和思想家对马克思文本的解读、意大利马克思研究的互动与传承等方面进行思想史的考察。

第六章　意大利马克思学的形成和发展

第一节　马克思恩格斯著作在意大利的发表、翻译和出版情况

最早见诸意大利文字的马克思恩格斯著作是马克思1848年5月底写给《黎明报》编辑的信，原文是意大利文，发表在1848年6月29日的《黎明报》。① 信前面的编者按语中这样说："我们发表下面这封科伦来信是为了表明高尚的德国人对意大利人的感情，他们热望受欧洲专制君主们挑拨离间而相互厮杀的意大利人民和德国人民之间建立友好关系。"② 由李·阿利纳里署名的《黎明报》编辑部的回信在恩格斯《德国的对外政策》一文中有引证。③ 除此之外，马克思还用意大利文写作了《再论斯蒂凡诺尼和国际》《政治冷淡主义》等两篇文章。④ 前者是马克思给《玫瑰小报》编辑部的一封信，载于1872年5月28日《玫瑰小报》第148号和1872年8月1日《自由思想》⑤杂志；后者是马克思应《人民报》编辑恩·比尼亚米的请求在1872年12月底至1873年1月初为《共和

---

① 参见《马克思恩格斯全集》中文1版第5卷，第8—9页。
② 参见《马克思恩格斯全集》中文1版第5卷，第610页。
③ 参见《马克思恩格斯全集》中文1版第5卷，第179页。
④ 参见《马克思恩格斯全集》中文1版第18卷，第93—96，334—340页。
⑤《玫瑰小报》是意大利的一家日报，从1867年至1873年在米兰出版；该报在1871年至1872年维护巴黎公社，发表国际工人协会的报告和文件，从1872年起，受巴枯宁派控制。《自由思想》是意大利的一家杂志，资产阶级唯理论共和派的机关刊物，1866年至1876年在佛罗伦萨出版。

国年鉴》这本文集而写的，载于1873年12月《1874年共和国年鉴》文集。

与马克思相比，恩格斯的意大利文作品更多。自恩格斯1871年担任第一国际意大利通讯书记以来，恩格斯用意大利文、法文写作了不少与社会政治相关的文章。大多数文章都曾在意大利的报刊上直接以意大利文刊出。"表6.1"勾勒了恩格斯意大利文作品的整体情况。

表6.1　恩格斯意大利文作品的发表情况

文章	发表情况
《马志尼反对国际的言论》①	1871年8月31日佛罗伦萨《自由思想》杂志第9期、1871年9月13日《玫瑰小报》第255号（部分刊载）以及许多其他意大利报纸
《总委员会就马志尼关于国际的若干文章给意大利几家报纸编辑部的声明》②	1871年12月12日《人民报》第144号、1871年12月12日《玫瑰小报》第345号、1871年12月21日《人民罗马》第43期
《给"玫瑰小报"编辑部的信》③	1872年2月20日《玫瑰小报》第50号

---

① 参见《马克思恩格斯全集》中文1版第17卷，第418—420页。
② 参见《马克思恩格斯全集》中文1版第17卷，第511—513页。《人民罗马。宗教哲学、政治、文学周刊》是1871年至1872年在罗马出版的小资产阶级民主派报纸，它曾刊登马志尼攻击国际的文章。根据恩格斯在他的草稿中的记载，除了寄给《人民罗马》以外，他还在1871年12月5—7日寄给了《口令报》《契切罗瓦基奥报》《平等》《人民报》《意大利无产者报》《玫瑰小报》等几家报纸。
③ 参见《马克思恩格斯全集》中文1版第17卷，第526—528页。恩格斯给《玫瑰小报》编辑部写这封信，是因为《自由思想》杂志在意大利掀起了一个诽谤国际的运动。恩格斯的这封信除了在《玫瑰小报》上刊登以外，还于1872年2月22日在《自由思想》杂志上发表（不带附函部分）。

(续表)

文章	发表情况
《伦敦来信一》①	1872 年 4 月 24 日《人民报》② 第 48 号
《海牙代表大会》③	1872 年 10 月 5 日《人民报》第 106 号
《伦敦来信二》④	1872 年 10 月 8 日《人民报》第 107 号
《致洛迪下伦巴第工农协会（国际支部）》⑤	1872 年 11 月 17 日《人民报》第 117 号
《伦敦来信三》⑥	1872 年 11 月 17 日《人民报》第 117 号
《伦敦来信四》⑦	1872 年 12 月 14 日《人民报》第 122 号
《论权威》⑧	1873 年 12 月《1874 共和国年鉴》文集

---

① 参见《马克思恩格斯全集》中文 1 版第 18 卷，第 81—83 页。根据题注，恩格斯从这篇文章开始就经常为意大利《人民报》撰稿，一直继续到 1872 年底。然而，由于政府的迫害，该报无法定期出版，恩格斯为《人民报》撰稿的工作从 1873 年初起中断了，直到 1877 年才恢复。恩格斯在《人民报》上发表的文章由姜尼·博西奥收入《卡尔·马克思和弗里德里希·恩格斯。意大利文集》1955 年米兰—罗马版。
② 《人民报》是一家意大利报纸，恩·比尼亚米担任主编。1868 年至 1875 年在洛迪出版，1875 年至 1883 年在米兰出版；19 世纪 70 年代初以前，该报持资产阶级民主主义方针，后来成为社会主义的报纸。1871—1873 年，该报是国际支部的机关报，在反无政府主义者的斗争中支持总委员会，发表过国际的文件和恩格斯的文章。
③ 参见《马克思恩格斯全集》中文 1 版第 18 卷，第 184—190 页。
④ 参见《马克思恩格斯全集》中文 1 版第 18 卷，第 198—199 页。
⑤ 参见《马克思恩格斯全集》中文 1 版第 18 卷，第 209 页。
⑥ 参见《马克思恩格斯全集》中文 1 版第 18 卷，第 210—212 页。
⑦ 参见《马克思恩格斯全集》中文 1 版第 18 卷，第 213—215 页。
⑧ 参见《马克思恩格斯全集》中文 1 版第 18 卷，第 341—344 页。根据题注，这篇文章是恩格斯应恩·比尼亚米的屡次请求为《共和国年鉴》文集写的。1872 年 7 月，比尼亚米向恩格斯提出这个请求。1872 年 11 月 3 日，比尼亚米通知说，他已收到了恩格斯的文章，但由于比尼亚米被捕，文章丢失了。1873 年 3 月，恩格斯寄给比尼亚米《论权威》一文，比尼亚米在 1873 年 12 月予以发表。

(续表)

文章	发表情况
《关于一八七七年德国选举给恩·比尼亚米的信》①	1877年2月26日《平民报》第7号
《英国农民要求参加国内政治斗争》②	1877年6月8日《平民报》第18号
《英国农业工人联合会和农村的集体主义运动》③	1877年6月18日《平民报》第19号
《德国、法国、美国和俄国的工人运动》④	1878年1月22日《平民报》第3号
《德国反社会党人非常法——俄国的现状》⑤	1879年3月30日《平民报》第12号
《致帕斯夸勒·马尔提涅蒂》⑥	1892年4月29日贝内文托的报纸Metistofele

除了用意大利直接写作的著作之外，恩格斯部分用法语写作的文章也被翻译成意大利语刊登在意大利报刊上。例如，《答可尊敬的卓万尼·博维奥》载于1892年2月16日《社会评论》⑦ 杂志第4期⑧；《致朱泽培·卡内帕》载于1894

---

① 参见《马克思恩格斯全集》中文1版第19卷，第107—109页；又见《马克思恩格斯全集》中文2版第25卷，第114—116页。值得注意的是，中文2版将《人民报》译为《平民报》。
② 参见《马克思恩格斯全集》中文2版第25卷，第123—125页。
③ 参见《马克思恩格斯全集》中文2版第25卷，第126—127页。
④ 参见《马克思恩格斯全集》中文2版第25卷，第148—151页。
⑤ 参见《马克思恩格斯全集》中文2版第25卷，第342—343页。
⑥ 参见《马克思恩格斯全集》中文1版第38卷，第314页。
⑦ 《社会评论》是一家意大利双周杂志，是社会党的理论性机关报，1891—1924年以此名称在米兰出版。杂志的编辑是菲·屠拉梯。在19世纪90年代，该杂志发表过马克思和恩格斯的著作，在意大利传播马克思主义方面起了显著的作用。
⑧ 参见《马克思恩格斯全集》中文1版第22卷，第326—328页。

年 3 月 4 日《新纪元》第 1 期[①];《未来的意大利革命和社会党》载于 1894 年 2 月 1 日《社会评论》杂志第 3 期[②];《致意大利劳动社会党第三次代表大会》载于 1894 年 9 月 22—23 日《阶级斗争》周报第 38 号[③];《国际社会主义和意大利社会主义（给〈社会评论〉杂志编辑部的信）》载于 1894 年 11 月 1 日《社会评论》杂志第 21 期[④];《给西西里岛社会党人的贺信》载于 1895 年 6 月 30 日《解放》周报和 1895 年 8 月 16 日《社会评论》杂志第 16 期[⑤]。

事实上，与其他非德语国家的马克思学一样，意大利的马克思学始于马克思恩格斯著作的传播、翻译和出版。1865 年，《国际工人协会成立宣言》和《协会临时章程》意大利文全译本正式出版，这开启了马克思主义在意大利的早期传播。鉴于意大利文的马克思恩格斯著作是意大利马克思学兴起的重要条件，我们有必要对马克思恩格斯著作意大利版情况作一介绍（只列第一版）。

19 世纪 70 年代以来，意大利学者就开始陆续翻译和出版马克思恩格斯的经典著作，恩格斯本人审阅过部分意大利文译本。在 19 世纪的马克思恩格斯著作意大利化过程中，卡菲埃罗（C. Cafiero）、帕斯夸勒·马尔提涅蒂（P. Martignetti）等人作出了重要贡献。1871 年 11—12 月，卡菲埃罗翻译的马克

---

① 参见《马克思恩格斯全集》中文 1 版第 39 卷，第 189 页。
② 参见《马克思恩格斯全集》中文 1 版第 22 卷，第 514—518 页。
③ 参见《马克思恩格斯全集》中文 1 版第 22 卷，第 555—556 页。
④ 参见《马克思恩格斯全集》中文 1 版第 22 卷，第 559—560 页。
⑤ 参见《马克思恩格斯全集》中文 1 版第 22 卷，第 557—558 页。

思《法兰西内战》在阿格里真托（Girgenti）报纸《平等》（*L'Eguaglianza*）第 18 号、第 21 号、第 22 号、第 24 号连载。之后，卡菲埃罗又通过翻译的方式将马克思的《资本论》思想引入意大利学界。1879 年，卡菲埃罗编写的《卡尔·马克思的〈资本论〉》在米兰出版，这一著作是对《资本论》第一卷的通俗概述。

19 世纪八九十年代，马尔提涅蒂翻译了诸多马克思恩格斯经典著作，并且得到了恩格斯的认可。① 经马尔提涅蒂之手，恩格斯的《社会主义从空想到科学的发展》（意大利文，1883 年）、《家庭、私有制和国家的起源》（由 Stabilimento tipografico F. De Gennaro 出版，1885 年）、《卡·马克思〈雇佣劳动与资本〉1891 年单行本导言》［载《社会评论》（米兰）1891 年 7 月 10 日第 10 期、《社会主义者报》1891 年 7 月 22 日第 44 号］先后出版。1892 年，马尔提涅蒂翻译了恩格斯的《德国的社会主义》。② 从法文翻译的头两部分刊发在 1892 年 1 月 16 日和 2 月 1 日的《社会评论》第 2 期和第 3 期上。编辑部给两部分加的标题分别为"德国社会主义的必然胜利"和"德国的社会主义政党与和平"。1892 年 4 月 1 日，该杂志第 7

---

① 恩格斯这样写道："贝内万托（意大利）的帕斯夸勒·马尔提涅蒂先生，将近六年来和我经常通信。为了通过翻译向自己的同胞介绍德国的科学社会主义，他在困难条件下以十分顽强的精神学习了德语。后来，他先后把我的著作《社会主义从空想到科学的发展》和《家庭……的起源》译成意大利文，并经我校阅后发表了这两个译本。他翻译的马克思的《雇佣劳动与资本》受到不利情况的阻碍而没有出版。"参见《马克思恩格斯全集》中文 1 版第 37 卷，第 341 页。

② 参见《马克思恩格斯全集》中文 1 版第 22 卷，第 285—303 页。

期转载了译自德文的结束语,标题为"俄国的饥荒及其原因和意义",正文内容稍有删改。同年,马尔提涅蒂出版了该著作的意大利文单行本。1892 年,马尔提涅蒂译的恩格斯《英国工人阶级状况》"1892 年英国版序言",载于 1892 年 4 月 16 日《社会评论》第 2 期。1893 年,马尔提涅蒂译的《致大不列颠工人阶级》①,载于 1893 年 4 月 1 日《社会评论》第 3 期。1893 年,马尔提涅蒂译的恩格斯《英国工人阶级的历史》(摘自《英国工人阶级状况》导言),载于 1893 年 6 月 16 日的《社会评论》第 3 期。1895 年,马尔提涅蒂翻译了恩格斯为《资本论》第三卷所写的"序言",译文载于那不勒斯的《评论》1895 年第一辑第 1—2 号第 72—100 页。同年,马尔提涅蒂翻译了恩格斯《资本论》第三卷增补,译文载于《社会评论》1895 年第 5 期,11 月 1 日、16 日,12 月 1 日、16 日。

除了卡菲埃罗和马尔提涅蒂之外,其他一些意大利学者也参与到了马克思恩格斯著作翻译的工作中。1886 年,马克思《阶级斗争》(译者拟定的标题摘自《哲学的贫困》),载《意大利社会主义杂志》(1886 年 12 月第二期第 37—40 页)。同年,马克思《资本论》第一卷意大利文译本在都灵的出版印刷联盟(Unione tipografico editrice)出版。这一译本的底本是《资本论》第一卷法文版,1882—1884 年间曾以 43 个分册的

---

① 参见《马克思恩格斯全集》中文 1 版第 2 卷,第 273—277 页。《致大不列颠工人阶级》这一篇文章是恩格斯用英文写的,他本打算以单行本出版并分发给英国各政党的某些领袖、著作家和议会议员们。1845 年和 1892 年德文版《英国工人阶级状况》中转载了这篇文章,1887 年的美国版和 1892 年的英国版没有把这篇文章收在里面。

形式发行，1886 年才正式合并为一整卷出版。马克思去年前不久已经通过马尔泰洛（T. Martello）知晓了这一翻译项目，而直到 1893 年恩格斯通过图拉蒂（F. Turati）才偶然知晓这一译本。①

1888—1889 年，恩格斯《保护关税制度和自由贸易：卡尔·马克思的小册子"关于自由贸易的演说"的序言》，载《心和批评》（萨沃纳：第二辑，1888 年 12 月第 15 号，和第三辑，1889 年 1 月第 1 号）。1889 年，马克思恩格斯《共产党宣言》，载于《人民回声》（克雷莫纳：第一辑），1889 年八月 30/31 日第 35 号，九月 6/7、14/15、20/21、29/30 日第 36 号、第 37 号、第 38 号、第 39 号，十月 5/6、12/13、20/21、28/28 日第 40 号、第 41 号、第 42 号、第 43 号，十一月 3/4 日第 44 号。

19 世纪 90 年代初期，意大利涌现了多个《共产党宣言》意大利文译本以及与政治革命密切相关的文章。1890 年，马克思恩格斯《共产党在德国的要求》，载《心和批评》（萨沃纳：第四辑，1890 年 12 月第 21/22 号）。1891 年，戈里译的《共产党宣言》单行本在米兰出版，全书共 99 页。1893 年，马克思《雇佣劳动与资本》，载于《1848 年至 1850 年的法兰西阶级斗争》（米兰：第二辑，1893 年，四月 1/2、8/9，五月 13/14、20/21、27/28，六月 3/4、17/18、24/25，七月 1/2）和《社会评论》（1893 年），后者包括恩格斯 1877 年 6 月写的

---

① 参见 Gerhard Kuck（Hrsg.）, *Karl Marx, Friedrich Engels und Italien*, Teil 1, Trier: Karl-Marx-Haus, 1988, S. 120。

《卡尔·马克思》。1893 年,贝蒂尼(P. Bettini)译的《共产党宣言》单行本在米兰出版,全册共 46 页,包括 1872 年德文版、1882 年俄文版、1883 年德文版、1890 年德文版和 1893 年意大利文版序言。1894 年,马克思《关于自由贸易问题的演说》以"自由贸易与社会主义"为题载于《社会评论》1894 年第 4 期,4 月 1 日第 99 页、4 月 16 日第 122 页。

1895 年,恩格斯《国民经济学批判大纲》,载于《社会评论》1895 年第 5 期,8 月 16 日、9 月 1 日、9 月 16 日、10 月 1 日。随后,《社会评论》编辑部出版了一个 84 页的单行本。同年,马克思《哲学的贫困:答蒲鲁东先生的"贫困的哲学"》在博洛尼亚出版了意大利文译本。同年,恩格斯《卡·马克思〈1848 年至 1850 年的法兰西阶级斗争〉一书导言》(根据《新时代》杂志的文本以删节的形式刊出),载于 1895 年《社会评论》杂志第 9 期。

1896 年,坦兹(C. Tanzi)翻译了马克思的《1848 年至 1850 年的法兰西阶级斗争》,《社会评论》编辑部出版了这个小册子。该译本共 139 页,内含恩格斯的 1895 年导言。同年,《路易·波拿巴的雾月十八日》意大利文译本在罗马出版,共 119 页,内含马克思 1869 年写的第二版序言以及恩格斯 1885 年为德文第三版所写的序言。同年,恩格斯《劳动在从猿到人转变过程中的作用》[①] 出版。

1899 年,罗马的 L. Mongini 出版社集中出版了一批马克思

---

① 摘自尚未出版的《自然辩证法》,载于 1896 年 8 月 16 日《社会评论》第 6 期。

恩格斯的意大利文译本。皮瓦（V. Piva）翻译出版了马克思1842年的《第六届莱茵省议会的辩论》、恩格斯的《英国工人阶级状况》等作品。齐科蒂（E. Ciccotti）翻译出版了马克思的"1843年通信"、马克思恩格斯在《德法年鉴》上发表的四篇文章以及恩格斯的《新德意志帝国建立时期的暴力和经济》①。除了《新德意志帝国建立时期的暴力和经济》单独出版之外，马克思和恩格斯《德法年鉴》时期的文章分为两个小册子出版。拉布里奥拉翻译出版了马克思的《政治经济学批判》，译本共计138页，内含"序言"。此外，恩格斯的《革命与反革命或1848年的德国》也在L. Mongini 出版社出版，这一意大利文译本还收入了克罗齐写的序言（第Ⅲ—Ⅺ页）。

1899年，秦梯利出版了《马克思的哲学》（比萨：Spoerri 版），第58—61页收入了秦梯利自己翻译的意大利文版《关于费尔巴哈的提纲》。1901年，普里茨（S. Puritz）在米兰出版了意大利文版《反杜林论》（基于1894年德文第三版），内含恩格斯的三版序言及伯恩施坦的导言。1902年，齐科蒂翻译的恩格斯《路德维希·费尔巴哈和德国古典哲学的终结》在罗马 L. Mongini 出版社出版，内含恩格斯1888年单行本序言。1909年，马克思恩格斯的《神圣家族》意大利文译本在罗马 L. Mongini 出版。

受两次世界大战的影响，意大利学界对马克思著作的翻译工作一度中断，鲜有新的译本出现。二战结束后，意大利学界

---

① 关于恩格斯《暴力在历史中的作用》的题注459，参见《马克思恩格斯全集》中文1版第21卷，第698页。

又陆续翻译出版了一部分马克思恩格斯著作。《资本论》第2—3卷、《德意志意识形态》《黑格尔法哲学批判》《1844年经济学哲学手稿》等经典文本的意大利译本相继出版。具体而言，1946年，《资本论》第2卷在米兰出版。1947年，《德意志意识形态》意大利编辑学院版在米兰出版。1947年，《黑格尔国家法批判》（译者拟定的标题，对应马克思《黑格尔法哲学批判》手稿，摘录自298—307节）和《1844年经济学哲学手稿》（摘录），收在德拉-沃尔佩的《马克思与现代国家代议制》（博洛尼亚：U. p. e. b. 版）。1947年，马克思《1844年经济学哲学手稿》（摘录），作为附录收在坎梯莫利（D. Cantimori）的《历史哲学课程札记》中。1949年，诺伯托·博比奥（N. Bobbio）翻译的《1844年经济学哲学手稿》在都灵出版。1950年，德拉-沃尔佩译的《黑格尔法哲学批判》（第261—313节）在罗马出版。1956年，《资本论》第3卷在罗马出版。

事实上，20世纪50年代中期以来，与《大纲》相关的内容也开始在意大利陆续译出。1954年，布鲁内蒂（G. Brunetti）译的《资本主义生产以前的各种形式》（摘自马克思《大纲》），在罗马的《经济学评论》1954年第2期（4月号）第33—57页刊出。1954年，科莱蒂译马克思《〈政治经济学批判〉导言》，在罗马的《经济学评论》1954年第3期第31—49页刊出。其中，第42—49页是译文，第31—42页是科莱蒂的译者介绍。1964年，雷纳托·索尔米（R. Solmi）译的《机器论片段》（摘自马克思的《大纲》）发表在《红色笔记》（*Quaderni rossi*）杂志第4期。1968—1970年，恩佐·格里洛（E. Grillo）翻译的《大纲》在意大利新闻出版社（La nuova italia）出版。特别值得一提的是，格里洛的《大纲》基于1953年德文版译出，是第一个完整的意大利译本。1968年和1970年，他又以《1857—1858年政治经济学批判大纲》为名出版了独立的两卷本。此后，乔治·巴克豪斯（G. Backhaus）又以1939—1941年的版本为基础翻译了第二个全译本，并于1976年以《政治经济学批判大纲》为题，出版了一个两卷本。

由此可见，在意大利的马克思恩格斯著作翻译史中，卡菲埃罗、马尔提涅蒂、齐科蒂、拉布里奥拉、德拉-沃尔佩等意大利学者都做出了重要贡献。马克思恩格斯著作的意大利文译本逐渐丰富了起来。然而，直到20世纪70年代初，意大利文的马克思恩格斯著作仍然十分零散。莫斯科发行的两卷本意大利文版《马克思恩格斯选集》是相对比较集中的著作集。但是，随着研究的深入，两卷本已经难以满足研究者的需要了。意大利的马克思研究者呼唤一个更加系统的马克思恩格斯著作集。

1972年开始，意大利共产党的联合出版社（Editori Riuniti，以下简称ER）陆续出版意大利文版《马克思恩格斯全集》（简称MEOC）。就开始发行的时间而言，意大利文版领先于英文版。与英文版一样，意大利文版也计划出版50卷。然而，受20世纪80年代末国际政治事件的影响，意大利的编译计划在1990年被迫中断。1972—1990年间，意大利文版共出版32

卷，尚有18卷未出版。① 2004年，在意大利大学学者的推动下，《马克思恩格斯全集》意大利版编辑工作被重新提上日程。2008—2020年间，太阳城出版社（La città del sole）按照ER出版社原计划又陆续出版了第22卷（2008年）、第31卷（2012年）和第26卷（2020年），并且再版了第25卷（含恩格斯《反杜林论》《自然辩证法》，2016年）。其中，第26卷收入了马克思人类学笔记，这是马克思的人类学笔记首次以意大利文的形式展现在读者面前。按照出版时间次序，MEOC编辑进程（不含再版）如表6.2所示。②

表6.2 意大利文版《马克思恩格斯全集》（MEOC）编辑进程

年份	出版卷次	年份	出版卷次	年份	出版卷次
1972	4、5、38、39	1978	12	1986	17、29、30
1973	6、40、41	1979	34、35、36	1987	20
1974	7、25、42	1980	1	1990	44
1975	2、43	1982	11、14、49	2008	22
1976	3、8	1983	16、48	2012	31
1977	10、50	1984	9	2020	26

值得一提的是，ER出版计划中断后，意大利的热那亚资本主义研究所（ISC）在20世纪90年代末也尝试接手这项出版计划，翻译和出版尚未在意大利发行过的马克思恩格斯著

---

① 参见Giovanni Sgro', *MEGA-Marx: Studi sulla edizione e sulla recezione di Marx in Germania e in Italia*, Napoli-Salerno: Orthones, 2016, p. 105。
② 意大利文版《马克思恩格斯全集》各卷次的内容及出版计划，参见Giovanni Sgro', *MEGA-Marx: Studi sulla edizione e sulla recezione di Marx in Germania e in Italia*, Napoli-Salerno: Orthones, 2016, pp. 106–113。值得注意的是，有一些卷次虽然没有以全集的形式出版，但其内容已经以意大利文单行本的形式出版了。

作。1996年，他们就翻译出版了恩格斯的《1870—1871年普法战争笔记》。此后，又陆续翻译出版了马克思恩格斯的部分书信（1874—1887）、马克思恩格斯著作（1854年2月—1855年2月、1883年5月—1889年9月）以及《〈新美国百科全书〉条目》（1857—1860），等等。ISC编辑出版的这些文本在内容和形式上都具有非常重要的意义。在形式上，它们首次以意大利文形式出现；在内容上，这些内容虽然没有以MEOC的名义出版，但却在逐步完成ER出版社原定的编辑计划。例如，2006—2009年间编辑出版的三卷书信就对应着ER出版社原计划中的第45卷、第46卷、第47卷。

2013年，ISC和米兰大众共产主义出版社决定出版一部新的《马克思恩格斯著作集》（简称MEO，共计50本，但具体卷次编排与ER出版社原计划有区别）。① 依照项目设想，MEO既包括ER出版社1972—1990年间出版的32卷，也包含ISC和米兰大众共产主义出版社补充的马克思恩格斯著作意大利文译本。调整后的著作集分为三个部分，即马克思恩格斯著作（第1—27卷）、《资本论》及其准备资料（第28—37卷）、马克思恩格斯书信集（第38—50卷）。与英文版MECW相比，意大利版前两部分的编号与之稍有不同，而书信部分的编号则完全相同。根据MEO负责人保罗·达尔维特（P. Dalvit）的说

---

① 国内也有学者将MEO称作"《马克思恩格斯全集》意大利文版"。然而，区别于MEOC（即Marx Engels Opere Complete），MEO（即Marx Engels Opere）这一意大利语词组中不再包含"complete"（完整的）一词。在这个意义上，MEOC可以被译作"马克思恩格斯全集"，而MEO应当被译作"马克思恩格斯著作集"。

第六章　意大利马克思学的形成和发展

法，MEO 电子版和印刷版的编辑工作均已完成，并且乐观地估计到 2020 年时意大利就能完成出版发行的工作。① 截至 2021 年底，著作集的出版工作仍未完成，但目前的出版进度比较乐观，2020—2021 年间就出版了 24 卷。截至 2021 年底，MEO 已经出版了 34 卷，仅第 5、18、22、24—25、28—37、47 卷尚未正式出版。根据出版社提供的信息得知，第 5、24—25、30 卷等四卷内容也将会在 2022 年上半年出版，第 28—29 和 31—37 卷（《资本论》及其相关手稿）也已经开始审校。我们有理由相信，在不久的将来，意大利学界将会迎来第一套完整的意大利文版《马克思恩格斯著作集》。

图 6.1　MEOC 和 MEO 第 26 卷书影

　　MEOC 和 MEO 的封面设计和内容均有差异。MEOC 版封面自 1972 年以来一直保持左图的设计。MEO 则采用了红白配色，并且在封面上增加了马克思和恩格斯的肖像。2020 年，两个版本分别出版了第 26 卷。MEOC 版第 26 卷包含了马克思《人类学笔记》在内的马克思恩格斯著作，而 MEO 版第 26 卷则收入了恩格斯 1883 年 5 月—1889 年 12 月的著作。

---

① 参见保罗·达尔维特：《意大利文版〈马克思恩格斯全集〉出版记》，载《现代哲学》2018 年第 5 期。

值得一提的是，MEO 的编辑工作不仅参考了《马克思恩格斯全集》英文版，也参考了 MEGA² 和 MEW 相关内容。然而，ISC 和米兰大众共产主义出版社没有对 ER 出版社 1972—1990 年间出版的 32 卷文稿正文进行任何实质性的修订，而这也使得这套著作集的科学性和完整性大打折扣，新旧部分之间的张力在日后的研究中会日渐凸显。

第二节　意大利马克思思想解读研究的几个阶段

19 世纪五六十年代，新黑格尔主义在意大利复兴（统一）运动中兴起，并且产生了广泛的影响。随后 20 年，新黑格尔主义逐渐退潮。伴随着工业化的发展，实证主义思潮登上意大利的历史舞台。由此可见，马克思主义在意大利的早期传播阶段恰好是实证主义思潮占上风的阶段。因此，意大利最初的马克思主义解读往往与实证主义相结合。以洛里亚为代表的实证主义者就对马克思思想进行了通俗化的解读，并且成为了官方代表。然而，实证主义只是意大利文化传统中的小插曲。19 世纪与 20 世纪之交，新黑格尔主义在意大利重新获得了生命力，并且主导了 20 世纪的意大利文化。与此相应，意大利的马克思思想解读在这一时期呈现出从实证主义转向黑格尔主义的倾向。

相对于其他西方国家，黑格尔主义在意大利产生了持续而深远的影响。德桑克蒂斯（F. De Sanctis）、贝尔特兰多·斯帕文塔（B. Spaventa）、西尔维奥·斯帕文塔（S. Spaventa）、多纳托·亚亚（D. Jaja）、拉布里奥拉、葛兰西等人都是意大利新黑格尔主义的代表人物。在意大利，黑格尔主义思潮不仅仅是教授们的学术运动，而且是意大利统一运动时期市民生活中的一大元素。我们可以认为，黑格尔主义就是意大利统一运动的哲学，并且奠定了意大利20世纪学术生活的基调。黑格尔主义甚至成为对抗罗马教廷的意大利世俗宗教。在这个意义上，我们才可以理解，为什么意大利人会直接将黑格尔主义理解为"爆炸性的政治议程"。

19世纪中叶，黑格尔的相关著作就被陆续译介到意大利学界，并且重塑了意大利的哲学传统。1848年，黑格尔《法哲学》的第一个意大利文译本在意大利出现。两年后，帕塞里尼（G. Passerini）又将黑格尔的《历史哲学》译成意大利文，并于1851年在瑞士出版。随后，德桑克蒂斯和贝尔特兰多·斯帕文塔还试图将黑格尔的《精神现象学》的部分文本以及《逻辑学》译成意大利文。在哲学思想关系方面，斯帕文塔重建了布鲁诺和托马索·康帕内拉（T. Campanella）与笛卡尔和斯宾诺莎之间的联系，并将维科与黑格尔关联在一起。因此，在斯帕文塔看来，将黑格尔主义引入到意大利，是重振意大利哲学传统的内在需求。然而，斯帕文塔实际上只是将黑格尔的思想"意大利化"了。换而言之，斯帕文塔的黑格尔主义是批判的黑格尔主义，他与正统的黑格尔主义者之间产生了诸多矛盾。尽管如此,斯帕文塔的工作仍然使得黑格尔进入到了意大利公众的视线之中。后来,秦梯利(G. Gentile)编辑出版了《贝尔特兰多·斯帕文塔文集》,这使得黑格尔那些令人费解的哲学术语变成了标准的学术话语。我们可以说,斯帕文塔和秦梯利的工作重塑了意大利哲学学术话语体系。

斯帕文塔逝世后,拉布里奥拉对当时流行的实证主义采取了严厉的论战态度,并且在政治活动中逐渐走向马克思主义。在拉布里奥拉的思想中,共存着黑格尔主义与赫尔巴特主义。拉布里奥拉借鉴了赫尔巴特的心理学、伦理学和教育学因素,这样就能避免黑格尔主义沦为一种空洞的普遍主义,而是使之具有了社会—历史的内容。正是在这一语境下,"社会心理学"成为了"阶级意识"。

对伦理国家的批判是拉布里奥拉走向马克思主义的关键。1904年,拉布里奥拉去世后,克罗齐在悼词中说:"他曾告诉我,他通过批判国家观念已经到达了社会主义。当德国的普及者们(popularizers)所幻想的伦理国家最后变成了乌托邦,当不同阶级的利益对抗对他来说显现为严酷而唯一的现实时,他发现自己已经置身于马克思主义的怀抱中了。"[①] 事实上,拉布里奥拉在一开始接近和信奉黑格尔主义,之后在批判黑格尔的同时走向了马克思主义。由此可见,拉布里奥拉的思想进程与马克思当年思想发展和演变的轨迹非常类似。两者都是在哲学与政治的结合中形成了各自的思想,而且政治活动的出发点

---

① 转引自 Paul Piccone, *Italian Marxism*, Berkeley: University of California Press, 1983, p. 59。

第六章 意大利马克思学的形成和发展

都是当时的政治现实。如果说马克思面对的是落后的德国,那么拉布里奥拉面对的就是落后的意大利。①

拉布里奥拉1888年开始热忱地阅读马克思和恩格斯的著作,并且与恩格斯开始通信。虽然拉布里奥拉当时能够获得的马克思恩格斯著作很有限(意大利文译本就更少了)。但是他还是尽可能地阅读了马克思恩格斯最重要的著作。根据拉布里奥拉的自述,他阅读过马克思的《哲学的贫困》(法文版)、《神圣家族》②、《新莱茵报》《政治经济学批判》等作品。1902年,拉布里奥拉在评论梅林编辑出版的《卡·马克思、弗·恩格斯、斐·拉萨尔的遗著》时说,除了马克思的博士论文,他已熟悉该书目中的其他全部著作。

与马克思类似,尽管拉布里奥拉积极参与政治活动(包括与屠拉蒂一起共同创立意大利社会主义政党),但他的主要兴趣或影响主要体现在理论方面(特别是对马克思思想的独特阐释方面)。为了更好地理解马克思,拉布里奥拉花费了很多精力搜集和阅读马克思的著作。为了从索列尔那里得到《哲学的贫困》,拉布里奥拉甚至还求助恩格斯。此外,根据拉布里奥拉致恩格斯的信(1891年2月21日)中的说法,他阅读了罗马唯一的一本《政治经济学批判》。1896年,拉布里奥拉完成并出版了著作《关于历史唯物主义》。为此,他不仅

---

① 按照桑巴特的估计,19世纪90年代意大利工业发展水平只相当于德国19世纪中叶和英国18世纪末的水平。
② 根据拉布里奥拉1895年5月16日给克罗齐的信,他在1893年就阅读过《神圣家族》。然而,直到1909年《神圣家族》意大利译本才出版。

阅读了马克思的《哲学的贫困》《1848年至1850年的法兰西阶级斗争》《路易·波拿巴的雾月十八日》《法兰西内战》,马克思恩格斯合著的《神圣家族》《共产党宣言》,还浏览了恩格斯的《反杜林论》《路德维希·费尔巴哈和德国古典哲学的终结》①、《劳动在从猿到人转变过程中的作用》(摘自尚未出版的《自然辩证法》)、《社会主义从空想到科学的发展》等。由此可见,正因为拉布里奥拉重视马克思恩格斯的原典原著,他才能对历史唯物主义作出有别于第二国际其他理论家的独特解读。②

然而,尽管拉布里奥拉去世前在给克罗齐的信中说自己已经与黑格尔的观念论决裂,但他不过是在黑格尔哲学的"体系"与"过程"的张力中走向了"过程(生成)"一端。正因为如此,拉布里奥拉在给恩格斯的信中,用历史唯物主义的"发生学方法"来代替恩格斯在《反杜林论》中所说的"辩证方法"。在这个意义上,可以说,拉布里奥拉开启了黑格尔主义马克思主义的解读传统,即以黑格尔哲学的视角来解读马克思思想,而拉布里奥拉之所以能做到这一点,恰恰得益于已融入意大利文化中的黑格尔主义传统。

拉布里奥拉致索列尔的书信奠定了意大利马克思主义的理论基础,并开启了20世纪意大利的马克思主义传统(有别于

---

① 当时,《反杜林论》《路德维希·费尔巴哈和德国古典哲学的终结》尚未出意大利译本,不过拉布里奥拉可以很方便地得到这两部著作。
② 考茨基、伯恩施坦等第二国际理论家更多是依据恩格斯的相关著作(最多加上马克思1859年的《〈政治经济学批判〉序言》等文本)来解读历史唯物主义的。

第二国际的马克思主义和苏俄马克思列宁主义传统）。拉布里奥拉的书信进一步发挥了《关于历史唯物主义》中对唯物史观的新解读。他明确地提出，历史唯物主义是"实践哲学""生活哲学"，这有别于第二国际理论家把历史唯物主义看作是实证科学。事实上，甚至列宁也是把历史唯物主义看作是社会学或科学假说。列宁追随普列汉诺夫，认为马克思有哲学（这是普列汉诺夫①、列宁有别于第二国际其他理论家而与拉布里奥拉一致的方面），但普列汉诺夫、列宁是把辩证唯物主义而非历史唯物主义看作是马克思的哲学。在对马克思思想做"哲学"解读方面，拉布里奥拉与普列汉诺夫都是先行者。但是，拉布里奥拉最先将"历史唯物主义"，而非"辩证唯物主义"解读为哲学。

在对马克思思想的整体解读方面，克罗齐做出了开创性贡献。1895—1900 年，克罗齐撰写了一系列研究马克思主义的论文，后来整理收集在《历史唯物主义与马克思的经济学》中。然而，令人遗憾的是，克罗齐对马克思思想的解读被长期忽视。与拉布里奥拉的观点不同，克罗齐接受第二国际正统马克思主义关于历史唯物主义的解读，把历史唯物主义与《资本论》联系起来。或者说，他把《资本论》解读成历史唯物主义②，并

---

① 普列汉诺夫 1893 年就提到"马克思的哲学"，比拉布里奥拉还早 3 年。
② 当时《德意志意识形态》尚未出版，克罗齐不是依据恩格斯的文本，或者像拉布里奥拉那样依据《神圣家族》《哲学的贫困》等马克思早期文本，而是依据《资本论》来解读历史唯物主义。列宁与克罗齐的思路一致。在 1894 年《什么是"人民之友"以及他们如何攻击社会民主党人？》中，列宁强调历史唯物主义在《资本论》中由"假说"变为"科学"。

将其作为马克思思想中的科学因素。克罗齐进一步把马克思的社会主义看作伦理因素。克罗齐认为，无法从历史唯物主义出发对社会主义作出科学论证，正如休谟所说从"是"推不出"应该"。① 显然，克罗齐这里针对的是恩格斯关于马克思两大科学发现使社会主义从空想变为科学的论断。由此可见，克罗齐的观点已经蕴含着20世纪西方马克思学的核心话题了，即暗示了马克思恩格斯之间的某种不一致（对立）以及马克思思想内部的矛盾。

与作为经济学家的庞巴维克不同，哲学家克罗齐没有直接从经济学角度批评马克思经济学的科学性，而是将马克思的政治经济学解读为历史唯物主义（一般的经济科学），并把矛头对准历史唯物主义。就历史唯物主义的定位而言，克罗齐拒绝将历史唯物主义看作哲学，而是将其视作一种科学，只不过是错误的科学。

事实上，克罗齐对马克思思想的解读已经彰显了科学与伦理的内在张力。他的解读既有别于第二国际及后来阿尔都塞对马克思思想所作的科学主义解读，也有别于20世纪西方马克思主义主流的人本主义解读。正是因为克罗齐揭示了马克思思想的内在张力，伯恩施坦等人才急于用新康德主义的伦理学来补充马克思主义，而这也成为了伯恩施坦修正主义的理论出

---

① 克罗齐将"理论"与"实践"绝对对立起来。这是克罗齐"精神哲学"的要义。"理论"包括美学和逻辑学，"实践"包括经济学和伦理学。克罗齐"理论"与"实践"的二分并不等价于休谟的"是"与"应该"的二分，但从"是"（作为实践科学的经济学）推不出"应该"（伦理学），则是遵循了休谟的思路。

发点。

总体来看,克罗齐承认社会主义的伦理价值(社会主义使历史具有意义,这也是克罗齐1895—1900年期间被马克思思想所吸引的主要原因),但否认历史唯物主义和马克思政治经济学的科学性。克罗齐的解读深刻地影响了后世学者。20世纪的西方马克思主义者往往抬高马克思思想中的伦理因素,贬低马克思思想中的科学因素。此外,克罗齐还激烈地批判历史哲学,而拉布里奥拉和葛兰西则把历史唯物主义看作是马克思的历史哲学。究其根本,克罗齐对历史唯物主义的批判,实际上是基于对历史唯物主义的误读,即把第二国际正统马克思主义对历史唯物主义的解读当作马克思的唯物史观本身。虽然克罗齐是受到拉布里奥拉的影响而接近马克思,但克罗齐并没有真正理解和把握拉布里奥拉与第二国际其他理论家之间的区别。

正因为如此,克罗齐自信地认为,经过他的批判马克思的思想已经死了。但是,历史却一再证明,自拉布里奥拉和葛兰西建立起意大利马克思主义传统以来,马克思的思想在意大利不断爆发出生命力。在这一点上,我们可以批判克罗齐的结论过于轻率,但却不能因此影响我们对克罗齐思想的评价。在对马克思思想的科学性和伦理学的双重维度把握上,克罗齐的解读具有高度原创性,不仅影响了伯恩施坦等第二国际理论家,也为后世西方马克思学的思想解读埋下了伏笔。

葛兰西的马克思主义是对黑格尔主义的改革和发展,但以布尔什维主义作为其实现的形式。葛兰西的实践哲学具有两大信念前提：其一，人类正处于一个人性新时代的边缘；其二，列宁主义是人性新时代的实现形式。青年葛兰西就认为，马克思没能免于实证主义的"塞壬歌声"。究其根本，这是因为19世纪是科学大发展的时代，实证主义变得非常流行，并且在19世纪末成为了主流的思潮。因此，第二国际理论家也大都基于实证主义来理解马克思。

第二次世界大战之后，意大利新实证主义马克思主义学派（德拉-沃尔佩学派）的兴起标志着实证主义视角的复活。然而，20世纪70年代以来，意大利马克思学重新回到黑格尔主义的解读传统，甚至连德拉-沃尔佩学派的重要代表人物科莱蒂也开始重新拥抱黑格尔主义。由此可见，19世纪末以来，意大利的马克思学摇摆于实证主义和黑格尔主义之间。

值得注意的是，意大利的马克思学一直与工人运动及工人阶级政党（从社会民主党到意大利共产党）密切相关。在进入21世纪之前，意大利虽然有马克思学意义上的马克思研究，但却不是主流。21世纪以来，意大利与世界上其他国家（特别是欧洲国家）一样，迎来了马克思研究的新契机。在这一轮新的马克思研究中，马克思学意义上的马克思研究才真正开始大放异彩。高校和科研机构的学者基于学术兴趣开始阐发马克思的思想。与此相对，意大利共产党（特别是党的领导人）则对这波"马克思复兴"态度淡漠。

意大利新一轮的马克思研究热与 $MEGA^2$ 的编辑出版密切相关。1973年，意大利学者姜·马利奥·布拉沃（G. M. Bravo）在评论 $MEGA^2$ 试编本（Probeband）时就将 $MEGA^2$ 项目介绍给了意大利公众。在MEGA²正式出版后,埃里希·孔德尔(E. Kundel)、马利奥·钦戈利(M. Cingoli)等人向意大利学界提供了更多的细节信息,巴索-伊索科基金会(Fondazione Basso-Issoco)还在马克思逝世百周年之际在罗马举办了题为"MEGA新版本"(La nuova edizione della MEGA)的学术会议。① 20世纪90年代后期,布鲁诺·邦乔瓦尼(B. Bongiobanni)等少数意大利学者就已经开始基于MEGA²理解马克思和恩格斯的著作,但MEGA²尚未在意大利学界产生广泛的影响。

21世纪以来,意大利学界才开始系统地关注与MEGA²相关的马克思文献学,出版了大量基于MEGA²的马克思研究成果。亚历山大·马佐内(A. Mazzone)等人已经逐渐意识到MEGA²资料卷以及MEGA²第Ⅳ部门的内容对于返回马克思思想世界的重要性,而MEGA²第Ⅱ部门提供的《资本论》创作过程稿则为当代学者重新阐释马克思的文本提供了可能性,也为检视拉布里奥拉、葛兰西等人的哲学解读提供了文献学基础。② 借助MEGA²的相关内容,意大利马克思学家罗伯特·芬奇(R. Fineschi)不仅回应了德语世界关于马克思价值形式理论的争论,还开始重构马克思与黑格尔的思想关系。③ 在解读马克思与黑格尔的思想关系时,罗伯特·芬奇等意大利当代学

---

① 参见Giovanni Sgro', *MEGA-Marx*: *Studi sulla edizione e sulla recezione di Marx in Germania e in Italia*, Napoli-Salerno: Orthones, 2016, pp. 45 – 46。
② 参见Alessandro Mazzone, *Introduzione a MEGA²*: *Marx ritrovato grazie glla nuova edizione critica*, Roma: Mediaprint, 2002, pp. 9 – 24。
③ 关于罗伯特·芬奇的黑马关系解读,参见Roberto Fineschi, *Marx e Hegel*, Roma: Carocci, 2006。

者坚持从黑格尔哲学的视角出发解读马克思的思想，强调马克思的政治经济学批判中蕴含着黑格尔哲学的逻辑框架。这一解读路径与意大利马克思思想解读传统一脉相承，也与英语世界的"新辩证法学派"以及德语世界的"新马克思阅读"运动日趋合流。

近年来，意大利的其他学者也尝试通过 MEGA² 介入马克思的政治哲学、法哲学、政治经济学、唯物史观的研究，分析马克思思想的"渊源"（古希腊哲学、法国大革命、苏格兰启蒙运动、英法乌托邦思想、德国古典哲学），以及马克思与其他思想家（例如斯宾诺莎、尼采、韦伯、拉康等）之间的关系。[①] 整体而言，21 世纪的意大利马克思学更加注重马克思的文本文献，并且尝试打通文本文献研究与思想史研究之间的壁垒。

第三节　意大利马克思学的互动与传承

首先，意大利与其他国家（特别是法国）的思想互动。意大利的黑格尔主义是通过法国传入的。1826 年，黑格尔应法国哲学家维克多·库赞（V. Cousin）之邀访问巴黎。库赞试图将黑格尔介绍到法国学界，但不太成功。然而，库赞向意大

---

① 参见 Giovanni Sgro', *MEGA-Marx: Studi sulla edizione e sulla recezione di Marx in Germania e in Italia*, Napoli-Salerno: Orthones, 2016, pp. 137–157。

利学术界介绍黑格尔时，意大利学者却表现出了浓厚的兴趣。例如，马佐尼（D. Mazzoni）通过库赞知道了黑格尔，1835年就专程前往柏林了解黑格尔主义运动的新进展，并成为黑格尔派。

在黑格尔主义的影响下，意大利率先出现马克思主义与黑格尔主义合流的趋势。拉布里奥拉开启了意大利黑格尔主义马克思主义传统。拉布里奥拉的《纪念〈共产党宣言〉》、遗作《致恩格斯的信》（1927）等具有强大的理论效应，极大地影响了卢卡奇和葛兰西。[①] 意大利的黑格尔主义马克思主义与随后产生的德语世界黑格尔主义马克思主义（卢卡奇是其代表人物），共同影响了法国以黑格尔主义马克思主义为特征的"学术马克思主义"（其代表人物是列斐伏尔和科尔纽）。在《辩证唯物主义》（1939年）一书中，列斐伏尔就明确提到卢卡奇的《历史与阶级意识》，但拉布里奥拉的影响却隐匿到了文本之后。

第二，马克思主义与其他社会思潮之间的互动。就马克思思想的解读研究而言，意大利思想家们"穿梭"在马克思主义、实证主义、无政府主义、工团主义、黑格尔主义思潮之间。换而言之，解读者首先接受了当时流行的政治和哲学思潮。因此，在接近马克思主义时，他们就已经戴着这些流行思潮的有色眼镜来看马克思了。这符合解释学关于"合法先见"的解读规律。意大利的马克思学，也必然是文本解读者与文本

---

① 参见赵一凡：《从卢卡奇到萨义德》，生活·读书·新知三联书店2009年版，第448页。

作者（马克思）视域融合的产物，不存在唯一合法、科学的解读结论。

第三，意大利国内各种思想流派之间的互动。19世纪末，实证主义思潮主导着意大利的文化。阿基尔·洛里亚（A. Loria）、恩里科·费里（E. Ferri）、屠拉蒂等人就是意大利实证主义的代表人物。拉布里奥拉则明确反对意大利的实证主义思潮，而这也构成了他解读马克思历史唯物主义思想的新起点。

拉布里奥拉是秦梯利和克罗齐的老师。秦梯利和克罗齐都有过马克思主义时期，秦梯利还依据马克思的《关于费尔巴哈的提纲》（以他自己翻译的文本为基础）认定马克思的思想是一种实践哲学，并且写作了《马克思的哲学：批判研究》（1899年）。然而，总体而言，秦梯利和克罗齐都对马克思理论持批评态度。1896年，在拉布里奥拉的鼓励下，克罗齐发表了首篇论历史唯物主义的文章《论历史的唯物主义观》（Sulla concezione materialistica della storia）。秦梯利正是在读完这篇文章后开始与克罗齐通信，并于次年发表了批评文章《对历史唯物主义的批判》（Una critica del materialismo storico）。此后，两人又发表了一系列相关文章，先后结集出版了《马克思的哲学：批判研究》（秦梯利，1899年）和《历史唯物主义与马克思主义经济学》（克罗齐，1900年）[①]。值得一提的是，秦梯利的行动哲学还引起了初出茅庐的葛兰西的注意。他认为它对于意大利社会主义运动颇有启发意义。事实

[①] 参见黄璐：《论意大利早期的马克思主义与实践哲学》，载《江海学刊》2018年第3期。

上,葛兰西迟至1917年还把自己看作是克罗齐派,在《狱中札记》中才对克罗齐作了无情的批判。

在互动中不仅有思想家之间的相互批评,还有前后相继的思想传承。

在拉布里奥拉、克罗齐、秦梯利、葛兰西的师承谱系中,斯帕文塔的作用曾被长期忽视。斯帕文塔是拉布里奥拉的老师,他的思想已经非常接近马克思主义了。拉布里奥拉只是从斯帕文塔的论证中合乎逻辑地得出马克思主义的结论。葛兰西则通过克罗齐继承了斯帕文塔的哲学遗产,并在《狱中札记》中提及斯帕文塔。实际上,葛兰西与斯帕文塔思想发展的轨迹非常相似。然而,这一思想传承关系却一度被遮蔽。意大利共产党把葛兰西看作是马克思列宁主义意大利化的代表,而克罗齐对黑格尔主义作了自由主义解释、秦梯利对黑格尔作了法西斯主义解释,所有这些使得葛兰西与斯帕文塔之间的内在联系被割裂。

斯帕文塔熟悉施泰因的《今日法国的社会主义和共产主义》,甚至试图将它译成意大利文。按照《意大利马克思主义》一书作者的说法,如果说洛维特在《从黑格尔到尼采》一书中把施泰因看作处于黑格尔与马克思的中途,那么我们也可以把施泰因看作处于黑格尔与斯帕文塔的中途。施泰因将法国大革命视作黑格尔主义的政治化实践,而这正是吸引斯帕文塔的方面。斯帕文塔甚至把无产阶级看作新的革命阶级,并发展了文化霸权理论,强调知识分子在创造一个新的伦理国家中的革命性作用(这个新的伦理国家系统地教化公民形成新的人文精神)。斯帕文塔也批评乌托邦社会主义缺乏赖以实现所必需的中介。与黑格尔相似,斯帕文塔批评社会契约论,认为基于抽象个体主义的社会契约论必然导致雅各宾恐怖。因此,斯帕文塔反对自由主义,为国家职能辩护。由此可见,斯帕文塔与葛兰西的理论存在着内在联系。

意大利另一个被人忽视的思想传承是奈格里工人主义对葛兰西工人主义的复兴。时至今日,奈格里与葛兰西都以理论家的形象出现在公众面前,但他们骨子里却是活动主义分子。葛兰西曾经有过一段在家乡积极从事工人运动的经历,这一经历也被称为具有意大利特色的工人主义革命道路探索。虽然葛兰西的这种探索因为客观现实的原因以及共产国际的干预无疾而终,却构成了马克思主义意大利化的重要组成部分。20世纪60年代以后,以奈格里为代表的一批青年马克思主义者重拾工人主义的旗帜,并且在马克思的《大纲》(特别是其《机器论片段》)解读中获得了理论依据。1978年,应阿尔都塞的邀请,奈格里在巴黎高师开设系列研讨课(九次)。《超越马克思的马克思》正是此次系列讲座的材料汇编。①

21世纪以来,意大利马克思学家更加积极主动地加入到国际性的交流之中。2004年4月,来自世界各地的马克思研究者在意大利那不勒斯召开了一次重要的国际会议。② 曼弗雷

---

① 参见奈格里:《〈大纲〉:超越马克思的马克思》,张梧等译,北京师范大学出版社2011年版。
② 参见魏小萍:《"探索幽灵的轨迹:马克思著作中的文献学和哲学研究"国际学术会议综述》,载《哲学动态》2004年第9期。

德·诺伊豪斯（M. Neuhaus）、格拉尔德·胡布曼（G. Hubmann）、米歇尔·克拉特克（M. Krätke）、豪格（W. F. Haug）、雅克·比岱（J. Bidet）、克里斯多夫·阿瑟（C. J. Arthur）、大村泉、魏小萍等32位学者在会议上发言，罗伯特·芬奇、马利奥·钦戈利（M. Cingoli）、理查德·贝洛菲尔（R. Bellofiore）等意大利本土的马克思学家也通过学术会议传达了"意大利声音"。整体而言，意大利学者对马克思的解读都带有浓厚的黑格尔主义色彩。在介绍各国马克思研究杂志的会议环节，意大利学者还向各国代表介绍了《替代》《马克思批判》《当代马克思》等本土杂志。值得一提的是，这次会议的成果已经被意大利马克思学家马塞罗·默斯托（M. Musto）整理出版。在国际舞台上，默斯托不仅发挥其领导能力将不同语言世界的研究者聚在一起，出版了多部涵盖各大语言世界研究者研究成果的编著，而且凭借自己的整合能力在英语世界找到了教职，极大地促进了意大利学者与其他语言世界学者之间的交流。

整体而言，与法国和德国的马克思学相比，意大利的马克思学在西方马克思学的研究版图中仍然处于相对边缘的地位。国内外学者大多不太了解意大利马克思学的历史，也很少系统地了解意大利具有马克思学性质的学术成果。但是，通过20多年的努力，意大利马克思学的当代成果已经被越来越多的学者所知，罗伯特·芬奇等当代意大利马克思学家基于 $MEGA^2$ 的马克思思想解读也已经成为西方马克思学中极具特色的一支。

第四节　总体评价

意大利马克思学源自意大利学者对马克思恩格斯著作的翻译和出版。随着意大利译本的出现，意大利学界开始介入马克思思想解读。整体而言，黑格尔主义的解读视角是意大利马克思学的主流。这一解读传统的出现与法国学者密切相关，但意大利的马克思研究一度领先于法国。第二国际时期，拉法格、饶勒斯是法国的理论代表，而拉布里奥拉、克罗齐则是意大利的代表。就学术影响力而言，拉布里奥拉、克罗齐等意大利学者远超拉法格和饶勒斯。第一次世界大战后，意大利已经出现了以葛兰西为代表的黑格尔主义的马克思主义解读进路，而法国直到 20 世纪 30 年代才出现黑格尔主义热潮，出现了与葛兰西类似的学术马克思主义者列斐伏尔。第二次世界大战之后，意大利出现了以德拉－沃尔佩为代表的"科学主义马克思主义"学派，随后法国才出现以阿尔都塞为代表的"科学主义马克思主义"学派。[①] 20 世纪 70 年代以后，德拉－沃尔佩的

---

① 通过意大利马克思主义者科莱蒂，阿尔都塞接触到了德拉－沃尔佩的著作，并进而了解了葛兰西等意大利学者。截至 1963 年 3 月，阿尔都塞至少已经阅读过德拉－沃尔佩的《卢梭和马克思》《对神秘化的辩证法的研究》（参见 Louis Althusser, *Lettres à Franca* (1961 – 1973), Paris: Stock/Imec, 1998, pp. 382, 389）。阿尔都塞在写给科莱蒂的书信中充满了对意大利马克思主义学者的溢美之词，并自称法国研究者相对于意大利同行就像是"乡巴佬"（参见 Francesca Izzo, "Althusser and Italy: A Two-Fold Challenge to Gramsci and Della Volpe", *International Critical Thought*, Vol. 5, No. 2, 2015, pp. 200 – 210）。

学生科莱蒂重新接近黑格尔,这标志着意大利马克思学中的黑格尔主义解读视角的"复活"。与此类似,结构主义(解构主义)马克思主义在法国的登台亮相标志着"科学主义马克思主义"在法国的终结。

然而,另一方面,与德国、法国相比,意大利的马克思学缺少本土原创哲学的滋养和互动。尽管19世纪末以来意大利的马克思研究相对领先,但这并没有改变意大利在西方马克思学版图中相对边缘的地位(相对于德国和法国)。在解读马克思思想时,意大利的学者往往过分依赖黑格尔主义(或反黑格尔主义),而德国和法国学者却能够从存在主义(以及现象学)的视角出发解读马克思思想。[1]

近年来,意大利学界开始注意到 $MEGA^2$ 等文献资料在解读马克思思想中的重要性,开始利用 $MEGA^2$ 介入马克思的思想世界。新材料与意大利的马克思解读传统之间发生了碰撞,意大利学者围绕《资本论》及其准备材料、马克思的摘录和笔记等资料重新审视马克思与黑格尔之间的关系,进而重新理解马克思与古希腊哲学、德国古典哲学、英国政治经济学、乌托邦思想之间的关系。通过国际会议和国际期刊,意大利学者更加积极主动地加入到国际互动之中,其成果已经成为西方马克思学中极具特色的一部分。21世纪以来,意大利甚至已经成为了欧洲大陆马克思学的中心。总体来看,尽管德国学者不愿意承认,但是意大利马克思学的研究成果在数量和质量方面

---

[1] 意大利也有以班菲(A. Banfi)、帕奇(E. Paci)等人为代表的现象学马克思主义,但其出现的时间和影响都不如法国的现象学马克思主义。

都已经开始超越德国和法国。在世界范围内,西方马克思学的重心从欧洲大陆转向了英美,但在欧洲大陆内部,西方马克思学的重心却从德国转向了意大利。

第七章　西方马克思学发展和演变的内在逻辑

考察西方马克思学的发展和演变，必然绕不开苏联马克思学。与 MEGA¹ 和 MEGA² 编辑工作相伴而生的苏联马克思学，是推动西方马克思学发展和演变的外部因素，而西方世界自身环境（包括经济社会政治环境和思想语境）的变化是西方马克思学发展和演变的内在因素。

第一节　苏联马克思学的影响

在列宁的支持下，梁赞诺夫开创了苏联马克思学。[①] 可以

---

① 国内部分学者否认"苏联马克思学"，只承认存在"苏联马克思研究"。即便是那些肯定"苏联马克思学"的国内学者，也大多从梁赞诺夫"马克思研究（Marxforschung）"一词的用法出发。事实上，在苏联（俄）学者那里，存在两种马克思学，即他们认可的马克思学（марксоведение），和他们反对的"马克思学"（марксология，即吕贝尔首创的 Marxologie）。

说，早在吕贝尔构造的"马克思学"（Marxologie）这一法语概念出现之前，梁赞诺夫等苏联学者就已经开始从事带有马克思学特征的研究了，并且已经把梅林等人的工作（整理遗著、撰写传记等）称为马克思学（марксоведение），称梅林在马克思学的形成史中开启了新纪元。①在梁赞诺夫那里，吕贝尔意义上的马克思学（Marxologie）有实无名，但梁赞诺夫等苏联学者的马克思学成果却深刻地影响了西方马克思学。

正如西方马克思学与西方马克思主义的关系，苏联马克思学与苏联官方马克思主义既有交叉又有区别。这从梁赞诺夫主持马克思恩格斯研究院工作时同时推进 MEGA¹ 编辑和《马克思恩格斯全集》俄文第一版编辑工作就可以看出来。随着 MEGA¹ 的夭折，苏联就只剩下了苏联官方马克思主义的独唱。这种情况在苏共二十大之后开始改变，马克思文献学、马克思文本和马克思思想发展史研究（特别是以拉宾、巴加图里亚、维果茨基为代表的苏联马克思文献学研究专家的研究成果）很快在国际学界获得了很高的学术声誉。

西方马克思学以思想解读见长。不管是西方马克思主义的马克思学，还是反马克思主义的马克思学，大都以解释学的视阈来面对马克思的文本。解释学视阈以合法先见为前提。形形色色的现当代西方学术思潮（特别是实证主义、存在主义）恰是解读者合法先见的重要内容。新的解读视角无疑会对正统

---

① 参见 Рязанов Д. Предисловие к международному изданию сочинений К. Маркса и ф. Энгельса // Маркс К. и Энгельс Ф. Сочинения. Издание 1. Том 01. Москва: Государственное издательство. 1928. С. XII, XVII, XXV, XXXII.

第七章 西方马克思学发展和演变的内在逻辑

马克思主义的马克思学形成很大冲击。但是,仅仅改变解读视角并不能真正地促进西方马克思学的学术积累。与之相反,解读视角的变换很有可能会沦为各种时髦的西方马克思主义思潮。西方马克思学区别于西方马克思主义的重要之处就在于其学术性,在于其面对马克思文本本身。

不妨以《1844年经济学哲学手稿》的解读史为例来加以说明。西方马克思学所谓"两个马克思"(即"青年马克思"和"老年马克思")话题产生的背景,是《1844年经济学哲学手稿》的出版。事实上,在《1844年经济学哲学手稿》出版之前,卢卡奇的《历史与阶级意识》就已经在西方世界产生了很大的影响。然而,卢卡奇对马克思《资本论》物化思想的解读(其实质是人本主义解读)缺乏进一步的文本支持。《1844年经济学哲学手稿》的出版就正好迎合了这种需要。[①]因此,《1844年经济学哲学手稿》的解读从一开始就是带有合法先见的。正是因为这个原因,马尔库塞、列斐伏尔、弗洛姆等最初一批《1844年经济学哲学手稿》研究者最终都走向了西方马克思主义。[②] 然而,随着《巴黎手稿》[③] 的编辑出版和文献学研究的深入,人们开始质疑《1844年经济学哲学手稿》

[①] 参见复旦大学哲学系现代西方哲学研究室编译:《西方学者论〈一八四四年经济学—哲学手稿〉》,复旦大学出版社1983年版。

[②] 马尔库塞、列斐伏尔和弗洛姆研究《1844年经济学哲学手稿》的代表性成果是《历史唯物主义的基础》(1932年)、《辩证唯物主义》一书的后半部分"人类的产生"(1938年)和《马克思关于人的概念》(1961年)。

[③] 收在 MEGA¹/I/3(1932年),其中包括《1844年经济学哲学手稿》和《巴黎笔记》。

作为一部独立的"著作"的合法性。在这里，走向西方马克思主义的《1844年经济学哲学手稿》的早期研究者基于合法先见而对文本做的过度解读就凸显出来了。然而，注重学术性的西方马克思学家，比如阿姆斯特丹国际社会史研究所的罗扬，就通过对《巴黎笔记》文献学的深入研究，得出了《1844年经济学哲学手稿》只是未完成的手稿这一结论，并批评西方马克思主义者抬高《1844年经济学哲学手稿》、把它看作完整著作的做法。

实际上，真正严肃的西方马克思学家，并不满足于在现有文本基础上炒来炒去。例如，吕贝尔的马克思《资本论》编辑工作、克拉德的马克思《人类学笔记》编辑工作、罗扬的马克思《巴黎笔记》文献学研究，他们都直接利用阿姆斯特丹社会史研究所收藏的马克思原始手稿。因此，马克思学并不排斥解释学，但宣称"作者死了"的马克思文本解读，显然是与马克思学相悖的。因此，苏联马克思学对马克思文本（特别是手稿）的编辑出版，为西方马克思学的思想解读提供了基础性资料。历史已经表明，苏联马克思学的马克思版本编辑和文献学研究，是西方马克思学发展和演变的原动力。

在版本编辑和文献学研究方面，苏联马克思学的原创性主要表现在两个方面：其一，马克思著作（特别是马克思恩格斯在世时没有发表的著作、手稿、书信以及笔记）的编辑出版；其二，马克思著作的文献学研究。苏联马克思学的成果直接影响了西方马克思学。例如，马尔库塞、列斐伏尔、弗洛姆

第七章 西方马克思学发展和演变的内在逻辑

等西方学者在讨论《1844年经济学哲学手稿》时就利用了 MEGA¹ 的编辑成果。尽管朗茨胡特和迈耶尔在《历史唯物主义的早期著作》第 1 卷中抢先出版了《1844年经济学哲学手稿》,① 但苏联专家编辑的 MEGA¹ 却被公认为更可靠的版本。② 虽然,朗茨胡特、迈耶尔、吕贝尔、克拉德在马克思文本编辑方面与苏联马克思学家的工作持平,甚至还要领先于他们,③ 但这毕竟是少数情况。大多数新发表的马克思文本是由苏联马克思学家编辑完成的④,而这些新文本直接推动了西方马克思学家形成新的问题意识。具体情况如下。

1. 马克思的博士论文

删选片段首次发表于 1902 年出版的《卡·马克思、弗·恩格斯、斐·拉萨尔的遗著》。1927 年,博士论文全文在 MEGA¹/I/1 出版。随着马克思博士论文的公开问世,西方学界开始陆续出现一批集中讨论马克思与古希腊哲学之间联系的文章。例如,《卡尔·马克思论希腊原子论》《马克思的博士论文》《马克思与古希腊》《马克思博士论文中的马克思

---

① "朗茨胡特—迈耶尔版"和 MEGA¹ 版都出版于 1932 年。不过,在具体的出版日期上,MEGA¹ 版晚于"朗茨胡特—迈耶尔版"。
② 朗茨胡特和迈耶尔版遗漏了《1844 年经济学哲学手稿》笔记本 I,而且是以Ⅲ、Ⅱ、Ⅳ的顺序编排。笔记本 IV 是马克思对黑格尔《精神现象学》最后一章《绝对知识》的摘录。MEGA¹/I/3 没有把笔记本 IV 与笔记本 VI、Ⅱ、Ⅲ 编排在一起,而是作为 MEGA¹/I/3 的"附录Ⅲ"放在该卷的最后部分。
③ 吕贝尔在编辑法文版《资本论》时,较早关注到恩格斯的《资本论》第 2—3 卷编辑稿与马克思的《资本论》第 2—3 卷手稿的关系问题。
④ 20 世纪 60 年代 MEGA² 编辑工作正式启动,陶伯特等东德马克思文献学家做出了许多一流的考证工作。

主义》等。①

2. 马克思《黑格尔法哲学批判》

该手稿与马克思的博士论文一起发表在 MEGA^1/I/1 的第 1 分册（1927 年），但它并没有像随后（1932 年）发表的《1844 年经济学哲学手稿》那样在西方世界引起轰动。然而，值得一提的是，意大利新实证主义代表人物德拉-沃尔佩在 1950 年代深入地研究了《黑格尔法哲学批判》，充分肯定了这一文本的价值，并出版了论文集《卢梭和马克思》。德拉-沃尔佩对《黑格尔法哲学批判》的研究主要体现在两个方面：其一，《黑格尔法哲学批判》中的政治哲学；其二，《黑格尔法哲学批判》中的科学辩证法。

3. 马克思《莱茵报》时期的政论文章

在 MEGA^1/I/1 之前，梅林的《马克思传》只提到了马克思《莱茵报》时期的几篇代表性政论文章。MEGA 提供了更丰富的文献资料，MEGA^1/I/1 收入马克思《莱茵报》时期政论文章 26 篇（含 1 篇《声明》）。然而，与 1975 年的 MEGA^2/I/1 相比，MEGA^1/I/1 所收篇目还不够齐全，而且还有一篇被认为作者是马克思的文章《路德是施特劳斯和费尔巴哈的仲

---

① 参见 Cyril Bailey, "Karl Marx on Greek Atomism", *Classical Quarterly*, Vol. 22, No. 3-4, 1928, pp. 205-206; Henry Mins, "Marx's Doctoral Dissertation", *Science & Society*, Vol. 12, No. 1, 1948, pp. 157-169; Rolf Sannwald, *Marx und die Antike*, Zürich: Polygraphischer Verlag, 1957; John Stanley, "The Marxism of Marx's Doctoral Dissertation", *Journal of the History of Philosophy*, Vol. 33, No. 1, 1995, pp. 133-158。

裁人》,其真正的作者是费尔巴哈。科尔纽的《马克思恩格斯传》(1954年德文版)就把该文看作是马克思的作品①,这说明科尔纽写作的文本基础是 MEGA^1/I/1。尽管将《路德是施特劳斯和费尔巴哈的仲裁人》排除出马克思作品的决定性工作是由西德学者作出的②,但对马克思《莱茵报》时期政论文章的全面甄别和编辑工作,却是由苏联和东德马克思文献学家(特别是直接参与 MEGA^2 编辑工作的文献学专家)完成的。

4.《德意志意识形态》

梁赞诺夫首先发现和编辑了《德意志意识形态》第一章。1926年,梁赞诺夫在《马克思恩格斯文库》第一卷(法兰克福版)第一次用德文原文发表了"费尔巴哈"章③。此后,苏联专家阿多拉茨基在 MEGA^1/I/5 出版了更具影响力的版本。尽管 MEGA^1/I/5 所发表的《德意志意识形态》第一章瑕疵不少,但它第一次以德文原文完整出版了《德意志意识形态》

---

① 参见奥古斯特·科尔纽:《马克思恩格斯传》第1卷,刘丕坤、王以涛、杨静远译,生活·读书·新知三联书店1963年版,第309页。
② 1967年前西德学者汉斯·马丁·扎斯在《国际社会史评论》第12卷发表《是费尔巴哈而不是马克思:关于〈路德是施特劳斯和费尔巴哈的仲裁人〉一文的作者》,以严密的文献学考证对 MEGA^1 编辑者梁赞诺夫关于该文作者"肯定"是马克思的考证提出质疑。1975年陶伯特和舒芬豪艾尔在《马克思恩格斯研究文集》发表《是费尔巴哈还是马克思:关于〈路德是施特劳斯和费尔巴哈的仲裁人〉一文的作者》,支持扎斯的考证结论。1975年出版的 MEGA^2/I/1 就把《路德是施特劳斯和费尔巴哈的仲裁人》作为费尔巴哈的著作排除在该卷之外。
③ 1924年俄文版《马克思恩格斯文库》第一卷就发表了"费尔巴哈"章。

全部两卷①,这为后续的《德意志意识形态》研究提供了基础性文本。值得注意的是,《德意志意识形态》(特别是其第一章)出版后,东西方学者普遍认可《德意志意识形态》(而非《哲学的贫困》②)是马克思唯物史观形成的标志。阿尔都塞所谓的"断裂说",其断裂点也恰恰在《德意志意识形态》。

5. 马克思《政治经济学批判大纲》

MEGA¹的《政治经济学批判大纲》(以下简称《大纲》)编辑工作始于1927年。1931年,《大纲》的辨认和打字工作已经全部完成,并且计划当年就在MEGA¹/II/6中出版。然而,MEGA¹夭折后,《大纲》德文原文版在莫斯科单独出版(1939—1941年)。受到第二次世界大战的影响,在莫斯科出版的《大纲》几乎完全不为西方学者所知。西方马克思研究者对《大纲》的研究始于罗斯多尔斯基(R. Rosdolsky)。③1948年,刚从奥斯维辛集中营逃难到美国的罗斯多尔斯基在图书馆偶然发现了一本《大纲》,从此开始了对《大纲》(特别是其方法与黑格尔辩证方法的关系)的研究。1952年开始,他的研究成果陆续在《国际社会科学杂志评论》发表。罗斯多尔斯基开创性地研究《资本论》的形成和创作史,其代表

---

① 据陶伯特考证,第二卷第五章《"霍尔施坦的格奥尔格·库尔曼博士"或"真正的社会主义"的预言》的作者是赫斯,而非马克思、恩格斯。这是在《德意志意识形态》文本考证的文献学研究方面继梁赞诺夫之后的重大进展。
② 列宁不知道《德意志意识形态》,因此非常强调《哲学的贫困》。
③ 罗斯多尔斯基(1898—1967)出生于奥匈帝国的伦贝格(今属乌克兰利沃夫市),第一次世界大战后移居维也纳。他曾作为通讯员为莫斯科"马克思恩格斯研究院"工作数年,属于托洛茨基派。

作是 1968 年在西德以德文出版的《马克思〈资本论〉的形成》。① 1953 年,《大纲》在东德重印。至此,《大纲》才得以真正进入西方学者的视野。

在罗斯多尔斯基之外,日本学者最快投入到《大纲》研究之中。罗斯多尔斯基在《马克思〈资本论〉的形成》序言(写于 1953 年)中指出,《大纲》莫斯科版出版后,只有日本学者高木小次郎对《大纲》进行了专门研究。② 按照内田弘的说法,日本是世界上第一个翻译《大纲》的国家,《大纲》日译本在 1958—1965 年就出版了③。此后,日本学界出现了《大纲》研究热(1966—1974 年)。平田清明、望月清司等学者的成果相继出版。20 世纪 80 年代以后,日本又出现多部《大纲》研究的典经之作,其中包括内田弘的著作④。

在西德⑤,莱姆布鲁赫(G. Lehmbruch)在其 1958 年《苏联意识形态研究》的参考书目中援引了《大纲》新版本(即 1953 年东德版),并评论称《大纲》是"第一流的解释性笔

---

① 中译本参见罗曼·罗斯多尔斯基:《马克思〈资本论〉的形成》,魏埙等译,山东人民出版社 1993 年版。
② 罗斯多尔斯基也提到施密特在 1962 年《马克思的自然概念》一书中提到《大纲》,认为:"《大纲》具有极大的重要性,是理解'成熟的马克思'的一个工具。"(参见罗曼·罗斯多尔斯基:《马克思〈资本论〉的形成》,魏埙等译,山东人民出版社 1993 年版,第 4 页,脚注 2)。
③ 参见马塞罗·默斯托主编:《马克思的〈大纲〉》,闫月梅等译,中国人民大学出版社 2011 年版,第 260 页。
④ 参见内田弘:《新版〈政治经济学批判大纲〉的研究》,王青等译,北京师范大学出版社 2011 年版。
⑤ 参见马塞罗·默斯托主编:《马克思的〈大纲〉》,闫月梅等译,中国人民大学出版社 2011 年版,第 232—242 页。

记,可以用作同类章节研究的参照"①。这得到了哈贝马斯的赞同。哈贝马斯在1960年《批判的马克思主义》书目提要中将《大纲》作为重要的参考书目加以引证。随后,施密特的《马克思的自然概念》(1962年)和克拉格的《技术人道主义:卡尔·马克思的劳动哲学和社会学》(1964年)也对《大纲》展开了评论。1968年罗斯多尔斯基《马克思〈资本论〉的形成》的出版更是引燃了西德学者对《大纲》的研究热情。莱希尔特1970年出版的《马克思资本概念的逻辑结构》强调黑格尔《逻辑学》是理解马克思方法的关键。1978年,在比朔夫(J. Bischoff)的领导下,由28位独立学者组成的工作团队出版了《政治经济学批判大纲(草稿)。评注》,试图超越罗斯多尔斯基。施瓦尔茨(W. Schwarz)1978年出版了《马克思主要著作的结构。从"草稿"到〈资本论〉》。基于对马克思《伦敦笔记》的考证和研究,施拉德尔(F. E. Schrader)在1980年出版了《恢复研究与革命:卡尔·马克思在1850—1858年笔记中为〈资本论〉所做的准备工作》,揭示了马克思的《大纲》如何将极为不同的资料要素结合在一起的。

在法国,完整而精确的《大纲》法译本直到1980年才出现。②

---

① Gerhard Lehmbruch, *Kleiner Wegweiser zum Studium der Sowjetideologie*, Bonn: Bundesministerium für gesamtdeutsche Fragen, 1959, S. 33.
② 1967—1968年,《大纲》首个完整的法译本由罗歇·当热维尔(R. Dangeville)翻译出版。这一译本由于缺少基本的文献信息而遭到了以吕贝尔为首的马克思学家的猛烈批判。之后,吕贝尔在编辑马克思著作集时,将《大纲》新译本收入第二卷《经济学 II》。尽管吕贝尔和马拉夸(J. Malaquais)的翻译更加可靠,但吕贝尔打乱了《大纲》的手稿顺序,而是根据自己的理解将其分散到不同的主题之中。参见马塞罗·默斯托主编:《马克思的〈大纲〉》,闫月梅等译,中国人民大学出版社2011年版,第273—277页。

围绕《读〈资本论〉》引发的争论,除了塞夫之外,列斐伏尔和阿尔都塞关注的都是《政治经济学批判〈导言〉》,而非《大纲》。1967年,曼德尔出版了《卡尔·马克思经济学思想的形成:从1843年到〈资本论〉》,关注了《大纲》中从对劳动时间和自由时间的辩证思考,以及"亚细亚生产方式"或异化问题。此外,应阿尔都塞邀请,奈格里1978年也在巴黎高师作了关于《大纲》的系列讲座,并在此基础上出版了《超越马克思的马克思》(1979年)。尽管曼德尔和奈格里都不是法国人,但他们关于《大纲》的著作却均以法文形式在法国出版。第一个研究《大纲》的法国学者是塞夫。在《马克思主义和个性理论》(1969年)中,他认为《大纲》清晰地表明了马克思思想中持续存在"异化理论"。

在英语世界[1],首个英文全译本出版于1973年,美国青年学者尼古劳斯首先翻译了《大纲》。事实上,尼古劳斯1968年发表于《新左派评论》上的文章《未知的马克思》就引发了英语世界对《大纲》的热情。麦克莱伦(1971年)和科恩(1972年)是英语世界较早对《大纲》进行评论的马克思学家。1977年,罗斯多尔斯基《马克思〈资本论〉的形成》英译本出版,助推了英语世界的《大纲》研究。1978年,古尔德出版《马克思的社会本体论》,这是英语世界研究《大纲》的专著(其背景是1974年相聚于纽约的《大纲》研究小组)。1984年澳大利亚学者奥克利(A. Oakley)出版了《马克思的

---

[1] 参见马塞罗·默斯托主编:《马克思的〈大纲〉》,闫月梅等译,中国人民大学出版社2011年版,第301—308页。

政治经济学批判:思想渊源与演变(卷一 1844—1860 年)》。1989 年加拿大学者拉利耶(A. Lallier)出版《马克思〈大纲〉中的经济学》,1995 年加拿大学者肯普尔(T. Kemple)出版《阅读马克思著作:情节剧、市场与〈大纲〉》。

在意大利①,科莱蒂于 1954 年首先将《导言》翻译成意大利文出版。之后,又依据 1953 年东德版翻译了首个完整的《大纲》意大利文译本,1968 年和 1970 年分两卷出版。科莱蒂 1969 年出版的《马克思主义与黑格尔》第二部分就频频涉及《大纲》。此后,乔治·巴克豪斯又依据 1939—1941 年的莫斯科版翻译了第二个意大利文译本,并且在 1976 年出版了这一新译本。纵观意大利的《大纲》研究史,不难发现,20 世纪 60 年代以后工人主义对《机器论片段》(特别是其中的非物质劳动和一般智力概念)的强调。② 事实上,这一部分的文本也是最早被翻译成意大利文的《大纲》片段之一,1964 年,索尔米(R. Solmi)就在《红色笔记》杂志第 4 期发表了该部分的这一选段的意大利译文。

由此可见,MEGA 编辑和马克思新文本(以及已出版文本的更为科学可靠的新版本)是激发西方马克思学问题意识的重要推动力。这一点在《1844 年经济学哲学手稿》与《大纲》研究中表现得最为突出。例如,"青年马克思"与"老年马克思"问题以及马克思的方法及其与黑格尔方法的

---

① 参见马塞罗·默斯托主编:《马克思的〈大纲〉》,闫月梅等译,中国人民大学出版社 2011 年版,第 279—284 页。
② 奈格里就是意大利工人主义的重要代表人物和理论家。

关系问题。

第二节 东西方马克思学的互动

苏联马克思学与西方马克思学的互动是双向的，甚至在冷战时期也存在东西方马克思学的互动。这里以几个代表性的案例来加以说明。

第一，《资本论》哲学研究。19世纪末以来，西方马克思学的《资本论》研究主要是经济学视角的研究。苏联马克思学家鲁宾最早从哲学视角出发研究《资本论》。鲁宾1921年成为莫斯科大学的政治经济学教授，1926年成为苏联马克思恩格斯研究院政治经济所负责人。1923年，鲁宾出版了《马克思价值理论文集》第1版。在短短的几年内，鲁宾克服诸多困难，全面修订再版这一著作（1924年、1928年、1929—1930年）。然而，这一著作在苏联受到批判，而且也没有马上在西方世界产生影响，但到20世纪70年代以后，鲁宾和罗斯多尔斯基共同成为西德"新马克思阅读"的灵感来源。在此之前，阿尔都塞的《读〈资本论〉》已经开始对《资本论》进行哲学解读。在《读〈资本论〉》中，阿尔都塞也提到了苏联马克思学家罗森塔尔的《马克思〈资本论〉中的辩证法问题》（1955年出版）和伊里因科夫的《马克思〈资本论〉中抽象和具体的辩证法》（1960年）。① 与鲁宾《马克思价值理论文集》的遭遇不同，罗森塔尔和伊里因科夫的著作很快就被译介到了西方世界，出现了德文、法文、意大利文译本。当然，阿尔都塞面对的不仅仅是苏联马克思学家，还有被称为"新实证主义马克思主义"开创者的意大利马克思学家德拉-沃尔佩。德拉-沃尔佩对马克思科学辩证法（具体—抽象—具体）的研究甚至早于20世纪50年代的苏联马克思学家。德拉-沃尔佩的《作为实证科学的逻辑》出版于1950年。② 由此可见，鲁宾是《资本论》哲学研究的先行者，德拉-沃尔佩和20世纪50年代的苏联学者③则几乎同时开始关注《资本论》（包含其手稿）中的辩证法，而阿尔都塞的《读〈资本论〉》则起着中间枢纽的作用。1967年，在法兰克福召开的纪念《资本论》出版100周年国际学术研讨会上，参加者除了

---

① 参见路易·阿尔都塞、艾蒂安·巴里巴尔：《读〈资本论〉》，李其庆、冯文光译，中央编译出版社2008年版，第82页。
② 此后，该书多次再版。在德拉-沃尔佩逝世后，他的这一著作在再版时被修改为《作为历史科学的逻辑》（Logica come sciencza storica，1969），并且增加了3篇新的文章。修订者在"序言"中解释了改动标题的原因，强调这种改动符合德拉-沃尔佩的愿望，并且可以在他的《对当代意识形态的批判》（1967）一书中找到根据。
③ 20世纪50年代，苏联新一代研究者重拾《资本论》，在辩证唯物主义的旗号下研究《资本论》中的逻辑与方法。莫斯科大学哲学系的两位年轻学生开启了苏联马克思学《资本论》哲学研究的新阶段。1953年9月，伊里因科夫通过了副博士论文答辩，论文标题为《马克思〈政治经济学批判〉中的唯物辩证法的几个问题》。1954年9月，季诺维也夫（А. А. Зиновьев）也凭借《从抽象上升到具体：基于马克思的〈资本论〉》一文通过了副博士论文答辩。在青年学生的刺激下，罗森塔尔也涉足《资本论》研究，并且很快就出版了官方认可的著作《马克思〈资本论〉中的辩证法问题》（1955）。

宣扬阿尔都塞结构主义观点的法语区学者普兰查斯，还有德语区马克思学家费彻尔、施密特、曼德尔、罗斯多尔斯基。罗斯多尔斯基还在研讨会上作了"评马克思《资本论》的方法及其对当代马克思主义研究的重要意义"的发言。这次会议之后，施密特写作出版了《历史与结构》（论文集，出版于1971年）。与此同时，捷克马克思学家泽勒尼也以德文出版了《马克思的科学逻辑和〈资本论〉》（东德1968年，西德1969年）①，在结构与历史问题上亮明自己的观点，即马克思的逻辑学是"结构—发生"的分析方法②。基于这一德文本，英国马克思学家特雷尔·卡弗翻译出版了英译本，并且将书名改作《马克思的逻辑》（1980年）。那一时期，卡弗正在牛津大学写作关于马克思方法的博士论文，后来又出版了《卡尔·马克思：论方法的文本》（1975年）。由此案例可以看出，苏联、捷克的马克思学家与意大利、法国、德国、英国的马克思学家互动频繁，而阿尔都塞的《读〈资本论〉》则是这一互动的高潮和焦点所在。《读〈资本论〉》不是凭空出生的，其影响的余波也进一步扩展到西德"新马克思阅读"，并在"新马克思阅读"运动中发扬光大。

第二，《资本论》创作史研究。罗斯多尔斯基的开创性

---

① 《马克思的科学逻辑和〈资本论〉》德文版不是泽勒尼某一本著作的简单翻译，而是1962年捷克文版和《马克思〈资本论〉的逻辑结构》（*O logické struktuře Marxova Kapitálu*）和1968年捷克文版《实践与理性》（*Praxe a rozum*）两本专著的合订扩展本（不是简单相加，章节有调整，内容也有删改）。
② 拉布里奥拉就特别强调马克思历史唯物主义的"发生"方法。恩格斯常用的是"逻辑"方法和"历史"方法。

研究不仅从哲学层面探讨了马克思的方法问题,而且在经济学层面探讨了《资本论》创作史问题。其实,早在20世纪30年代,苏联马克思学家卢森贝就开始研究马克思主义经济学说史,1934—1936年出版了三卷本《政治经济学史》。法兰克福学派早期经济学家亨里克·格罗斯曼(H. Grossman)早在1929年就在《社会主义和工人运动史文库》上发表了《马克思〈资本论〉原始计划的变化及其原因》。1965年,苏联马克思学家维果茨基(В. С. Выгодский)出版了《卡尔·马克思的一个伟大发现的历史:论〈资本论〉的创作》,并很快就在东德出版了德译本(1967年)①。法国马克思学家吕贝尔也专门探讨过《资本论》创作史,特别是马克思经济学"六册计划"问题。②《大纲》英译本译者尼古劳斯,以及澳大利亚《大纲》研究者奥克利也探讨过马克思"六册计划"问题,英语世界的两位学者显然受到了罗斯多尔斯基和(或)吕贝尔的影响。20世纪60年代,苏联马克思学家与德语、法语和英语世界的马克思学家相继开始重视马克思《资本论》创作史研究,并且在不同的语言世界之间展开了密切的互动。③

第三,马克思文本的编辑出版和文献学研究。西方马克思

---

① 相关中译本信息参见维戈茨基:《卡尔·马克思的一个伟大发现的历史》,马健行、郭继严译,中国人民大学出版社1979年版。
② 1968年吕贝尔发表《马克思经济学史》一文,1973年吕贝尔又发表《"经济学"的计划和方法》一文。
③ 罗斯多尔斯基曾作为通讯员为苏联的马克思恩格斯研究院工作数年,某种意义上属于苏联马克思学传统。因此,罗斯多尔斯基与维果茨基有呼应并不奇怪。然而,吕贝尔显然是受到格罗斯曼的影响。

学界对马克思文本的编辑出版也有贡献。德国社会民主党人朗茨胡特和迈耶尔利用地利之便抢先出版了马克思《1844年经济学哲学手稿》，克拉德在阿姆斯特丹国际社会史研究所发现并整理出版了马克思《人类学笔记》（英文），吕贝尔依据阿姆斯特丹国际社会史研究所收藏的《资本论》手稿独立编辑出版了法文版《资本论》。在文献学研究方面，罗扬、吕贝尔、施拉德尔的文献学研究也毫不逊色于苏联东德马克思文献学研究。而且，由于马克思文献学研究存在较少的意识形态色彩，东西方马克思文献学研究得以频繁互动，相互促进。例如，拉宾、巴加图里亚的马克思文献学成果就快速地被译介到西方世界。

第四，对马克思文本的思想解读。苏联马克思学者的原创性解读长期位于中国学者的视域之外，但他们的成果却深刻地影响了西方马克思学，成为西方马克思学的重要灵感来源。例如，西方学界20世纪50年代以来的《资本论》研究与苏联马克思学之间具有非常紧密的联系。鲁宾、帕舒卡尼斯、伊里因科夫等人的研究成果先后影响了日本的宇野学派、法国的阿尔都塞学派、西德的"新马克思阅读"以及英语世界的"新辩证法学派"。与之相对，苏联马克思学也积极回应西方马克思学的解读。例如，拉宾就专门针对西方学者的《1844年经济学哲学手稿》思想解读展开过批判，还把一些思考和回应写进了《青年马克思》第3版（1986年）。

第三节　西方马克思学内部的传承与互动

正如已有的国内西方马克思学研究者所强调的那样，西方马克思学的发展演变无疑受到资本主义自身发展阶段（特别是二战之后资本主义的新发展）、工人运动、学生运动（特别是 1968 年"五月风暴"）、反殖民运动、越战、东西方冷战、东欧剧变等社会历史背景因素的影响。在西方世界，马克思主义的传播也存在着高潮和低谷。在马克思主义声势日隆的时期，西方马克思主义思潮在社会上很有市场，会吸引更多青年学生，也会有更多人愿意研习马克思文本，从而也会产出更多的马克思学研究成果。然而，20 世纪以来，马克思学发展和演变的原因却不能完全归于社会历史背景因素，不能只盯着表面（即西方马克思主义思潮）的繁荣与衰退（诸如伴随资本主义战后繁荣的"马克思主义危机"）。西方马克思学发展和演变有其内在逻辑。

第一，西方马克思学自身的学术积累，是其持续发展演变的重要内在动力。在西方世界，马克思学的发展演变大体经历了几个阶段：(1) 伴随马克思主义早期传播，西方马克思学在第一个阶段表现为马克思传记写作、马克思著作（包括单篇著作、选集、全集）的翻译和出版；(2) 在马克思已出版著作的基础上对马克思思想进行阐释和研究；（3）马克思文献学研究（包括书志学）；（4）马克思主义史写作和马克思词典编撰。西方马克思学的马克思主义史写作有三个代表性成果：其一，科拉科夫斯基1978年出版的《马克思主义的主要流派》；其二，霍布斯鲍姆主编、以意大利文出版的《马克思主义史》（其中第1卷"马克思在世时期的马克思主义"英文版1982年出版）；其三，麦克莱伦的《马克思主义以前的马克思》（1970年）和《马克思以后的马克思主义》（1980年）。20世纪80年代以来，西方马克思学也在马克思辞典编撰的过程中形成了极具特色的编撰方法。马克思主义史写作和马克思辞典编纂热潮之所以在20世纪80年代前后集中爆发，主要归功于半个世纪以来西方马克思学研究的学术积累。西方马克思学在前三个阶段较为碎片化的发展基础上，逐渐走向系统化和学科化，这是学术积累的必然结果。

与西方马克思学学术积累密切相关的是学术传承。在德语世界，奥地利马克思主义的马克思学研究有很强的传承性。希法亭的《资本论》研究，在法兰克福社会研究所第一代学者（如格罗斯曼）那里得到传承，而希法亭主编的《马克思研究》杂志，在第一任所长格律恩贝尔格主编的《社会主义与工人运动史文库》得到发扬光大。法兰克福社会研究所不但与苏联马克思恩格斯研究院合作出版MEGA[1]，而且大量刊发马克思学的论文（包括梁赞诺夫的许多研究成果）。在法国，科耶夫对黑格尔和马克思的解读影响了包括伊波利特在内的一大批法国马克思学者。在阿尔都塞的弟子中，巴里巴尔、朗西埃、巴迪欧、普兰查斯等对马克思的解读都别树一帜。在吕贝尔的马克思学传统中,阿本舒对马克思《黑格尔法哲学批判》的文本解读尤其令人印象深刻。① 在意大利,从拉布里奥拉到克罗齐、秦梯利,再到葛兰西,有明确的师承传统。甚至德拉-沃尔佩也与克罗齐、秦梯利颇有渊源②,更不用说德拉-沃尔佩学派的师承传统了(特别是科莱蒂与德拉-沃尔佩的师承关系)。在美国,胡克1928年在德国访学期间几乎是在第一时间接触到了卢卡奇和柯尔施的理论。可以说,胡克对马克思与黑格尔关系的解读是对卢卡奇进路的继承和深化。在英国,麦克莱伦是伯林的学生,克拉科夫斯基参加了卡弗的博士论文答辩。学术传承是学术积累的重要体现,也是西方马克思学不断发扬光大的重要原因。

第二,西方马克思学与西方新思潮的互动,是西方马克思学发展演变的显性方式。20世纪各种西方新思潮轮番登场,如果新思潮的拥趸正好是马克思思想的同情者或者被马克思思想吸引而转向马克思研究的人,那么他就会以原有的"合法先见"来解读马克思文本。卢卡奇是新黑格尔主义者,马尔库塞和列斐伏尔是存在主义者,德拉-沃尔佩是新实证主义者,阿尔都塞是结构主义者,等等。这些西方马克思主义者的马克思学研究没有学院派马克思学的研究来得纯粹(即学术

---

① 1997年,阿本舒(M. Abensour)出版专著《反国家的民主:马克思与马基雅维里时刻》,对《黑格尔法哲学批判》展开了创新性解读。参见 Miguel Abensour, *La démocratie contre l'état*, Paris: Presses Universitaires de France, 1997。
② 德拉-沃尔佩最初接受的是秦梯利的哲学,后来走向反秦梯利唯心主义的经验主义和新实证主义道路。

性），而且显示出易变性的特点。尽管西方马克思主义是"六经注我"式的解读，但我们也不能否认他们的研究中存在具有马克思学特征的内容。例如，当卢卡奇、阿尔都塞等人利用马克思的思想资源开始构建自己的思想的时候，他们是西方马克思主义者，而当他们严肃地研究和讨论马克思的文本和思想的时候，他们同样也是马克思学家。因此，西方马克思学与新思潮的互动，是西方马克思学发展演变的内在动力之一。

第三，正统马克思主义的马克思学与反马克思的马克思学之间的斗争是西方马克思学发展演变的重要形式。在思想解读方面，庞巴维克对马克思《资本论》的攻击以及希法亭的反击，可以视作西方马克思学围绕《资本论》解读的第一波论辩。而作为其理论余波的"转形问题"则是20世纪马克思学研究的重要内容。在传记写作方面，反马克思的马克思学与正统马克思主义的马克思学之间的斗争也十分明显。

第四，从西方马克思主义马克思学到学院派马克思学的推进，是西方马克思学发展演变的普遍现象。西方马克思主义马克思学家思想活跃，通常是解读马克思新文本的先锋。但思想活跃也容易导致学术性欠缺，反之亦然。这就是思想与学术的内在张力。因此，学院派马克思学对西方马克思主义马克思学就许多具体话题的批评或深化，也是西方马克思学走向深处的重要方式。不妨举几个典型案例加以说明。

第一个案例是关于"两个马克思"问题。众所周知，《1844年经济学哲学手稿》的出版引发了以马尔库塞和阿尔都塞为代表的西方马克思主义马克思学家的"两个马克思"解读。马尔库塞抬高"青年马克思"①,而阿尔都塞则抬高"老年马克思"。以阿尔都塞为代表的科学主义马克思主义是对以马尔库塞为代表的人本主义马克思主义的反拨,但他们都坚持有"两个"不相兼容的马克思。"抬高青年马克思、贬低老年马克思"的西方马克思主义马克思学,遇到了以吕贝尔为代表的学院派马克思学的批评。基于对马克思文本的全面把握和深入解读,吕贝尔强调马克思早年形成了人的解放这一共产主义乌托邦(伦理学)思想,而这一思想贯穿马克思的一生,只不过成熟时期的马克思将工作重心转向对共产主义乌托邦思想的科学论证。② 20世纪60年代以后,西方世界出现《大纲》研究热潮,严肃的马克思学家(比如麦克莱伦)发现马克思早期手稿《1844年经济学哲学手稿》中的异化概念并没有消失,而是在《大纲》中重现。当然,麦克莱伦的这一观点也遭到分析马克思主义创始人柯亨的质疑。克拉德对马克思《人类学笔记》的研究,更是强调人本主义贯穿马克思一生。阿尔都塞的"青年马克思"与"老年马克思"思想的"断裂说"虽然影响深远,但也逐渐受到越来越多学院派马克思学者的批评,认为它缺乏充分的文本依据。总体来看,越来越多的学院派马克思学家强调马克思思想发展经历了不同的阶段,但这种发展总体来说是连续的,而不是断裂的。学院派马克思

---

① 抬高青年马克思,包括强调《1844年经济学哲学手稿》是一部完整著作而非手稿性质的未完成稿。如前所述,罗扬通过文献学研究否认了这一点。
② 吕贝尔在"社会主义和道德"一文中有细致的分析,参见吕贝尔:《吕贝尔马克思学文萃》,郑吉伟译,北京师范大学出版社2018年版,第12—70页。

学的这种研究是学术性的,实实在在推动了西方马克思学的深化。

第二个案例是马克思与恩格斯的关系问题。尽管卢卡奇没有像后来的西方马克思主义马克思学家那样明确提出"马恩对立论"(即"马恩二分法"),但他却是最早涉及马克思与恩格斯不一致这一话题的学者之一。科尔施强化了卢卡奇的观点。此后,西方马克思主义者对苏联官方辩证唯物主义(即所谓 Diamat)的批判,都是以"马恩对立论"为立论前提的。当然,也有不少学院派马克思学家(比如吕贝尔、施密特、李希特海姆、莱文等)在"马恩对立论"问题上推波助澜。但也正是在学院派马克思学内部,出现了对"马恩对立论"的反拨,最有代表性的是以亨勒和里格比为代表的"马恩一致论"。经过西方马克思学内部的这次学术论争,以卡弗为代表的西方马克思学家从极端的"马恩对立论"转向温和的"马恩对立论",倡导"马恩差异论"。显然,经过近一个世纪的激烈争论,"马恩对立论"已经从一个意识形态话语,变成了标准的学术问题,而这体现了西方马克思学本身具有自净功能。

第三个案例是关于"马克思是否有哲学"的话题。在梅林那里,马克思决心消灭哲学,因此马克思没有自己的哲学;在拉布里奥拉那里,历史唯物主义就是马克思的哲学(实践哲学);在普列汉诺夫那里,辩证唯物主义是马克思的哲学。科尔施明确地提出了"马克思是否有哲学"这一问题,即所谓的"科尔施之问"。与此相关的问题有三个:

其一,马克思是否有哲学。包括梅林、伯恩施坦、考茨基在内的大多数第二国际理论家否认马克思有哲学,伯恩施坦甚至明确提出要用新康德主义来补充马克思的伦理学(伦理学显然属于哲学范畴)。其二,如果马克思有哲学,历史唯物主义是否是一种哲学。普列汉诺夫和列宁把历史唯物主义看作是社会学,也就是实证科学。布哈林的《历史唯物主义理论》是以马克思的社会学而非马克思的哲学来加以阐述的。20世纪20年代历史唯物主义何以在苏联被逐渐看作是马克思的哲学,并与辩证唯物主义一起作为马克思哲学的"一整块钢"[①],这里不再展开论述。其三,否认辩证唯物主义是马克思的哲学(这是西方马克思主义的共识)之后,马克思的哲学到底是什么?不同的西方马克思学家会有各种不同的看法。例如,葛兰西把马克思哲学明确看作是"实践哲学",而阿尔都塞则试图从《资本论》读出马克思的哲学。1977年,麦克布莱德(W. L. McBride)较早地关注到这一问题,出版了《马克思的哲学》。冷战落幕之后,巴里巴尔也出版了以《马克思的哲学》(1993年)为书名的专著,洛克莫尔则以"卡尔·马克思的哲学"作为其专著《马克思主义之后的马克思》(2002年)的副标题。总体来看,半个世

---

① "一整块钢"是列宁在《唯物主义和经验批判主义》中的说法(参见《列宁全集》中文2版第18卷,第341页)。列宁似乎把历史唯物主义看作由两部分组成的。第一部分是将一般唯物主义推广到社会历史领域的基本原理(即"社会存在决定社会意识"),这一部分是哲学;第二部分是关于社会结构的理论(如关于生产力决定生产关系、经济基础决定上层建筑,以及关于阶级斗争、国家、意识形态、社会革命的理论),这一部分是社会学。

纪以来，西方学院派马克思学家对于西方马克思主义马克思学家提出的马克思是否有哲学的问题，不满足于"实践哲学"或"人的哲学"等说法，而是通过扎实的文本耕犁和学术讨论提出了新观点，从而使得西方马克思学向纵深发展。

第四节 萦绕西方马克思学的两个核心问题

不管是东西方马克思学的互动，还是西方马克思学内部的论争，一个多世纪以来纷纷扰扰的核心问题有两个：一是决定论与主体性问题，二是对马克思思想的总体把握问题。以这两个问题来透视一个多世纪漫长而纷繁复杂的理论论争，更能看清西方马克思学的发展和演变的内在逻辑。

第一，决定论与主体性问题。马克思思想本身包含着决定论和主体性两个因素，特别是在其早期思想发展过程中，有过思想上的摇摆。然而，《德意志意识形态》以降，马克思（我们将其看作是"老年马克思"）既不是决定论者，也非唯意志论者，而是二者在实践中超越主客二分的统一。但第二国际理论家大多（拉布里奥拉可能是一个例外）把马克思思想看作是决定论（甚至是经济决定论）。恩格斯晚年已经意识到这一点，并且试图予以纠偏（参见恩格斯晚年关于历史唯物主义的书信）。卢卡奇以降的西方马克思主义马克思学所针对的就是第二国际理论家对马克思思想的决定论解读，强调对马克思的思想作主体性（即能动性）解读（如强调阶级意识、实践哲学、文化领导权等）。在西方马克思主义马克思学内部，阿尔都塞强调结构，强调无主体的过程，否定历史性，而柯亨强调"发展命题"和"首要性命题"，这两者都走向了另一个极端。在某种意义上，他们都是对第二国际理论家的返祖。不管怎样，必须承认，西方马克思主义马克思学家具有敏锐的问题意识，而这得益于他们强烈的现实关怀。例如，卢卡奇和葛兰西之所以强调主体性，是因为他们反思一战之后各自国家社会主义革命的失败的教训。阿尔都塞之所以强调"结构"的反人道主义立场，是为了在理论层面干预法共，反对法共倒向资产阶级人道主义意识形态。

学院派马克思学从纯学术立场出发，在学理上深化了对决定论和主体性问题的探讨。有的学院派马克思学家直接探讨了决定论与主体性的关系问题。如布莱克利奇在《反思马克思主义史学理论》一书中就明确以"结构与能动"的视角来把握西方马克思主义史学理论的发展和演变。里格比在《马克思主义与历史学》中强调马克思思想中既蕴含"发展命题"，又蕴含相反的观点（比如马克思的"亚细亚生产方式"理论）。吉登斯对历史唯物主义的重建（特别是在《社会的构成》中），则是强调"结构"与"能动"的相互建构。也有学院派马克思学者通过某个话题的深入探讨来展现这一点。例如，吕贝尔通过强调马克思乌托邦伦理思想与科学理论的统一，间接回答了马克思思想中决定论与主体性的关系问题。塔克在其《卡尔·马克思的哲学与神话》一书中，也持类似的立场。

第二，对马克思思想的总体把握问题。恩格斯一方面强调马克思首先是革命家，同时也是科学家，另一方面又强调社会主义从乌托邦到科学的发展，强调马克思的两大科学发现。第二国际理论家误解了恩格斯关于马克思两大科学发现的说法，错误地把马克思思想看作是经济决定论。克罗齐把社会主义看作是马克思思想中的伦理学维度，而把历史唯物主义和政治经济学看作是科学性因素。[①] 尽管克罗齐批评马克思的历史唯物主义和政治经济学是过时的、错误的科学，但克罗齐毕竟把马克思思想看作是价值性（伦理学）与科学性的统一。西方马克思主义马克思学中的人本主义潮流强调马克思思想的伦理价值方面，忽视或批评马克思思想的科学性方面，而西方马克思主义马克思学中的科学主义潮流则强调马克思思想的科学性方面。阿尔都塞完全否定马克思思想中的价值方面，但德拉－沃尔佩则强调马克思的平等思想，并把马克思与卢梭联系起来。

"对马克思思想的总体把握"与"决定论和主体性问题"密切相关。对马克思思想的决定论解读通常伴随着对马克思思想的科学主义解读，从而排除马克思思想的伦理价值维度。例如，分析马克思主义的马克思学者大都否认马克思的"剥削"概念具有道德批判意味，否认马克思有正义思想（伦理思想）和伦理学，这与伯恩施坦的逻辑是一致的。不同在于，伯恩施坦认为伦理学对社会主义运动很重要，马克思理论需要补充伦

---

① 参见 Benedetto Croce, *Historical Materialism and the Economics of Karl Marx*, London: George Allen & Unwin, 1915。

理学，而分析马克思主义马克思学者认为马克思理论根本不需要伦理学，因为马克思的历史唯物主义把道德观念看作是意识形态。与之相对，对马克思思想的主体性解读通常指向马克思思想中的人本主义。在这种解读中，"异化""批判"代替了"科学""分析"，成为马克思理论的核心概念，马克思变成了批判家（包括所谓的"异化"批判、"资本逻辑"批判、"现代性"批判等）。与此同时，学院派马克思学家（如吕贝尔、塔克等）则以文本研究为基础，强调马克思思想是价值性与科学性的统一。

总体来看，西方马克思学的"问题意识"都是围绕这两个核心问题展开的。只不过在不同的历史阶段，由于不同的历史契机，西方马克思学者开始聚焦各种特定的热点话题。比如，罗尔斯的《正义论》引发马克思正义思想的热烈讨论，而对《资本论》的哲学解读（肇始于克罗齐）淡化了马克思政治经济学的实证性。各种热点话题在表面上令人眼花缭乱，但归根结底不外乎是这两个核心问题的延展。事实上，这两个问题之所以会成为萦绕西方马克思学的核心问题，恰恰是因为它们在马克思的思想内部就存在着一种张力。

伴随着 MEGA[1] 和 MEGA[2] 的编辑和出版，西方马克思学对马克思思想的解读，会越来越破除特定历史时代所产生的意识形态迷雾，会越来越以学术性的方式接近马克思，越来越"回到马克思"。

索 引

使用说明

一、本索引分人名索引和主题索引。

二、人名索引分外国人名、中国人名。

三、按照字母顺序分类，降序排列。

人名索引

外国人名

A

阿贝尔，莱昂内尔 Abel, Lionel 265

阿本德罗特，沃尔夫冈 Abendroth, Wolfgang 137, 155

阿本舒 Abensour, Miguel 185, 211, 213, 214, 362

阿德勒，弗 Adler, Friedrich 127

阿德勒，麦 Adler, Max 127, 129, 148, 149, 155

阿多拉茨基 Адоратский, Владимир

Викторович 27, 41, 78, 81, 82, 86-88, 94, 115, 349

阿多诺 Adorno, Theodor W. 159, 160, 213, 302

阿尔都塞 Althusser, Louis Pierre 71, 139, 140, 208, 209, 212-214, 217, 220, 226-280, 285, 291, 292, 296, 300, 303, 330, 338, 340, 350, 353, 355-357, 359, 361-364, 366, 368, 369

阿奎那 Aquinas, St. Thomas 265

阿利纳里，李 Alinari, L. 309

阿隆，雷蒙 Aron, Raymond 184, 220, 221

阿明，萨米尔 Amin, Samir 3, 4

阿瑟，克里斯多夫 Arthur, Christopher J. 287, 288, 298, 339

阿维内里 Avineri, Shlomo 11

埃尔贝 Elbe, Ingo 158, 159

埃尔斯特，乔恩 Elster, Jon 281, 282

埃耳斯特尔，路德维希 Elster, Ludwig 19, 77

埃夫拉尔 Evrard, Louis 183

埃克斯坦 Eckstein, Gustav 127

埃诺蒂 Einaudi, Luigi 127

埃韦贝克 Ewerbeck, Hermann 173

艾威林，爱德华 Aveling, Edward 24, 242-244

爱琳娜（爱琳娜·艾威林，马克思的三女儿）Aveling, Eleanor Marx 24, 25, 92, 211, 233, 244, 246, 247

安德莱 Andler, Charles 175

安德森，凯文 Anderson, Kevin 140, 184, 301

安德森，佩里 Anderson, Perry 301

安年科夫 Анненков, Павел Васильевич 32, 64

昂格朗 Angrand, Pierre 181

奥伯曼，卡尔 Obermann, Karl 115

奥尔曼 Ollman, Bertell 276, 279, 287-289, 298

奥康纳，詹姆斯 O'Connor, James Richard 289

奥克利 Oakley, Allen 353, 358

奥利维耶 Ollivier, Marcel 180

奥马利，约瑟夫 O'Malley Joseph 251

奥尼尔 O'Neill, John 14

奥热 Auger, Henri 182

奥索尼 Orsoni, Claude 183

奥伊希纳 Euchner, Walter 140

奥伊则尔曼，泰·伊 Ойзерман, Теодор Ильич 6

B

巴道维 Padover, Saul Kussiel 68

索 引

巴德尔 Bader, Veit-Michael 141
巴迪欧 Badiou, Alain 362
巴迪亚,吉尔贝 Badia, Gilbert 85
巴尔特,保罗 Barth, Paul 125
巴加图里亚 Багатурия, Георгий Александрович 344, 359
巴克豪斯 Backhaus, Hans-Georg 140, 141, 158, 160, 161, 304, 320
巴克豪斯,乔治 Backhaus, Giorgio 320, 354
巴枯宁 Бакунин, Михаил Александрович 19, 35, 37, 53 - 55, 69, 191, 248, 309
巴里巴尔,艾蒂安 Balibar, Étienne 214, 226, 227, 356, 361, 366
巴列斯特雷姆 Ballestrem, Karl Graf 15
巴日特诺夫,列·尼 Пажитнов, Леонид Николаевич 6
巴什拉 Bachelard, Gaston 207
巴斯卡 Bhaskar, Roy 287
巴索,卢卡 Basso, Luca 301
白拉克,威 Bracke, Wilhelm 18, 42
班菲 Banfi, Antonio 341
邦乔瓦尼,布鲁诺 Bruno Bongiobanni 333
鲍尔曼,罗尔夫 Bauermann, Rolf 10
鲍亨斯基 Bocheński, Joseph Maria 136, 137

鲍桑葵 Bosanquet, Bernard 258
鲍威尔,奥托 Bauer, Otto 127, 129, 157, 160
鲍威尔,布鲁诺 Bauer, Bruno 14, 22, 29, 30, 33, 62
贝蒂尼 Bettini, Pompeo 317
贝尔,丹尼尔 Bell, Daniel 291
贝克曼,热拉尔 Bekerman, Gérard 104 - 107
贝洛菲尔,理查德 Bellofiore, Riccardo 339
贝特 Berth, Edouard 179
贝辛格,瑞秋 Basinger, Rachel 75
倍倍尔 Bebel, August Ferdinand 27, 49, 115, 201, 246
本德 Bender, Frederic L. 15, 137, 155
比岱,雅克 Bidet, Jacques 209, 214, 215, 226, 301, 339
比尔,马克斯 Beer, Max 78 - 80
比尼亚米,恩 Bignami, Enrico 309, 311, 312
比朔夫,约阿希姆 Bischoff, Joachim 141, 352
彼得洛维奇 Petrović, Gajo 304
彼特洛维奇 Petrović, B. 3
别尔金娜 Белкина, Галина Леонидовна 7, 10

波利策 Politzer, Georges 198
波洛克 Pollock, Friedrich 153-155
波普尔 Popper, Karl 119, 120
波斯特盖特，雷蒙德 Postgate, Raymond 52
伯恩，托尼 Burn, Tony 257
伯恩施坦 Bernstein, Eduard 27, 46, 48, 49, 115, 126, 127, 200, 201, 246, 283, 318, 328, 330, 331, 366, 369
伯克特，保罗 Burkett, Paul 289
伯林，以赛亚 Berlin, Isaiah 26, 30, 37, 38, 41, 68-70, 72, 75, 76, 264, 267-269, 293, 295, 298, 299, 362
伯纳尔 Bernal, John Desmond 276
伯努瓦 Benoist, Jean-Marie 222
博比奥，诺伯托 Bobbio, Norberto 319
博蒂 Petit, Eugène 191
博蒂盖利，埃米尔 Bottigelli, Émile 181, 256
博尔夏特 Bourchardt, Julien 174
博洛，罗斯林 Bologh, Roslyn Wallach 287
博内 Bonnet, Alfred 202
博内菲尔，沃纳 Bonefeld, Werner 159
博特凯维茨 Bortkewitsch, Ladislaus von 134, 274

博托莫尔 Bottomore, Tom B. 14, 107, 128, 250, 300
博维奥，卓万尼 Bovio, Giovanni 312
博西奥，姜尼 Bosio, Gianni 311
布丁，路易斯 Boudin, Louis B. 127, 128, 271, 273
布尔 Buhr, Manfred 103
布哈林 Бухарин, Николай Иванович 366
布坎南 Buchanan, Allen E. 282, 284
布拉德雷 Bradley, Francis Herbert 258
布拉格尔 Prager, Robert Ludwig 92
布拉沃，姜·马利奥 Bravo, Gian Mario 332
布莱克利奇 Blackledge, Paul 368
布莱克韦尔 Blackwell, Benjamin Henry 268
布朗，安德鲁 Brown, Andrew 304
布朗，保罗 Blanc, Paul 40
布朗基，路易 Blanqui, Louis Auguste 195, 263
布劳恩，阿道夫 Braun, Adolf 127, 130
布勒东 Breton, André 205
布雷克曼，沃伦 Breckman, Warren 286
布里格斯，阿萨 Briggs, Asa 68
布利西内纳 Bricianer, Serge 183

索 引

布鲁门贝格 Blumenberg, Werner 48 – 50, 64, 66, 100, 112, 113, 122, 123
布鲁内蒂 Brunetti, Girolamo 319
布伦纳，罗伯特 Brenner, Robert P. 299
布罗克迈耶尔 Brokmeyer, Henry Clay 260
布罗伊尔 Breuer, Karl Hugo 138
布洛赫，恩斯特 Bloch, Ernst 137
布洛克 Block, Maurice 188, 190

C

查苏利奇，维·伊 Засулич, Вера Ивановна 170, 171
车尔尼雪夫斯基 Чернышевский, Николай Гаврилович 85
陈德滔 Tran Duc Thao 216, 217, 219
川锅正敏氏 100

D

达尔维特，保罗 Dalvit, Paolo 322, 323
达尔文 Darwin, Charles 34, 87, 259
达雷尔，约翰 Darrell, John 271
大村泉 65, 339
丹尼尔斯 Daniels, Robert Vincent 14

当热维尔，罗歇 Dangeville, Roger 183 – 185, 352
德波林 Деборин, Абрам Моисеевич 199, 225, 267
德拉恩，恩斯特 Drahn, Ernst 80 – 82, 92, 93
德拉弗莱 De Laveleye, Emile 190 – 192
德拉-沃尔佩 Della-Volpe, Galvano 14, 308, 319, 320, 332, 340, 348, 356, 362, 369
德雷珀，哈尔 Draper, Hal 11, 84, 87, 88, 98, 99, 286
德里达 Derrida, Jacques 221
德里亚赫洛夫 Дряхлов, Н. И. 10
德罗贝尔蒂 De Roberty, Jewgeni Walentinowitsch 188
德曼，亨 De Man, Henri 275
德纳，查理 Dana, Charles Anderson 236, 238, 239
德桑克蒂斯 De Sanctis, Francesco 325
德维尔 Deville, Gabriel 173, 188, 193, 196, 197, 201, 202, 223, 227
狄金斯 Diggins, John Patrick 265
狄克逊，查理德 Dixon, Richard 248
迪康热 Ducange, Jean-Numa 227
迪梅尼，热拉尔 Duménil, Gérard 227

迪普拉，帕斯卡尔 Duprat, Pascal 169
迪亚曼迪，乔治 Diamandy, Georges 201
笛卡尔 Descartes, René 325
蒂尔 Thier, Erich 136, 138
蒂利希，保罗 Tillich, Paul 136
董特 D'Hondt, Jacques 207, 209, 210
杜埃，阿道夫 Douai, Adolph 243
杜德，瑞加尼·帕姆 Dutt, Rajani Palme 263
杜娜叶夫斯卡娅 Dunayevskaya, Raya 276, 291
杜塞尔，恩里克 Dussel, Enrique 215
杜威，约翰 Dewey, John 260
多布 Dobb, Maurice Herbert 263, 270, 272 - 274, 291
多伊彻，塔玛拉 Deutscher, Tamara 55

E

恩格斯 Engels, Friedrich 1, 3, 5 - 7, 10, 15 - 28, 30, 32 - 37, 39 - 46, 49, 54, 56, 58 - 61, 64, 66, 67, 70, 74 - 78, 81 - 86, 88, 90 - 100, 102 - 107, 111 - 115, 117, 119, 120, 125, 128 - 131, 133, 134, 140, 142, 143, 149, 151, 153, 156, 161, 167 - 187, 195, 196, 198 - 202, 206, 213, 218, 219, 222 - 224, 232 - 258, 260, 264, 266, 269, 275, 289, 292 - 294, 300 - 302, 305, 306, 308 - 324, 327 - 330, 333, 335, 340, 344, 346, 347, 349, 350, 355, 357, 358, 361, 365, 367, 369

F

凡勃伦，托斯丹 Veblen, Thorstein Bunde 271, 272, 303
菲茨杰拉德，爱德华 Fitzgerald, Edward 78
菲林 Филин, Ф. П. 102
菲内利，罗伯特 Finelli, Roberto 301
菲施巴赫 Fischbach, Franck 256
费彻尔，伊林 Fetscher, Iring 11, 16, 40, 65, 66, 76, 111, 120, 122, 132, 138 - 140, 159, 212, 302, 304, 357
费多谢耶夫 Федосеев, П. Н. 60, 61
费尔巴哈 Feuerbach, Ludwig Andreas 17, 24, 25, 28, 30, 31, 33, 34, 70, 83, 125, 177, 179, 201,

索 引

218，248，249，257，300，318，
328，336，348，349

费里，恩里科 Ferri, Enrico　336

芬奇，罗伯特 Fineschi, Roberto　288，
333，339

丰纳，菲利普 Foner, Philip S.　243

弗兰克尔，列奥 Frankel, Léon　200

弗雷泽，伊恩 Fraser, Ian　257

弗里德曼 Friedmann, Georges　198

弗里登塔尔 Friedenthal, Richard　65

弗洛姆 Fromm, Erich　14，136，250，
276，300，302，345，346

福尔格拉夫 Vollgraf, Carl-Erich　142

福尔伦德 Vorländer, Karl　62，63，
66，120，283

福尔坦 Fortin, Edouard　175，176，
178

福柯 Foucault, Michel　207

福米乔夫，瓦列里 Фомичев, Валерий
Николаевич　65

福斯特，约翰·贝拉米 Foster, John
Bellamy　289

福伊尔利希特 Feuerlicht, Ignace　15，
16

G

伽罗 Garo, Isabelle　185，227

盖德 Guesde, Jules　169，175，188，
191，193 – 197，201，227

盖尔，卡尔海因茨 Geyer, Karlheinz
10

甘斯 Gans, Eduard　29

甘泽尔 Ганзел, Лев　3，4

冈崎次郎　108

高岛善哉　108

高木小次郎　351

戈德斯蒂克，丹 Goldstick, Dan　17

戈登，彼得 Gordon, Peter. E.　74

哥尔曼 Гольман, Л. И.　7

格尔曼 Golman, Lew　3

格兰帕斯，杰罗姆 Grynpas, Jérôme
90

格兰特 Grant, D. D.　278，279

格朗容克 Grandjonc, Jacques　223

格雷 Gray, Gordon　278，279

格里洛，恩佐 Grillo, Enzo　320

格列茨基 Грецкий, М. Н.　10

格林 Green, Thomas Hill　258

格鲁克斯曼 Glucksmann, André　221

格罗斯 Groß, Gustav　63

格罗斯曼，亨里克 Grossmann, Henryk
153 – 155，157，358，361

格律恩贝尔格（格林贝格），卡尔
Grünberg, Carl　91，128，130 –
132，152，153，361

格姆科夫，海因里希 Gemkow, Heinrich 50, 111, 115
葛兰西 Gramsci, Antonio 128, 260, 308, 325, 331-333, 335-338, 340, 362, 366, 368
宫川实 108
古达特 Guddat, Kurt H. 250
古尔德 Gould, Carol C. 16, 285, 286, 353
古尔德纳 Gouldner, Alvin. W. 15, 293

H

哈贝马斯 Habermas, Jürgen 138, 139, 302, 352
哈里斯 Harris, William Torrey 260
哈尼，乔·朱 Harney, George Julian 234, 235, 244
海德门 Hyndman, Henry Mayers 243
海勒斯，于尔根 Herrs, Jürgen 66
海涅 Heine, Heinrich 32
海斯，沃尔夫冈 Heise, Wolfgang 102
海因里希，米夏埃尔 Heinrich, Michael 66, 112, 120, 123
豪格，沃尔夫冈·弗里茨 Haug, Wolfgang Fritz 105, 107, 108, 141, 301, 339

赫伯格，威尔 Herberg, Will 266
赫尔巴特 Herbart, Johann Friedrich 326
赫克纳，海因里希 Herkner, Heinrich 126
赫施 Hirsch, Karl 193, 194
赫斯 Hess, Moses 30, 33, 36, 206, 350
赫希伯格 Hochberg, Karl 194
黑格尔 Hegel, Georg Wilhelm Friedrich 11, 13, 14, 16, 19, 22, 24, 29, 31, 34, 38, 45, 63, 67, 70, 81, 84, 125, 136, 138, 157, 158, 160, 163, 178, 187, 198-200, 202, 204-210, 214, 217, 219, 228-230, 247, 250, 251, 253, 257-261, 266, 275, 278, 280, 284-289, 291, 294-298, 301, 303, 306, 307, 319, 324-326, 328, 331-335, 337-341, 347, 348, 350, 352, 354, 361, 362
黑克尔，罗尔夫 Hecker, Rolf 27, 65, 74, 75, 142, 227
亨德森 Henderson, William Otto 294
亨勒 Hunley, J. D. 293, 365
亨利，米歇尔 Henry, Michel 207, 209, 217-219
亨特，查理 Hunt, Richard Norman 11

索 引

胡布曼，格拉尔德 Hubmann, Gerald 339

胡迪斯，彼得 Hudis, Peter 289

胡克，悉尼 Hook, Sidney 13, 52, 205, 264 – 269, 275, 291, 293, 295, 297, 298, 302, 362

胡萨米 Husami, Ziyad Ibrahim 281, 282

胡塞尔 Husserl, Edmund 215 – 217, 229

惠恩，弗朗西斯 Wheen, Francis 74, 75

霍布斯鲍姆 Hobsbawm, Eric 124, 361

霍尔，斯图亚特 Hall, Stuart 289

霍尔斯特姆 Holmstrom, Nancy 282

霍夫，扬 Hoff, Jan 158, 159

霍夫曼，奥斯卡 Hoffmann, Oskar 115

霍华德 Howard, Michael Charles 147, 148, 271

霍克海默 Horkheimer, Max 154, 155, 159, 302

霍梅斯 Hommes, Jakob 138

霍奇斯，唐纳德·克拉克 Hodges, Donald Clark 277, 293

霍斯菲尔德，罗尔夫 Hosfeld, Rolf 112

J

基恩施姆，埃哈尔德 Kiehnbaum, Erhard 115, 116

基佐 Guizot, François 18, 32, 234

吉本 Gibbon, Eduard 35

吉登斯 Giddens, Anthony 368

吉斯豪艾尔，英 Kiesshauer, Inge 113

纪德 Gide, André 220

季诺维也夫 Зиновьев, Александр Александрович 356

季塔连科 Титаренко, С. Л. 10

加罗迪 Garaudy, Roger 209

杰拉斯 Geras, Norman 282

杰伊，马丁 Jay, Martin 153

金 King, John Edward 147, 148, 271

久留间鲛造 108

居特曼 Guterman, Norbert 198, 199, 205, 256

K

卡尔，爱德华 Carr, Edward Hallett 52 – 57, 73, 117, 264, 268, 293

卡尔特列 Cartelle, Renée 182

卡菲埃罗 Cafiero, Carlo 313 – 315, 320

卡弗，特雷尔 Carver, Terrell 38,

68，74，75，105，107，285，286，289，293，298－300，357，362，365

卡莱尔 Carlyle, Thomas 35，251

卡门卡，尤金 Kamenka, Eugene 251

卡内帕，朱泽培 Canepa, Giuseppe 312

凯恩斯 Keynes, John Maynard 270－272

凯尔哈迪，詹姆斯 Keir Hardie, James 48

凯尔森，汉斯 Kelsen, Hans 148，149

凯利 Kelly, Michael 176，205

凯利－威士涅威茨基 Kelley-Wischnewetzky, Florence 242，245，246

凯特贝尼 Kertbeny, Karl Maria 46

坎宁安，弗兰克 Cunningham, Frank 17

坎梯莫利 Cantimori, Delio 319

康德 Kant, Immanuel 62，63，283，286，330，366

康福思 Cornforth, Maurice 98，276，278，279

康吉莱姆 Canguilhem, Georges 207

康捷尔 Кандель, Е. П. 5

康帕内拉，托马索 Campanella, Tommaso 325

考茨基 Kautsky, Karl Johann 27，31，37，46，92，115，125，126，128，129，134，196，200，201，223，283，328，366

考德威尔 Caudwell, Christopher 263

考维斯 Cauwès, Paul 192

柯尔 Cole, George Douglas Howard 52

柯亨 Cohen, Gerald Allan 14，281，299，364，368

柯依根 Koigen, David 125

科本 Köppen, Karl Friedrich 29

科恩，埃哈德 Korn, Erhard 144

科恩，罗伯特 Cohen, Robert 301

科恩－索拉尔 Cohen-Solal, Catherine 182

科尔施 Korsch, Karl 132，135，293，302，365

科尔纽，奥古斯特 Cornu, August 26，33，36，37，67，76，206，211，212，335，349

科夫勒，列奥 Kofler, Leo 155

科拉科夫斯基 Kołakowski, Leszek 127，361

科莱蒂 Colletti, Lucio 319，332，340，341，354，362

科米奈尔，乔治 Comninel, George C. 299

科尼奥，厄娜 Cogniot, Erna 181

科尼奥, 乔治 Cogniot, Georges 181, 182

科特, 大卫 Caute, David 250

科西克, 卡莱尔 Kosík, Karel 14, 304

科耶夫 Kojève, Alexandre 206, 207, 228, 229, 361

克拉德, 劳伦斯 Krader, Lawrence 292, 302, 346, 347, 359, 364

克拉格 Klage, Helmut 352

克拉特克, 米歇尔 Krärke, Michael 339

克利姆, 弗雷德 Kliem, Manfred 41

克卢格曼 Klugmann, Norman John 276

克鲁格, 亚历山大 Kluge, Alexander 123

克鲁格曼 Klugmann, James 303

克罗齐 Croce, Benedetto 196, 202, 203, 318, 326 – 331, 336, 337, 340, 362, 369, 370

肯普尔 Kemple, Thomas 354

孔德尔, 埃里希 Kundel, Erich 115, 333

孔西德朗 Considerant, Victor 188

库恩, 里克 Kuhn, Rick 153

库克辛斯基, 托马斯 Kuczynski, Thomas 103

库尼茨, 约书亚 Kunitz, Joshua 59

库斯勒 Koestler, Arthur 220

库维拉斯基 Kouvelakis, Stathis 185

库赞, 维克多 Cousin, Victor 334, 335

宽特, 米夏埃尔 Quante, Michael 82, 100

奎尔奇, 哈利 Quelch, Harry 247

奎因 Quine, Willard Van Orman 268

L

拉比卡, 乔治 Labica, Georges 104 – 108, 214

拉宾 Лапин, Николай Иванович 6, 7, 344, 359

拉伯波尔 Rappoport, Charles 188, 193, 197, 198

拉布里奥拉, 阿图罗 Labriola, Arturo 202

拉布里奥拉, 安东尼奥 Labriola, Antonio 25, 200, 202 – 204, 308, 318, 320, 325 – 329, 331, 333, 335 – 337, 340, 357, 362, 365, 367

拉德达茨 Raddatz, Fritz Joachim 56, 57

拉法格, 保尔 Lafargue, Paul 24,

170 - 171，173，176 - 178，188，
193 - 197，201，202，211，227，
340
拉康 Lacan, Jacques 334
拉雷恩，乔治 Larrain, Jorge 289
拉利耶 Lallier, Adalbert 354
拉萨尔 Lassalle, Ferdinand 25 - 27，
31，36，37，43，46，53，55，59，
60，92，114，125，191，195，
327，347
拉沙特尔，莫里斯 Lachatre, Maurice
43
拉韦 Ravé, Henri 176
莱尔达 Lerda, Giovanni 202
莱姆布鲁赫 Lehmbruch, Gerhard 351
莱维，伯纳德-亨利 Lévy, Bernard-Henri 221
莱维，多米尼克 Lévy, Dominique 221
莱文，诺曼 Levine, Norman 15，16，
289，292 - 294，297，298，302，
365
莱希 Leich, Helmut G. R. 138
莱希尔特 Reichelt, Helmut 140，141，
158，159，352
赖利 Riley, Patrick 282
兰尼克 Reinicke, Helmut 297
朗茨胡特 Landshut, Siegfried 274，
275，347，359

朗格 Lange, Max G. 138
朗西埃 Rancière, Jacques 361
劳拉（劳拉·拉法格，马克思的二女
儿）Lafargue, Laura 24，46，65，
113，169，175 - 178，180，197，
211
勒福尔 Lefort, Claude 220
勒鲁瓦－博利厄 Leroy-Beaulieu, Paul
193
勒维，迈克尔 Löwy, Michael 301
雷恩 Wren, Thomas E. 15
雷米 Rémy, Léon 178
李卜克内西，卡尔 Liebknecht, Karl
51
李卜克内西，威廉 Liebknecht, Wilhelm 43，49，57，78，79，111，
113
李嘉图 Ricardo, David 14，80，134，
270，271
李希特海姆 Lichtheim, George 14，
293，304，365
里德 Reid, Betty 276
里格比 Rigby, Stephen Henry 293，
365，368
里格利 Wrigley, John 278
里普利，乔 Ripley, George 239
利奥波德，大卫 Leopold, David 299
利德曼，斯文－埃里克 Liedman,

索 引

Sven-Eric 40

利穆赞 Limousin, Charles 191

梁赞诺夫 Рязанов, Давид Борисович 2, 25, 26, 31, 36, 37, 41, 58 – 62, 66, 76, 81, 92, 94, 128, 130, 132, 150, 151, 198, 199, 205, 212, 224, 225, 248, 263, 266, 274, 343, 344, 349, 350, 361

列斐伏尔 Lefebvre, Henri 14, 136, 198, 199, 205 – 207, 209, 228, 256, 335, 340, 345, 346, 353, 362

列宁 Ленин, Владимир Ильич 5, 10, 17, 24 – 31, 34 – 78, 81, 82, 90 – 93, 103, 128, 131, 135, 138, 148, 151, 158, 174, 177, 180, 181, 199, 205, 209, 225, 226, 233, 248, 258, 260, 263, 277, 329, 332, 337, 343, 350, 366

列斯纳，弗里德里希 Lessner, Friedrich 113

列文，Левин, Л. А. 93, 94, 240 – 242, 254, 256

列文，施马尔亚 Levin, Shmarya 267

林健太郎 13

刘易斯 Lewis, John 276 – 279, 285, 303

龙格，沙尔 Longuet, Charles 24, 60, 170, 174, 178, 180

龙格，埃德加 Longuet, Edgar 60

龙格，马塞尔-沙尔 Longuet, Marcel-Charles 60

卢格 Ruge, Arnold 18, 19, 22, 29 – 31, 37, 54, 62, 82, 250

卢卡奇 Lukács, Georg Bernard 13, 14, 128, 132, 135, 136, 154, 164, 204, 226, 253, 260, 265, 286, 293, 302, 335, 345, 362, 363, 365, 367, 368

卢克斯 Lukes, Steven 282

卢森堡，罗莎 Luxemburg, Rosa 135, 144, 154

卢森贝 Розенберг, Давид Иохелевич 358

鲁比诺 Rubinow, Isaac Max 271, 273

鲁宾 Рубин, Исаак Ильич 151, 152, 156, 159, 160, 304, 355, 356, 359

鲁瓦 Roy, Joseph 173, 181, 183, 186, 222, 227

伦纳，卡尔 Renner, Karl 127, 129, 149

罗宾逊 Joan Robinson 272, 274

罗尔斯 Rawls, John 281, 370

罗森 Rosen, Zvi 14, 30
罗森塔尔 Розенталь, Марк Моисеевич 101, 355, 356
罗斯多尔斯基 Rosdolsky, Roman 139, 155-160, 297, 300, 350-353, 355, 357, 358
罗素, 伯特兰 Russel, Bertrand 258, 259
罗素, 詹姆斯 James Russell 104
罗特 Roth, Volkbert 141
罗扬, 尤根 Rojahn, Jürgen 301, 346, 359, 364
罗伊斯, 约西亚 Royce, Josiah 260
洛克, 格拉姆 Lock, Grahame 303
洛克莫尔, 汤姆 Rockmore, Tom 259, 298, 302, 366
洛里亚, 阿基尔 Loria, Achille 324, 336
洛斯罗普, 哈丽特 Lothrop, Harriet E. 245
洛维特 Löwith, Karl 136, 337
吕贝尔 Rubel, Maximilien 2, 11, 16, 66, 76, 86-88, 94, 97, 128, 132, 167, 168, 182-185, 210-214, 223, 225, 229, 293, 304, 343, 344, 346, 347, 352, 358, 359, 362, 364, 365, 368, 370
吕勒, 奥托 Rühle, Otto 51, 52, 111, 117

M

马蒂克 Mattick, Paul 14
马蒂诺 Martineau, Ernest 192
马尔库塞 Marcuse, Herbert 136, 279, 302, 304, 345, 346, 362-364
马尔萨斯 Malthus, Thomas Robert 80, 185
马尔提涅蒂, 帕斯夸勒 Martignetti, Pasquale 312-315, 320
马克思 Marx, Karl 1-370
马库斯, 史蒂文 Marcus, Steven 294
马拉夸 Malaquais, Jean 184, 352
马龙 Malon, Benôit 174, 227
马纳莱, 玛格丽特 Manale, Margaret 87
马沙利克 Masaryk, T. G. 267
马舍雷 Macherey, Pierre 106
马志尼 Mazzini, Giuseppe 20, 45, 310
马佐内, 亚历山大 Alessandro Mazzone 333
马佐尼 Mazzoni, Domenico 335
迈耶, 阿尔弗雷德 Meyer, Alfred G. 56

索 引

迈耶, 保罗 Meier, Paul 181

迈耶尔, 古斯塔夫 Mayer, Gustav 36, 92, 206

迈耶尔, 雅各布-彼得 Mayer, Jacob-Peter 274, 347, 359

麦金尼斯 McInnes, Neil 197

麦金泰尔 MacIntyre, Alasdair 276

麦克布莱德 McBride, William Leon 366

麦克法林, 海伦 Macfarlane, Helen 244

麦克格雷格 MacGregor, David 286

麦克莱伦, 大卫 McLellan, David 14, 16, 37, 38, 41, 58, 68-72, 76, 212, 250, 251, 254, 268, 279, 289, 296-299, 302, 353, 361, 362, 364

麦克塔吉塔 McTaggart, J. M. E. 258

曼德尔, 埃内斯特 Mandel, Ernest 13, 155, 353, 357

曼森-黑尔芬, 奥托 Maenchen-Helfen, Otto 41, 63, 64, 66, 86, 268, 269

梅费姆 Mepham, John 297

梅林 Mehring, Franz 25, 27-38, 41, 46, 48-51, 56, 59, 61, 62, 71, 76, 78, 91, 92, 111, 113-115, 117, 121, 124, 125, 129, 133, 161, 206, 246, 268, 283, 300, 327, 344, 348, 365, 366

梅萨 Mesa, Jose 172, 193

梅斯里夫钦科 Мысливченко, Александр Григорьевич 277

梅西埃-约萨 Mercier-Josa, Solange 210

门罗 Munro, Thomas 13

米利根 Milligan, Martin 250

摩尔 Moore, George Edward 258, 259

莫顿 Morton, Arthur Leslie 276

莫尔汗 Morhange, Pierre 198

莫尔捷, 让 Mortier, Jean 85, 86

莫里托, 雅克 Molitor, Jacques 179

莫里托, 朱尔 Molitors, Jules 256

莫斯利, 弗雷德 Moseley, Fred 287, 288, 305

墨西纳克 Moussinac, Léon 181

默茨, 库尔特 Merz, Kurt Karl 249

默斯托, 马塞罗 Musto, Marcello 89, 299, 339, 351-354

穆尔, 赛米尔 Moore, Samuel 242-244

穆勒, 约翰 Mill, John Stuart 80, 258

N

奈格里 Negri, Antonio 308, 338, 353,

354

内夫，于尔根 Neffe, Jürgen 75

内特 Netter, Lucienne 182

内田弘 351

尼采 Nietzsche, Friedrich Wilhelm 334, 337

尼古拉埃夫斯基，鲍里斯 Nicolaievsky, Boris 41, 63, 64, 66, 86, 268, 269

尼古劳斯，马丁 Nicolaus, Martin 250, 285, 297, 353, 358

尼赞 Nizan, Paul-Yves 198

纽鲍尔，弗兰茨 Neubauer, Franz 96

诺伊豪斯，曼弗雷德 Neuhaus, Manfred 338

P

帕尔米耶 Palmier, Jean-Michel 179

帕雷克，比克胡 Parekh, Bhikhu 289

帕麦斯顿 Palmerston, Henry John Tempele 23, 25, 236, 247

帕奇 Paci, Enzo 341

帕舒卡尼斯 Пашуканис, Евгений Брониславович 359

派因斯，克里斯托弗 Pines, Christopher L. 289

庞巴维克 Böhm-Bawerk, Eugen von

126, 134, 146 - 148, 151, 272, 273, 330, 363

佩尔格 Pelger, Hans 223

佩罗 Perrot, Michelle 194, 195

皮佩尔，威廉 Pieper, Wilhelm 237, 238, 245, 246

皮瓦 Piva, V. 318

平田清明 351

蒲鲁东 Proudhon, Pierre-Joseph 20, 22 - 34, 169, 170, 227, 317

普拉东 Platon, G. 178

普兰查斯 Poulantzas, Nicos 140, 357, 362

普里茨 Puritz, Sofia 318

普列汉诺夫 Плеханов, Георгий Валентинович 32, 34, 260, 283, 329, 365, 366

普殊同 Postone, Moishe 297

Q

齐科蒂 Ciccotti, Ettore 318, 320

奇蒂，安德鲁 Chitty, Andrew 99, 298

乔林，安妮特 Jolin, Annette 251

乔伊因斯 Joynes, James Leigh 245

钦戈利，马利奥 Cingoli, Mario 333, 339

秦梯利 Gentile, Giovanni 25, 27, 318, 326, 336, 337, 362

琼斯, 厄内斯特 Jones, Ernest Charles 236

琼斯, 加雷思 Jones, Gareth Stedman 68, 72, 75

R

饶勒斯 Jaurès, Jean 201, 340

儒尔当 Jourdan, Alfred 192

S

萨德-费洛, 阿尔弗雷多 Saad-Filho, Alfredo 304

萨可夫斯基 Семковский, С. Ю. 2

萨特（萨特尔）Sartre, Jean-Paul 13 - 15, 220

萨维尼 Savigny, Friedrich Carl von 29

萨维契 Савич, М. Б. 6

萨伊 Say, Jean-Baptiste 84, 272

塞, 亨利 Sée, Henri 177

塞夫, 吕西安 Sève, Lucien 195, 209, 210, 217, 353

塞耶, 德里克 Sayer, Derek 287

塞耶斯, 肖恩 Sayers, Sean 298

桑巴特, 维尔纳 Sombart, Werner 91, 134, 138, 327

桑德洛, 阿兰 Shandro, Alan. M. 284

沙夫 Schaff, Adam 13

杉山荣 80

杉原四郎 108

什涅尔桑 Шнеерсон, Б. С. 93

圣西门 Saint-Simon, Claud-Henri de Rouvroy 70

施蒂纳 Stirner, Max 33

施拉德尔 Schrader, Fred E. 352, 359

施密特, 阿尔弗雷德 Schmidt, Alfred 14, 140, 159, 352, 357, 365

施米特, 康拉德 Schmidt, Conrad 202

施塔姆哈默尔 Stammhammer, Josef 91

施塔姆勒, 鲁道夫 Stammler, Rudolf 126

施泰因 Stein, Lorenz 337

施特劳斯（青年黑格尔派）Strauß, David Friedrich 29, 348, 349

施瓦茨希尔德, 利奥波德 Schwarzschild, Leopold 56, 57, 111, 116 - 120

施瓦尔茨 Schwarz, Winfried 352

史密斯, 托尼 Smith, Tony 287, 298

舒尔茨 Schulz, Klaus-Peter 138

舒芬豪艾尔 Schuffenhauer, Werner 94, 349

斯巴哥, 约翰 Spargo, John 46 - 48,

59, 270

斯宾诺莎 Spinoza, Baruch de   325, 334

斯卡尔培克 Skarbek, Fryderyk   84

斯林哥,卡尔 Slienger, Carl   92

斯密,亚当 Smith, Adam   80, 84

斯莫尔,罗宾 Small, Robin   73

斯帕文塔,贝尔特兰多 Spaventa, Bertrando   325, 326 - 328

斯帕文塔,西尔维奥 Spaventa, Silvio   325

斯培尔 Sperl, Richard   3

斯珀珀,乔纳森 Sperber, Jonathan   68, 72, 75

斯坦尼茨,沃尔夫冈 Steinitz, Wolfgang   102, 103

斯特雷奇,约翰 Strachey, John   271

斯特林 Stirling, James Hutchison   258

斯滕宁 Stenning, Henry James   247

斯图兹,英戈 Stützle, Ingo   144

斯托克哈默尔,莫里斯 Stockhammer, Morris   103

斯威齐,保罗 Sweezy, Paul Marlor   70, 71, 272, 274, 291

苏威尔 Sowell, Thomas   13, 14

索尔米,雷纳托 Solmi, Renato   319, 354

索列尔 Sorel, Georges Eugène   128, 200 - 203, 224, 327, 328

索普,安德鲁 Thorpe, Andrew   262

T

塔尔莱 Тарле, Евгении Викторович   199

塔克,罗伯特 Tucker, Robert C.   11, 250, 251, 276, 279, 282, 295 - 298, 304, 368, 370

泰代斯科 Tedesco, Victor   174

泰克西埃 Texier, Jacques   226

泰勒,查尔斯 Taylor, Charles   276

泰勒,弗雷德 Taylor, Fred Manville   291

坦兹 Tanzi, C.   317

汤普森 Thompson, Edward Palmer   276

陶伯特 Taubert, Inge   33, 94, 223, 347, 349, 350

特克 Tucker, G. S. L.   14

特拉亨伯格,亚历山大 Trachtenberg, Alexander   59

滕尼斯,费迪南 Tönnies, Ferdinand   37, 61, 62, 66, 111, 114, 117, 120 - 122

梯叶里 Thierry, Augustin   32

惕尔曼,里克 Tilman, Rick   61

屠拉蒂 Turati, Filippo   327, 336

索 引

W

窪俊一 65

瓦西娜 Vasina, Ljudmila 301

旺德伊特 Vanderrydt, Hippolyte 174

望月清司 351

威尔逊，埃德蒙 Wilson, Edmund 264, 268, 269

威尔逊，约翰 Wilson, John D. 271

威特福格尔 Wittfogel, Karl 199

韦伯 Weber, Max 14, 138, 334

韦顿 Whitten, M. 278

韦尔努耶 Vernouillet, Just 44

韦梅希，欧仁 Vermersch, Eugène 43

韦先，英格 Werchan, Inge 96

维尔吉利 Virgilii, Filippo 203

维尔钦斯基，约瑟夫 Wilczynski, Jozef 104

维尔塔 Villetard, Edmond 189

维戈茨基（维果茨基）Выготский, Лев Семёнович 344, 358

维勒 Weller, Emil Ottocar 112

维佩曼，沃尔夫冈 Wippermann, Wolfgang 132, 133

维特戈普 Видгоп, Л. Н. 50

魏德曼，奥托 Weydemeyer, Otto 243

魏德曼，约瑟夫 Weydemeyer, Joseph 33, 243

魏特林 Weitling, Christian Wilhelm 33, 233

温，玛格丽特 Wing, Margaret 119

温布兰德，理查德 Wurmbrand, Richard 119

温克勒尔，格哈德 Winkler, Gerhard 115

沃德 Ward, E. E. 271

沃特金斯，苏珊 Watkins, Susan 40, 41, 75

乌恩特曼，欧内斯特 Untermann, Ernest 247

乌尔里希，霍斯特 Ullrich, Horst 115

乌尔门 Ulmen, G. L. 71, 72

乌拉姆，亚当 Ulam, Adam 292

伍德，埃伦 Wood, Ellen Meiksins 299

伍德，艾伦 Wood, Allen W. 41, 72, 281, 282, 284

伍德，尼尔 Wood, Neal 299

武特 Voute, Suzanne 183

X

西格尔，罗尔德 Siegel, Jerrold 67

西格里斯特 Siegrist, Heinrich Ernst 50

西蒙 Simon, Marianna 179
西姆科赫维奇 Simkhovitch, Vladimir Gregorievitch 273
西斯蒙第 Sismondi, Jean-Charles-Léonard Simonde de 35
西雅雄 80
希法亭 Hilferding, Rudolf 127, 129, 146 – 148, 151, 152, 157, 160, 361, 363
夏特莱 Châtelet, François 184
肖, 威廉姆 Shaw, William H. 14
谢列布里雅柯娃 Серебрякова, Г. И. 50
许姆勒尔, 海因茨 Hümmler, Heinz 115

伊波利特 Hyppolite, Jean 206, 207, 212, 217, 228, 361
伊尔桑 Hilsum, René 181
伊格尔顿 Eagleton, Terry 301
伊里因科夫 Ильенков, Эвальд Васильевич 304, 355, 356, 359
伊斯顿 Easton, Loyd David 250
伊先科 Ищенко, Тимофей Семёнович 101
尤班克斯 Eubanks, Cecil L. 98
尤金 Юдин, Павел Фёдорович 101
尤利尔, 艾玛 Julier, Elmar 10
于松 Husson, Maurice 182
约瑟夫, 霍勒斯 Joseph, Horace William Brindley 272, 303

Y

雅各布 Jacob, Michel 183
亚当斯 Adams, H. P. 275
亚亚, 多纳托 Jaja, Donato 325
燕妮（燕妮·龙格, 马克思的大女儿）Longuet, Jenny 24, 60, 65
燕妮（燕妮·马克思, 马克思的妻子）Marx, Jenny 19, 29, 31, 64, 96, 99, 113, 171
扬, 加里 Young, Gary 282
伊壁鸠鲁 Epikur 19, 21, 45, 54, 77

Z

泽勒尼 Zeleny, Jindrich 357
泽瓦埃斯 Zévaès, Alexandre 201
扎斯, 汉斯·马丁 Sass, Hans-Martin 94, 349
詹姆逊, 弗里德里克 Jameson, Fredric 289, 301
郑文吉 130
竹永进 227
左尔格, 弗里德里希·阿道夫 Sorge, Friedrich Adolph 26, 46, 113, 242

中国人名

C

蔡云凌　100
曹幼华　17
柴方国　154
陈开华　279，296
陈世澄　41
陈叔平　100
陈先达　17
从周　9，10

D

丁菲娅　100
杜章智　5，15

F

樊集　28，31，33，34，37，48，49，78，114
冯文光　356

G

高齐云　5

顾良　212
郭继严　358

H

黄璐　336
黄楠森　128
黄文前　122

J

贾向云　41
金鹿　3

K

柯小刚　260

L

李光谟　100
李红　259
李鸿敦　50
李惠斌　153
李靖新弘　39
李其庆　356

李小兵 155

李一氓 59

李寅 30，38，69，75

李幼蒸 9

刘侃元 59

刘辽逸 50

刘丕坤 6，349

刘树勋 4

刘钰森 279，296

鲁克俭 8，60，111，125，151，285，296，298

鲁兰沁 11

陆宗骐 41

罗稷南 78

M

马健行 358

马泽民 9，11，12

毛泽东 14，128

孟宁 9，10

N

聂锦芳 144

S

单世联 153

沈真 7

苏讯 59

孙伯鍨 17

孙家衡 61

T

汤盛光 80

唐少杰 127

陶济 16

童树德 50

W

王东 41，125

王凤才 143

王贵贤 279

王沪宁 16

王青 351

王树人 9

王校楠 39

王以涛 349

王珍 58

韦建桦 232

魏小萍 338，339

魏埙 157，351

X

晓晨 11

辛庚 131

徐崇温　266

许步曾　16

Y

闫月梅　351-354

杨静远　349

叶卫平　17

易克信　10，11

俞可平　108

袁世锭　282

Z

张宝瑞　11

张福公　299

张伟　159

张梧　338

张之杰　80

赵莉　130

赵一凡　335

赵玉兰　129

郑吉伟　364

郑文吉　130

周凡　295

周国平　4，5

周琪　16

周维　240-242，254，256

朱毅　11

主题索引

《〈黑格尔法哲学批判〉导言》　22，31，178，202，247

《〈科隆日报〉的一个通讯员和〈莱茵报〉》　60

《1844年手稿》（《1844年经济学—哲学手稿》、《1844经济学哲学手稿》）　6，13，61，62，72，84，135-139，156，162，183，199，200，205，207，218，249，250，256，269，270，274-276，278，283，291，295，296，300，319，345-348，354，359，363，364

《1861—1863年经济学手稿》　294

《1857—1858年经济学手稿》　139，294

《18世纪外交史内幕》　23，25

《保卫马克思》　208，212，277，303

《大纲》（《政治经济学批判大纲》）　72，139，157，162，184，210，217，220，249，250，285-287，

296，297，299，319，320，338，
350－354，358，364

《德法年鉴》 18，22，30，31，43，
66，122，186，187，257，318

《德国的革命和反革命》 25，178，
237，246，247

《德国农民战争》 179，186，249

《德意志—布鲁塞尔报》 20－22，35

《德意志意识形态》 32，33，37，
60，81，83，114，187，188，210，
218，223，248，249，278，300，
319，329，349，350，367

《读〈资本论〉》 208，277，300，
303，353，355－357

《法兰西内战》 19，23，173，174，
176，196，241，242，248，314，
328

《反杜林论》 83，176，179，195，
199，318，321，328

《福格特先生》 19，23

《哥达纲领批判》 25，78，178，
181，187，248

《格拉纳特百科词典》 24，78

《共产党宣言》 18，22，28，35，
47，144，172－176，186，191，
195，196，207，218，242，244，
254，275，290，291，316，317，
328

《雇佣劳动与资本》 22，35，245，
314，316

《关于费尔巴哈的提纲》 25，33，
83，179，201，318，336

《关于自由贸易问题的演说》 22，
242，245，254，317

《国际工人协会成立宣言》 19，23，
170，181，241，313

《国民经济学批判大纲》 317

《黑格尔法哲学批判》 81，187，
217，250，251，319，348，362

《家庭、私有制和国家的起源》 195，
247，249，314

《揭露科隆共产党人案件》 20，23，
178，195

《精神现象学》 136，207，256，284，
325，347

《莱茵报》 18，19，21，22，30，36，
43，60，122，348，349

《劳工领袖报》 48

《历史与阶级意识》 132，253，260，
265，286，335，345

《凉亭》 39

《路德维希·费尔巴哈和德国古典哲
学的终结》（《费尔巴哈论》） 25，
177，179，218，248，249，257，
318，328

《路易·波拿巴的雾月十八日》 18，

20，23，175，178，180，245，247，249，317，328

《论犹太人问题》 22，31，173，179，247

《论住宅问题》 179，249

《逻辑学》 207，284，287，288，325，352

《马克思恩格斯年鉴》 142，143

《马克思恩格斯全集》俄文第1版（俄文第1版《马克思恩格斯全集》、俄文第1版） 81，93，94，344

《马克思恩格斯全集》俄文第2版（俄文第2版《马克思恩格斯全集》、俄文第2版） 83，96，252

《马克思恩格斯书信集》 85，86，180

《马克思价值理论文集》 152，355，356

《马克思生平事业年表》（《马克思年表》） 27，41，78，82，88，115

《马克思文集》 86，87，183，184，212，223

《马克思学研究》 86，212，224，225

《马克思研究》 127，129，147，149，361

《纽约每日论坛报》 18，20，21，25，36，186，236 - 239，247，249，251，255

《评李斯特》 60

《前进报》 20 - 22，30，122

《青年在选择职业时的考虑》 29，183

《人民历书》 18，42

《社会评论》 201，203，224，312 - 317

《社会未来》 177，178，200，202，203，224

《社会主义从空想到科学的发展》 176，187，195，246，254，314，328

《社会主义和工人运动史文库》 130，131，153，358

《神圣家族》 18，60，71，114，248，274，318，327 - 329

《施穆勒年鉴》 125

《市政改革和〈科隆日报〉》 60

《协会临时章程》 170，241，313

《新纪元》 175 - 177，200 - 202，224，225，313

《新莱茵报》 18，21，22，43，54，175，245，327

《新时代》 27，78，134，200 - 202，224，245，317

《英国工人阶级状况》 179，246，254，315，318

《狱中札记》 337
《在马克思墓前的讲话》 21
《哲学的贫困》 20，22，34，104，
　　134，168，169，172，227，245，
　　247，249，315，327 – 329，350
《政治经济学批判。第一分册》(《政
　　治经济学批判》) 18，23，44，
　　220，227，247，318，327
《政治科学手册》 19，77
《资本论》 2，6，19，20，23，34，
　　39，40，43，44，47，55，61，63，
　　65，69，87，88，94，104，108，
　　123，126，133，134，139 – 141，
　　144，146，147，151，153，154，
　　156 – 158，160 – 162，165，168，
　　173，174，176，181，183，184，
　　186 – 190，192，193，195 – 197，
　　202，209，214 – 216，220，222，
　　223，226，227，242 – 244，247，
　　254，255，269 – 271，279，284，
　　287，288，290，291，294 – 297，
　　299，306，314，315，319，322，
　　323，329，333，341，345 – 347，
　　350，355 – 359，361，363，366，
　　370
《总汇报》 30
GEME 168，185 – 188，223，227
HKWM 107，108，301

MECW 233，251，252，257，322
MEGA^1 62，94
MEGA^2 42，187，301，333
MEO 322 – 324
MEOC 320 – 323
MESW 248
MEW 84，85，88，95，115，183，
　　223，251，252，324
奥地利经济学派 134，146，306
奥地利马克思主义 111，124，126 –
　　130，132，147 – 154，156，157，
　　361
奥地利社会民主工人党 127
巴枯宁主义 19
巴黎公社 19，20，172，186，189，
　　239，241，309
本体论 16，213，286，289，353
辩证法 14 – 16，33，34，72，83，
　　106，136，157 – 160，179，199，
　　205，207 – 210，213，215，249，
　　260，263 – 265，275，279，287 –
　　289，291，294，295，304，317，
　　321，328，334，340，348，355，
　　356，359
辩证唯物主义 6，34，50，106，
　　216，218，229，267，291，329，
　　335，345，356，365，366
剥削 70，284，292，369

索 引

博士俱乐部 29

传承 79，109，145，150，158，161，163，167，204，207，228，290，292-294，300，307，308，334，337，338，360-362

存在主义 13，15，136，207-209，216，228，341，344，362

道德 11，35，72，118，233，234，260，272，282-284，364，369，370

德国浪漫主义 206

德国社会民主党 41，80，92，96，111，126，151，153，164，235，246，359

德意志工人协会 18，35，245

第一国际 19，20，59，64，86，88，169，170，189，200，213，229，240，310

第二国际 126，133，135，164，228，258，293，308，328-332，340，366-369

第三国际 133，135，164，225，261，262

东德 3，9，10，84，95，102，103，111，112，115，116，140，142，163，184，206，223，264，347，349，351，354，357-359

二月革命 267

发展命题 368

法国大革命 16，18，32，334，337

法兰克福社会研究所 128，143，361

法兰克福学派 136，139，140，150，152-155，159，160，163-165，199，214，215，225，358

法西斯 41，51，52，56，81，164，337

反马克思主义 12，13，40，51，53，55，56，112，116-120，125，204，219-221，229，344

方法论 5，138，140，146-148，154，185，226，281，285，291，297

分析马克思主义 55，165，215，280，281，284，292，296，298，299，303，305，364，369，370

分析哲学 259，280，281，296

封建主义 122

盖德主义 175，191

革命 5，6，10，11，16，18，20，21，24，25，26，28，32，37，43-46，50，54，59，64，66，68，70，73-75，99，116，148，149，151，171，178，202，205，206，214，220，221，226，235，237，246-248，255，259，261，267，286，291，301，313，316，318，334，

337,338,352,366,368,369

革命家 21,24,43-46,50,73,74,255,369

工人运动 43,51,59,60,91,115,126,130,131,144,153,185,190,194,195,197,200,202,236,261,312,332,338,358,360,361

工人主义 308,338,354

工业革命 59

共产主义 15,18,20,28,30,35,54,59,61,84,91,99,104,118,122,138,181,191,198,213,221,233,234,247,253,261-263,266,267,286,292,322,324,337,364

共产主义者同盟 18,35,59

观念论 253,258-261,306,328

国际马克思大会 227

国际马克思恩格斯基金会 100,142

国家理论 146,148,149,286

国家溯源 162

行动哲学 336

黑格尔主义 67,136,163,199,204,205,207,208,210,228-230,258-261,280,284-286,297,298,324-326,328,331,332,334,335,337,339-341,

362

互动 39,79,89,98,105,108,109,121,137,145,146,149,150,161-163,167,173,188,197,200,222,224,225,230,253,264,265,274,290,300,303,305-308,334-337,341,355,357-360,362,363,367

极权主义 118

价值理论 14,26,141,146-148,152,160,161,194,215,272-274,304,355,356

价值形式 141,158,160,161,165,304,333

教科书体系 7

阶级斗争 32,70,143,175,178,249,313,315-317,328,366

结构主义 9,14,204,208-210,214,216,220,226-229,274,275,277-280,285,291,292,298,341,357,362

解放 11,47,69,136,196,199,212,214,215,226,298,313,364

经济决定论 212,283,367,369

经验论 253,306

精神分析 52,55,56,117,118

精神哲学 330

索 引

九月小组 305

旧唯物主义 33

决定论 201,212,283,367-369

绝对精神 70

绝对命令 63

科学社会主义 27,47,59,176,186,248,314

克罗伊茨纳赫 19,31,32

空想社会主义 10,176,186,248

狂热病 51

狂热主义 53,54

劳动价值论 134,146,147,151,152,203,270,272-274,290,306

老年马克思(成熟马克思) 5,28,63,71,278,291,295,345,354,364,367

冷战 38,111,122,137,163,165,355,360,366

历史考证法 79,109

历史理论 14,64,215,281

历史唯物主义 25,34,50,67,70,72,143,152,177,195,196,198,202,203,208,214,226,248,263,265,275,285,291,297,301,327-331,336,345,347,357,365-370

利润率 121,157,271,272,274

两个马克思 21,70,71,275,276,279,295,300,345,363

两个转变 24,31,36,50

列宁主义 10,103,135,138,226,263,277,329,332,337

六册计划 156,358

马克思传(马克思小传、马克思传记) 17-19,21,24,26-31,33-53,55-59,61-80,90,91,111-117,119-124,130,161,162,206,211,268,273,293,295,299,300,348,360

马克思诞辰 27,41,80,85,100,143,145

马克思恩格斯对立论 1

马克思恩格斯关系(马恩关系、马克思—恩格斯关系) 66,97,107,264

马克思体系发展项目组 141

马克思学家 3,10-15,28,38,60,65,66,68,75,81,128,139,156,163,205,212,215,223,226,254,285,293,295,296,298,299,301,304,333,338,339,346,347,352,353,355-358,363-368,370

马克思研究 1,2,7,12,27,61,70,71,74,76,78,80,82,89-

92，99-101，110，123-129，133，135，138，139，142，144-147，149，150，155，158，160，162-165，167，172，184，192，197，199-201，203-208，210-213，215-217，219，221，222，224-230，252，261，265，269，273，275，280，290，297，299，300，301，305，308，320，332，333，338-341，343，350，361，362

马克思与恩格斯　15，32，35，36，58，59，66，76，96，97，107，218，219，238，292，293，365

马克思与黑格尔（马克思—黑格尔）　67，70，205，207，214，217，219，257，260，261，285，286，289，291，294，295，297，307，333，341，362

纳粹　137，164，273

青年黑格尔派　14，19，29，45，67，84，125，205，206，266，286

青年马克思　5-7，13，16，28，36，50，59，62-64，67，71，138，208，211，250，257，275，276，278，284，291，295，301，338，345，354，359，364

人本主义　138，140，163，261，

330，345，364，369，370

人道主义　12，13，61，119，136，140，208-210，216，220，225，228，229，264，274-279，291，293-296，303，306，352，368

人类学笔记　292，293，297，321，323，346，359，364

认识论断裂（断裂说）　61，71，208，209，212，214，277-279，296，303，350，364

三个来源和三个组成部分　26，28

商品　146-148，160，161，271，272，288，296

商品拜物教　296

社会契约论　338

社会思潮　68，72，335

社会形态　136

神经官能症患者　51，117

生产方式　106，121，122，281，282，288，353，368

生活哲学　329

剩余价值学说　46，70，270，272，274，306

十一届三中全会　12

十月革命　37，116，151，261，267

实践　5，25，49，52，59，63，64，73，99，132，136，169，177，192，193，202，205，215，218-

221，261，262，286，329－331，336，337，357，365－368

实践哲学　25，329，331，336，365－368

实证科学　329，356，366

实证主义　163，210，324，326，332，335，336，344，348，356，362

使用价值　147，157

手稿热　250，256

首要性命题　368

书目志　77－80，89－100，183

书志学　26，81，361

思想家　21，24，43，44，45，67，69，73，74，129，136，137，165，186，210，212，220，226，265，277，308，334，335，337

思想家与革命家统一体　24

思想史　17，40，41，67，69，70，72，105，135，150，163，214，229，298，299，308，334

思想语境还原法　79，107，109

斯大林主义　69，138，140，273

苏东剧变　40，142，165

苏东学者　13

苏夫莱团体　188，193

苏联教科书　103，142，291

苏联马克思学　1，8，24，38，60，81，86，94，95，132，150，151，156，206，213，248，304，343，344，346，347，355，356，358，359

苏联模式　41，50，57

苏联学者　3，5－8，10，12，96，102，198，199，206，211，212，225，254，268，269，344，356

晚年笔记　81

危机理论　141，155，157，270－272

唯物史观　31，60，126，147，211，263，283，329，331，334，350

唯心主义　24，27，29，84，208，209，260，362

维也纳出版计划　76，129，130

伪马克思主义　52，53，73，74

未来社会　149，197，220

文化霸权理论　337

文献学　1，26，27，38，60，76，82，89，94－96，130，142，166，211，213，214，274，333，338，344－347，349，350，358，359，361，364

乌托邦　11，53，106，177，185，197，210，212，213，264，277，326，334，338，341，364，368，369

无产阶级　7，10，11，20，34，44，47，50，99，119，138，205，212，

214，226，273，337

无政府主义　149，150，193，311，335

物化　345

西方马克思主义　1，2，5，7，12，128，135，137，142，153，158，163－165，206，217，226，229，260，280，285，299，330，331，344－346，360，362－369

西方学者　12，13，41，48，62，63，99，109，120，135，137，249，276，280－282，345，347，350，351，359

现代历史编纂学　58，66，76

现象学　136，204，207，215－219，229，256，284，287，325，341，347

心理学　117，209，293，326

新辩证法学派　287，304，334，359

新弗洛伊德主义　136

新黑格尔主义　136，258，259，261，280，324，325，362

新康德主义　63，330，366

新马克思阅读　123，158－162，165，304，334，355，357，359

新托马斯主义　136－138

新哲学家　221，222

修正主义　3－6，8，9，127，330

学院派　1，71，112，120－123，126，133，134，162，362－365，367，368，370

亚细亚生产方式　106，353，368

一整块钢　366

异化　12，13，15，16，61，72，99，106，183，205，210，276，277，279，288，294－296，353，364，370

异化劳动　61，183

意识形态　1，7，8，10，32，33，37，40，60，81，83，84，99，114，132，140，187－189，191，209，210，215，218，219，221－223，226，248，249，278，282，290，300，319，329，349－351，356，359，365－368，370

英国宪章派　233，235，236，244

宇野学派　215，359

语境还原　68，72，79，105，107，109

原始文献　58，66，113，223，232

早期著作　4，113，122，140，156，205，214，216，223，250，251，257，270，275，279，301，347

哲学共产主义　118

哲学人类学　138

哲学团体　180，188，193，197－

200，205，207，224，256

真正的社会主义　33，37，84，350

正统马克思主义　1，2，9，17，28，38，46，49-52，54，57，61，86，101，106，125，126，128，133-135，158，253，258，262，277，291，329，331，363

正义　171，281-284，292，295，296，369，370

政治经济学　18，23，26，44，63，70，84，89，121，126，134，139-141，150-153，155-157，159，162，184，185，187-192，216，220，227，245，247，273，290，318-320，327，328，330，331，334，341，350-356，358，369，370

政治哲学　213，214，280，281，334，348

知识分子　69，112，124-127，134，164，165，181，189，190，192，193，198，199，217，259，262，263，267，337

中国学者　2，3，5，7-13，17，38，80，109，359

主体性　229，367-370

转形问题　274，291，304，363

资本一般　155，156，288

资产阶级　3-10，12，38，42，84，195，239，309-311，368

自然辩证法　15，83，179，249，317，321，328

自由意志　54

自由主义　189，213，337，338

左翼　3，142，153，243，253，261，263，267，306

（该索引由李靖新弘编制）

后　记

本书是我主持的 2013 年国家社科基金重点项目"西方'马克思学'的形成和发展研究"的最终成果（鉴定等级为良）。各章分工如下：我完成导论和第六、第七章，李靖新弘完成第一、第二、第五章，王校楠完成第三章，杜媛媛完成第四章。此外，李靖新弘还承担了本书最后的统稿和校对工作，协助本书责任编辑规范地处理了各语种的文献资料，并且与责任编辑共同完成了文献考证和索引编制的工作。

李靖新弘是我曾指导的北京师范大学本科生，后在北京大学获得哲学硕士学位，现为德国明斯特大学博士候选人。自本科起，他就参与了本课题的研究，本科毕业论文题目是《二十世纪上半叶英语世界马克思学的兴起与发展研究》。王校楠（北京理工大学马克思主义学院讲师）和杜媛媛（河南师范大学马克思主义学院讲师）是我曾指导的博士生，他们完成的章节都是他们各自博士论文的核心内容。

本人对于马克思文本和思想解读研究有一个"二十年研究规划"。前十年（2004—2014年）主要是做国外马克思学和马克思文献学方面的地基清理工作，完成了一个中央编译局社科重点项目，一个国家社科基金一般项目，一个国家社科基金重点项目，作为结项成果分别出版专著《国外马克思学研究的热点问题》（中央编译出版社 2006 年版）和《走向文本研究的深处：基于 MEGA^2 的马克思文献学清理研究》（中国社会科学出版社 2016 年版）；后十年（2015—2025年）集中进行基于 MEGA^2 马克思文本（特别是早期文本）的思想解读研究。2015 年，本人作为首席专家申请的国家社科基金重大项目"基于 MEGA^2 的马克思早期文本研究"获准立项。该课题是基于已出版的 MEGA^2 七个早期文本（包括文本群）的思想解读，预期成果是 7 卷本专著。2017 年课题顺利通过中期考核，并获得滚动资助。作为课题的阶段性成果，我于 2018 年出版了专著《建构中国马克思学》（中央编译出版社 2018 年版）。与此同时，为了避免马克思早期文本研究的碎片化，我又申请了 2017 年北京市社科基金重大项目"基于 MEGA^2 的马克思早期思想发展内在逻辑研究（2卷本）"，并获准立项。《西方马克思学的形成和发展》可以说是我第一阶段研究的收官之作，此后我将集中精力进行马克思文本和思想解读研究。在开掘马克思早期政治哲学思想的同时，我也将深入研究马克思的劳动哲学、社会科学方法论（辩证逻辑）。

鲁克俭
撰写于 2020 年 7 月
修订于 2020 年 10 月
略修订于 2021 年 5 月
新风南里寓所